Mémoires
d'un jeune garçon

Collection de littérature étrangère
dirigée par Gilles Barbedette

Titre original :
A Small Boy and Others

5-7, rue Paul-Louis Courier, 75007 Paris
10, rue Fortia, 13001 Marseille
ISBN : 2-86930-261-4
ISSN : 0299-0520

Henry James

Mémoires d'un jeune garçon

Préface de Diane de Margerie

Traduit de l'anglais
par Christine Bouvart

Rivages

Préface

Henry James et le rideau de la vie privée

Quand Henry James écrit à Edith Wharton que la mort en 1910 de son frère William, célèbre et admiré, le blesse "comme une mutilation", non seulement il trahit combien sa propre image reste liée à celle de leur père (qui était réellement mutilé d'une jambe) mais aussi que, pour lui, le manque doit aussitôt donner lieu à une renaissance. Car s'il devait, initialement, écrire la vie de William, c'est la sienne qu'il tente de cerner et de ressusciter sous la forme de ces mémoires qu'il intitule *A Small Boy and Others*. Il reprendra son premier projet, fraternel, mais plus tard, dans ses *Notes of a Son and Brother*, son deuxième récit autobiographique, publié en 1914. Ainsi toute l'ambivalence se dévoile : d'une part demeurent les termes de garçon, de fils, de frère, mais de l'autre, commence, avec les *Mémoires d'un jeune garçon*, un rétablissement magistral. Né un an avant Henry, William lui a toujours paru juger et grignoter sa vie, ne serait-ce que parce qu'il était déjà là : l'aîné a vu, a su tant de choses avant que Henry n'apparaisse sur la scène — tant de choses qui resteront à jamais inconnues et secrètes !

Maintenant en 1913, quand paraissent ces Mémoires en Angleterre, il a soixante-dix ans ; William est mort. Tout s'est passé selon ces mystérieux schémas jamesiens où le revirement est central à l'agencement des faits : tant que Henry James était malade (1909-1910), son frère allait bien. Quand Henry est guéri, brusquement, William meurt. Que de morts désormais autour du Maître qui dicte ses réminiscences à sa fidèle secrétaire, marchant en long et en large, l'entier mouvement de la phrase le possédant comme l'envahit le passé : la mort de la petite cousine Temple, image idéalisée de la jeune vierge dont on peut se parer dans le souvenir comme d'un halo de pureté ; la mort des parents en 1882 au chevet desquels, par deux fois, il arrivera en retard. Celle du frère Wilky en 1883 — celle surtout de sa sœur Alice en 1892, neurasthénique mal soignée, écrivain de talent méconnu, à la fois infirme et parfois "l'infirmière" de Henry, suicidaire, sauvée par l'amour d'une femme, Katharine Loring ; mort d'une amie, Constance F. Woolson, indiscrètement amoureuse et qui, avec une violence jugée gênante, se jette d'une fenêtre à Venise en 1894 ; crise, en 1909, de James lui-même qui détruit toutes ses lettres et ses documents au cours d'une dépression. Enfin : mort de William en 1910, deux mois après celle de son autre frère Bob. C'est vers Henry, maintenant, que la femme de William et ses enfants se tournent. C'est lui, le "chef de famille", le survivant. Et le passé afflue, se presse en lui avec un luxe inouï de détails sous lesquels il étouffe presque ; mais il accueille tout, il a tout thésaurisé ; désormais, il se fait tard dans la vie, il ne veut plus rien perdre et la richesse doit émerger, justement, de ce qu'il a perdu.

William James, qui fut l'un des premiers en Amérique à insister sur la psychopathologie et la psychothérapie, et la première figure forte dans la jeune existence de son frère, tança souvent son cadet, critiqua ses romans et nul doute que le souvenir de son écrasante personnalité — présente ici à travers l'évocation des rites enfantins où il demeure toujours le privilégié, le plus fort dans les jeux, le favori des gouvernantes — fût à l'origine de l'obsession, dans l'œuvre, de la rivalité, d'un renversement où le plus faible triomphe des puissants. On a parlé à l'infini du "secret" dans l'œuvre jamesienne, le liant, non sans raison, à la discrétion absolue et au "flou" de sa vie sexuelle, au "mal obscur" qui lui évita de s'enrôler lors de la guerre de Sécession, ou encore au mystère à jamais enfoui des êtres aimés disparus — mais ces *Mémoires d'un jeune garçon* dévoilent combien il s'explique par le seul fait d'avoir été précédé. A cette blessure de la curiosité, Henry James va opposer la multitude de ses souvenirs, des trésors accumulés tandis qu'il épie et qu'il guette, qu'il s'ébahit et qu'il flâne, qu'il s'adonne à l'émerveillement et goûte les succulentes "pêches d'antan" avec une sensualité toute proustienne. Au secret de ce qui s'est passé avant sa naissance (les choses ne coïncident jamais dans l'œuvre jamesienne : elles viennent ou trop tôt ou trop tard) il va opposer les joies d'un collectionneur qui a plus de souvenirs que s'il avait mille ans.

Pourtant, il se défend ici, avec âpreté, d'avoir connu la jalousie qu'il qualifie de "vol spirituel". Peut-être faudrait-il parler plutôt d'une identité floue, tout de suite partagée avec celle, si proche, de son frère, tout de suite ouverte, fluctuante et blessée. Les allées et venues, mentales et contrastées, entre William et Henry sont continuelles : dans l'enfance, jamais, nous dit l'écrivain, le père ne sortait ses deux petits garçons ensemble. Tout se passe comme s'ils ne pouvaient pas être ensemble sur la même scène, d'où la première revanche (mot capital chez James) : la photographie prise avec le père, sans William. Le petit Henry se sent investi d'un rôle (« Mon rôle ne consistait peut-être qu'à entourer le sien d'une épaisse aura imaginative ») comme si l'imaginaire du fils devait compenser le manque chez le père. Les *Mémoire s d'un jeune garçon* trahissent à la fois un désir d'unicité (comme pour se dégager d'une ombre jumelle) et une personnalité étonnamment perméable, ouverte sur le monde des pays visités, des pensions, des institutions, des précepteurs et des gouvernantes. Plus tard dans la vie, ce double mouvement de retrait et de fusion se retrouvera au moment du mariage de William auquel Henry n'a pu assister : « Puisqu'un destin malheureux nous a "divorcés" en cette circonstance unique, laisse-moi du moins en réparer la blessure par une tendre bénédiction nuptiale », écrit-il le 15 juillet 1878.

Ce qui résulte de cette vulnérabilité par l'autre : la perception très jeune que l'identité est sans limite précise. Contre cette menace : le contrôle. Et ce contrôle va s'exercer à travers l'écriture en puisant dans le "vieux sac de souvenirs" toujours "suspendu dans la penderie". Ainsi la mémoire se développe à l'extrême (Henry James prétend même se ressouvenir de la colonne Vendôme alors que, nourrisson en robe flottante, on le promenait à Paris) — mémoire où abondent les villes — Albany d'abord, puis New York, Paris, Genève, Boulogne — les noms d'oncles et de tantes, de cousins et de cousines, de familles entrevues à travers des grilles : « Je le revois flâner, béat, ce petit garçon.» Il ressent encore, tandis qu'il écrit, ce qu'il sentait alors : l'odeur de la peinture et du fer froid et poussiéreux. Il a thésaurisé ainsi l'éblouissement des flâneries à New York ou à Paris, profitant dès l'enfance d'une éducation assez désordonnée, d'allées et venues plutôt chaotiques, qui ont développé sa passion de la perspective et des points de vue. « Se tourner vers le passé, c'est en fait rencontrer l'apparition et trouver dans son visage spectral le regard silencieux d'un appel.» Phrase superbe, pleinement justifiée par le moment où James écrit ce livre, entouré de ses morts, si bien que les réminiscences sont comme des apparitions fantomatiques. Et tout se passe comme si Henry James débusquait ce qui se cache derrière l'obstacle (grilles, barreaux, disparitions, années écoulées) grâce à une mémoire que l'on ne saurait dire uniquement volontaire puisqu'elle est aussi vision de l'Autre Vie, de l'Autre Côté où vivent les morts.

A ces mystères s'ajoute celui d'un silence : celui gardé sur la mère. De même que J. C. Powys avait pris le parti d'occulter la sienne (et toute femme proche ou aimée) dans son *Autobiographie*, de même, ici, dans les

Mémoires d'un jeune garçon, il n'y a presque rien sur la mère. Silence ambigu, remarque Léon Edel dans sa biographie définitive de Henry James, citant la réponse de l'écrivain à un de ses neveux qui le questionnait : « Oh ! Mon cher garçon — ce souvenir est trop sacré. » Cette sacralisation de l'essentiel a dû participer à l'élaboration d'une identité complexe et poreuse, l'écrivain devenant ses personnages comme la mère avait perdu son "moi" au profit du père et des enfants — et les personnages étant, à leur tour, fractionnés par le dédoublement et la technique des points de vue multiples. La mère, celle que James décrivit comme "la clef de voûte" du couple parental, disparaît ainsi dans le texte devant la pléthore d'autres images féminines : préceptrices, tantes et cousines. Les images viriles, elles aussi (sauf celle de William) sont estompées : le père est indulgent, légèrement enfantin ; il y a des oncles fantomatiques, des cousins morts, des orphelins, un « époux spectral, pâle petit gentleman ... », vision insolite des adultes, qui suppose un certain cannibalisme dans les relations, accompagnée de saynètes que l'écrivain nous restitue dans l'aura d'une inquiétante étrangeté.

Celle, par exemple, où une compagne d'enfance, pour se consoler d'un chagrin, se jette dans les bras d'une tante de Henry, laquelle profère ces mots qui devinrent pour lui "ridiculement importants" : « Allons, ma chérie, ne fais pas de scène, j'insiste, ne fais pas de scène ! » Evoquant cette réponse mutilante, James se souvient-il du drame de sa sœur Alice malade, demandant à son père la "permission" de se suicider, l'obtenant à condition de disparaître sans faire d'éclat, si bien qu'elle décida aussitôt (bien "jamesienne" en cela !) de rester en vie ? Ne pas faire de scène, tout garder en soi sur la scène privée.

De là vient sans doute que le mystère absolu, symbolique de tous les autres, soit ce théâtre qui devait, sa vie durant, hanter Henry James, marqué, on le voit ici, par les premiers spectacles vus avec ses parents, par les beautés bariolées du cirque, par les actrices parisiennes. L'élément où la curiosité se concentre est, bien sûr, le rideau qui s'écarte ou demeure fermé sur ce qui n'est pas encore représenté, auquel le jeune garçon songe avec une "palpitation à peine supportable", se rappelant "cette façon qu'avait le supplice du rideau" de mêler à la fois défi et promesse. L'enfant attend ; il est tout anxiété, rempli d'une tension qui se confond avec la vie même, "la seule question restant de savoir si vous pourriez continuer d'exister jusque-là" — jusqu'à la révélation des secrets dc la vie. Le théâtre : façon de jouer ses passions sous un masque. Et puis l'autobiographie n'est-elle pas justement ce rideau qu'il s'agit de tirer avant la scène finale de la mort ?

Le rideau de la vie privée dissimule aussi, sans doute, l'aventure de l'initiation. Parmi les voisins de Henry, un certain Eugène, au regard sombre, hantait son imagination. Les greniers, les combles sont ces lieux secrets où William imaginait les comédies que les enfants représentaient, William étant toujours la vedette qui menait le jeu : « Les greniers étaient donc, en un mot, les temples respectifs de nos entreprises dramatiques. » Parfois les enfants s'y dénudaient : « Nous grelottions, dévêtus et impatients, tant pour nos personnes que pour nos objectifs, attendant tout autant l'inspiration que les culottes. » Ainsi (et surtout ?) même le corps, contemplé ou entrevu à la hâte, est-il lié à l'idée de cachette.

Un des seuls préceptes donnés aux enfants James était celui de savoir métamorphoser le quotidien, de le transformer. C'était là une injonction, nous dit l'écrivain, constamment répétée : « Transformez ! Transformez ! Transformez ! » et dans cette éducation désordonnée, sans image d'un Dieu vengeur, dans cette "absence de méthode", et "cette splendide économie d'une éducation réelle", s'inscrit la structure d'un renversement du mal en bien qui sous-tend toute l'œuvre. La source en est ici, dans ces *Mémoires d'un jeune garçon*, dans l'étonnant rêve que fit James de la galerie d'Apollon au Louvre. Dans cette "perspective", il est poursuivi par une silhouette indistincte contre laquelle il se défend, appuyant de tout son corps contre une porte. Triomphalement, le rêveur renverse la situation, enfonce la paroi, poursuit l'agresseur qui n'est plus "qu'une tache rétrécie" s'enfuyant dans la galerie "pour sauver sa vie", cauchemar qui devient affirmation de soi, étonnante métaphore d'une vie entière, superbement transmuée par l'écriture.

Ce thème qui a hanté tant d'écrivains depuis Shakespeare et De Quincey jusqu'à Maeterlinck, ce thème de la porte, et du spectre, est aussi essentiel à James que le sont les grilles, les portails des "autres maisons", et les rideaux de la scène. L'agresseur-agressé dans la galerie d'Apollon anticipe et confirme ces situations de revanche dont on a vu la lointaine origine. Tout se passe derrière cette paroi victorieusement abattue : le duel entre le réel et le rêve, l'action et la contemplation, les vivants et les morts, entre le mort (William) enfin vu en perspective, et le vivant, Henry, qui le fige grâce à l'écriture.

Après cet épisode où culmine la vision de l'enfance, cette victoire une fois remportée, on dirait que James peut se laisser aller à la rêverie, ce qui nous vaut d'admirables pages sur la fièvre et la maladie : un "typhus presque mortel"... "expérience qu'il devait considérer, avec force sagacité, comme déterminant la limite de son état de jeune garçon". Maladie qui lui permet d'écrire qu'il s'est "transformé", qu'il a pu acquérir une nouvelle dimension : "dimension à laquelle je devais surtout penser en termes d'extension dans l'optique d'un changement fondamental, ou de pénétration active, d'une partie de mon être encore peu explorée et rendue dorénavant accessible, comme si j'avais soudain forcé une porte close." La porte close de la galerie du Louvre, la porte forcée (de la puberté ?) menant à la métamorphose à travers une sorte de perte de conscience : il serait dommage de déflorer ici les sublimes dernières pages du livre où le mal du corps, sa connaissance, deviennent les lieux mêmes de la création.

La maladie : l'écrivain devait la connaître dans une incarnation autrement tragique — une dépression nerveuse, en 1910. Edith Wharton raconte, dans une lettre à son ami journaliste, W. Morton Fullerton, comment elle a trouvé James prostré, "épouvanté comme devant la Méduse", gémissant : « Ne plus se réveiller. Ne plus se réveiller. » Sans doute était-il alors épuisé par l'effort d'avoir réuni ses œuvres complètes et déçu par l'accueil qui leur fut réservé. Et surtout la pensée de la mort l'effleurait, le poussant à brûler correspondances et preuves tangibles de la vie privée qui s'en allèrent derrière un rideau de fumée.

Le 25 février 1914, juste après la parution des *Mémoires d'un jeune garçon*, James remercie Edith Wharton de lui envoyer *Du côté de chez Swann*. Le biographe de Proust, George Painter, cite le fait que, presque mourant, James lisait Proust : « Je lis quelque chose de long, de lassant, de délicieux, qui ressemble à ce que je fais : Proust. » Merveilleuse rencontre de deux œuvres absolument contemporaines, d'un trajet non pas semblable, mais parallèle, de deux vies données à l'art au détriment de ce qu'on appelle la vie : Proust mourant tout en rédigeant son œuvre, et James très malade, en 1914 — expliquant à Henry Adams dans une lettre du 21 mars la nature de son projet autobiographique : « Vous voyez, j'ai toujours des réactions en face de la vie (ou de ce que vous refusez de considérer être la vie), j'en ai le plus possible, et le livre que je vous ai envoyé en est la preuve. La cause en est sans doute que je suis un artiste, cet étrange monstre, cette finalité obstinée, cette sensibilité inextinguible. D'où les réactions — détails visibles, réminiscences, toutes ces choses qui continuent à se projeter avec des conséquences que je note et qu'il me fait plaisir (mot amer) de noter. Tout cela nécessite de créer et je *crée.* Je pense que je recommencerai à créer — car cet acte participe encore de la vie. »

Diane de Margerie

Sources :

Léon Edel : *The Life of Henry James, a Biography,* Penguin Books, Londres, 1977. (A paraître aux Editions du Seuil.)

Henry James : *Selected Letters,* Ed. Léon Edel, Harvard University Press, U. S. A. 1987.

Edith Wharton : *Letters*, Ed. by R. W. B. Lewis and Nancy Lewis, Scribner's New York, 1988.

Note de l'éditeur

La traduction de ce texte a été établie d'après l'édition américaine de Princeton University Press (1983) qui réunit les trois récits autobiographiques de James en un seul volume sous le titre : *Autobiography.* Nous avons choisi de les faire paraître en respectant l'ordre de publication choisi par James pour les éditions originales de MacMillan et Scribner's en 1913 et 1914, respectivement pour *A Small Boy and Others* et *Notes of A Son and Brother.* Le troisième titre projeté par James, *The Middle Years,* ayant été publié en 1917, après la mort de l'auteur. D'après son biographe, Léon Edel, James n'avait jamais envisagé, en effet, de donner un titre général à cette série de mémoires.

Mémoires
d'un jeune garçon

I

Ayant entrepris de rassembler quelques données sur les premières années de William James afin de le présenter dans son décor, dans son atmosphère domestique et immédiatement naturelle, de manière à rendre d'autant plus intelligibles et intéressants tous les recueils futurs de mémoires qui lui seraient consacrés, je découvris qu'une des conséquences de mes questions sur le passé s'affirmait nettement aux dépens de certaines autres. Car c'était tout d'abord à la mémoire que je devais surtout faire appel pour retrouver ces données. J'avais été un témoin trop proche des débuts de mon frère dans la vie, et j'avais participé de trop près, par mon affection, mon admiration et ma compassion, à tout ce qui l'avait touché ou ému, pour ne pas me croire détenteur d'une quantité encore plus grande de vérité essentielle, d'une masse encore plus considérable de cette subtile trame historique, que ce que je pouvais espérer rendre ou utiliser. Recouvrer tout le trésor des événements perdus et éparpillés, signifiait revivre en même temps l'expérience passée, si profonde, riche et unique, avec toutes les tristesses et les douleurs les plus intenses, même avec les moments les plus banals et les plus insignifiants, comme il en va de l'expérience de chacun ; mais il me fallait donc aussi pouvoir discriminer parmi les éléments de mon sujet un choix, toujours et encore difficile — ils semblaient si beaux et indissociables dans leur accord et leur manière de sous-tendre le fil de la compréhension qu'ils rejetaient toute mutilation ou refusaient d'être traités autrement qu'avec délicatesse. Ce qui signifiait que les facettes commençaient à se multiplier et les images à proliférer, dans la mesure, tout au moins, où elles se faisaient apprécier pour leur authenticité et leur richesse, et que je pouvais, sans réserves et du plus profond de moi-même, me réjouir de la relation que j'entretenais avec la plupart d'entre elles, et dont je pourrais me servir, comme le dit l'expression, autant que possible. Frapper à la porte du passé équivalait en somme à la voir s'ouvrir toute grande à moi — à voir le monde intérieur commencer à "se mettre en place", avec une grâce bien à lui, autour de la figure principale, et à le voir se peupler, s'animer et s'imposer. Voici donc le cercle de ma commémoration, et ces notes prolixes et abondantes, travail d'amour et de loyauté. A mon sens, l'heureux groupe que nous formions, rassemblait de telles personnalités et offrait le tableau de telles différences, tout en étant soudé, uni et solidaire, que chacun de nous, dans cet aimable souvenir, plaide pour sa sauvegarde, et que, vis-à-vis de ce que je sais moi-même, je crois que j'aurais honte, comme d'une froide impiété, de considérer le moindre détail comme négligeable. Ce à quoi j'aimerais peut-être ajouter que je me bats, avec le désavantage, inné et infus, de voir tout le contenu de ma mémoire et de mon affection dans chaque moment vécu et retrouvé, comme l'on dit, dans l'image vivante et la scène précise, à la lumière des seules conditions que la vie m'ait données pour expérience. Et c'est ce moment que je chéris, cette image que j'évoque, cette scène que je repeins, bien que je sois cependant à peine capable de communiquer à quel point, durant tant d'années, l'horizon fut animé et l'aventure conditionnée pour moi presque exclusivement par la proximité de mon frère et l'activité de son génie dont je n'ai jamais, dès le début, douté un seul instant.

"Dès le début" donc — puisque je retrace nos pas depuis le commencement, pour le plaisir, étrangement mitigé toutefois, de sentir nos petits pieds faire leurs tout premiers essais et continuer encore à trébucher ingénument — le début, c'était il y a longtemps, très loin, et pourtant j'en perçois la faible lueur derrière une fine brume dorée, empreinte de tout le charme, pour l'imagination et la mémoire, de la recherche impérative couronnée de succès, de la netteté dans le diffus, de l'éclat de la vie dans la grisaille, du prodige d'être réceptif à tout. Tout n'ayant naturellement été, tout ce temps, que ce trivial petit ordre des choses. Sans doute en partie sous l'influence d'une vie qui commence à se faire passablement longue, passée dans l'ancien monde, le monde de notre enfance m'apparaît très jeune certes, jeune de sa propre juvénilité autant que de la nôtre, comme s'il ne portait que quelques légers vêtements et n'avait recueilli que les maigres biens et les jouets fragiles de la plus tendre enfance, ou était tout au plus un jeune être encore impubère, voire un adolescent turbulent. Il exhalait en tout cas une fraîcheur simple, et pour moi son souffle pur, dans l'Albany de notre enfance, reste l'air de ces longues après-midi estivales — moments au goût de loisir total, encore sans livres, mais déjà presque sans lit, ou sans berceau ; au goût des pêches accessibles dans un prodigue territoire d'arrière-jardin qui se trouvait presque encore dans une ville de province ; au goût de toutes sortes d'oncles, de tantes, de cousins, de cousines, et d'étranges domestiques légendaires, irlandais invétérés mais archaïques, dont on se transmettait les remarques familières et "les critiques de la vie", et aussi de vagues ramifications familiales et de références locales — toujours des mystifications — qui s'épanouissaient en anecdotes comme de petites prunes dures ; au goût surtout de la grande et savoureuse maison très ombragée dans laquelle soupirait tendrement une grand-mère veuve, née Catherine Barber, qui se comportait en femme délibérément résignée aux complications et aux accroissements successifs, et dispensait une hospitalité apparemment aussi peu accorte qu'elle était indéniablement sans réserve. Ce qu'elle *aimait,* cette bonne et aimable dame accablée de tant de soucis et d'angoisses, c'était "le roman du jour", les ouvrages hâtivement piratés, de Mrs. Trollope et Mrs. Gore, de Mrs. Marsh, Mrs. Hubback et des demoiselles Kavanagh et Aguilar, dont jusqu'aux noms ont été oubliés aujourd'hui, mais qui l'amenaient à se réfugier dans les recoins paisibles où je la revois, le corps penché sur une table, le livre tenu à distance raisonnable, une unique chandelle, posée exactement entre les yeux et la page, sans que cela ne semble en rien la gêner, en ces temps où épargne et courage étaient de mise. Il y a une allusion très vivante à un ou deux traits de son caractère dans ce passage d'une "autobiographie spirituelle", ces souvenirs d'un certain Stephen Dewhurst imprimés par William James (1885) dans les *Literary Remains* de Henry James, référence qui a le mérite d'être presque tout autant caractéristique de mon père (ce que ses références avaient, dans la plupart des cas, coutume d'être) que de la personne ou de l'événement évoqué. Elle mourut l'année de mes seize ans, et comme elle est la seule aïeule dont je me souvienne, elle fait vibrer la corde sensible de l'affection de manière unique. Pour ceux de notre génération, elle représentait le seul sang anglais — celui de ses deux parents — qui coulait dans nos veines. Je dois avouer que, pour bien des raisons, à travers cette association, je sens son image se réfracter de façon tout à fait bénéfique. Nous étions, aux trois quarts, de deux autres origines, et je me souviens comme j'avais réfléchi au fin fond de moi-même — car je vois bien que j'ai toujours dû réfléchir — que notre mélange irlando-écossais, mélangé comme il avait dû l'être, avait encore pu emprunter une qualité à la troisième extraction ou dimension. Si en outre, j'avais eu le loisir de choisir, c'est justement à la mère de mon père, fervente adepte de cette si belle foi en la vivifiante et spécifique force maternelle, que j'aurais aimé l'emprunter ; tout en étant parfaitement conscient que les ancêtres de Catherine Barber avaient respiré l'air américain pendant au moins deux générations avant elle. Le père de notre père, William James, irlandais et protestant de naissance (du comté de Cavan), était venu en Amérique, encore très jeune, seul de sa famille, peu après la Guerre d'Indépendance. Mon père, le second fils du troisième des mariages que son pays d'adoption devait généreusement lui offrir, était né à Albany en 1811. Hugh Walsh, notre arrière grand-père maternel, du côté du père, avait atteint nos côtes un peu plus tôt, en 1764, après avoir quitté Killyleagh, son village irlandais du comté de Down, alors qu'il avait dix-neuf ans ; il s'était installé à Newburgh sur l'Hudson, à mi-chemin d'Albany, où se trouvaient, encore récemment, quelques-uns de ses descendants. Alexander Robertson, originaire de Polmont, près d'Edimbourg, notre arrière grand-père maternel, du côté de la mère, c'est-à-dire le père de la mère de notre mère, avait également traversé l'océan au milieu du siècle et avait prospéré à New York, tout comme le faisait Hugh Walsh et devait le faire de façon encore plus nette William James, un peu plus haut sur les rives de l'Hudson, bienheureux et unanimes admirateurs du cours de cet admirable fleuve, tels que je me plais à les imaginer. J'ai découvert qu'Alexander Robertson était inscrit au registre des marchands dans un tout petit annuaire de New York de la fin du siècle, et, par certains côtés, notre enfance dans cette ville se passa dans l'ambiance crépusculaire du déclin, réduit et circonscrit il est vrai, sans être toutefois totalement dépourvu des derniers éclats de la resplendissante prospérité d'Alexander.

Le goût suave d'Albany résidait sans doute surtout dans le fait que nous l'admirions comme l'antithèse de New York : c'était les vacances alors que New York c'était la maison ; c'est du moins la relation qui finit par s'établir, car de ma toute toute première vision fugace, autant que je me souvienne, c'est bien Albany qui a dû former le décor. Nos parents s'y étaient rendus pour une ou deux années afin de se trouver auprès de notre grand-mère au retour de leur premier (c'est-à-dire le premier pour ma mère) voyage en Europe, qui avait presque immédiatement suivi ma naissance, et qui se trouve avoir duré environ un an et demi, et dont j'aurai encore un mot à dire. L'expérience d'Albany aurait donc correspondu au premier foyer qu'ils auraient fondé, puisque j'ai découvert que, l'hiver suivant leur mariage, ils s'étaient installés à l'ancien *Astor House* — qui n'était certes pas ancien à cette époque, mais était bien le grand hôtel aux aménagements modernes de New York, le seul à avoir de telles prétentions, et qui continua, je ne sais trop comment, à projeter son image massive, celle d'un gros bloc cubique de granite, aux intérieurs vastes, sombres et chauds, sur certaines phases plus tardives et plus sensibles de mon enfance. Précisément — ou peut-être devrais-je plutôt dire vaguement — mes parents eurent parfois recours de nouveau à l'hospitalité de ces lieux ; ils en bénéficièrent avec tant de bonheur cette première fois que le 9 janvier 1842, mon frère aîné y vit le jour. La tradition veut que R. W. Emerson, ami de longue date de notre père, qui se trouvait être à New York alors, et sous ce toit opportun, fut pressé avec fierté "de monter" admirer le nouveau-né, qui devait devenir le second William James américain, et de lui donner sa bénédiction. Cette bénédiction devait se renouveler, si je puis me permettre de dire, dans la mesure où, parmi les impressions des lointaines années qui suivirent, je distingue clairement la présence occasionnelle du grand et courtois Emerson dans notre maison de la Quatorzième Rue, centre de nombreuses images, lieu où la tente parentale devait se dresser peu après et pour un certain temps. Identifier la scène de nos toutes premières perceptions, des miennes du moins, dont je suis le mieux à même de parler, voilà donc ce qui m'intéresse pour l'heure.

Entre autres, et sans doute avant tout, il y avait le fait que mon frère occupait une place dans le monde à laquelle je ne pouvais nullement aspirer — dont il me semblait, en vérité, avoir tout à fait compris que j'avais bel et bien perdu tout droit à l'accès. Ce dont je me souviens, c'est que je m'étais vraiment sans aucun doute résigné à le considérer de manière très exemplaire comme étant déjà bien en avance sur moi, déjà assis à l'ouvrage tandis que la tentative de me traîner hurlant et gigotant vers ma première heure d'éducation échoua au seuil de la Dutch House d'Albany, à la manière de ce que j'ai aperçu dans un autre recueil de pages que celles-ci (tout comme je me souviens avoir une fois emprunté une allusion à "l'intérieur" de notre grand-mère dans un ouvrage d'imagination). Cet échec de mes facultés ou cette indifférence envers elles, ma retraite de la Dutch House en hurlant, devaient lui laisser une bonne fois pour toutes la place qu'il occupait déjà, démonstration incarnée du possible, déjà là où il avait peut-être été question de mon arrivée, quand l'arrivée finit par se produire, tardive et piteuse, comme s'il avait gagné sur moi une telle avance pendant ces seize mois d'expérience du monde avant que ne débute la mienne, que je ne parvins jamais, de toute mon enfance et toute ma jeunesse, à le rattraper ou à le dépasser. Il avait toujours franchi le coin de la rue et se trouvait hors de vue, pour ne revenir dans le champ visuel qu'à ses heures de détente absolue. Nous ne fûmes jamais dans la même classe, dans les mêmes jeux, presque jamais au même rythme ou au même niveau au même moment. Quand nos niveaux se chevauchaient, ce qui ne durait qu'un bref instant — il en était complètement sorti avant que je n'y sois installé. Quelle percée en avant avait-il réellement à tout instant réalisée, ce n'est pas à moi d'essayer de le dire maintenant ; ce qui me revient, c'est que j'étais au moins obstinément et tristement à la traîne, et que cette relation, tant vis-à-vis de nos intérêts que l'un envers l'autre, paraissait adéquate et préétablie. Je suis saisi d'étonnement face aux manières relâchées, à ce curieux processus de gaspillage, par le biais desquels la nature et la chance peuvent parfois traiter ceux dont la faculté d'application est uniquement et tout entière dans leur imagination et leur sensibilité. Il se peut qu'au cours de ces sombres années d'égarement ils aient si peu à "montrer" que je compare le cancre — image qu'il doit si souvent donner — à un voyageur de commerce qui aurait perdu la clef de la valise qui renferme tous ses échantillons et ne peut que passer pour un imbécile alors que les autres démonstrations se poursuivent.

J'arrive en outre à retrouver un vague souvenir de ma

soumission finale, bien qu'il s'agisse de l'ombre très ténue d'une impression et qu'elle se limite à la tache vive d'une salle de classe enfantine, qui ne véhicule qu'un petit son de pipeau, de pieds qui traînent et une chaleur insupportable, ainsi que la mélancolie produite par des "carrés lumineux" qui étaient masqués par intermittence, sans aucun regain de gaieté pour autant, par un énorme objet qui se balançait et n'en était pas moins dominant. Cet objet dominant, la bergère du troupeau, c'était Miss Bayou ou Bayhoo — seul me revient le son étrange de son nom, que la mémoire ne caresse que parce qu'elle devait être de la même race que son temple de science, qui se trouvait en face de la maison de ma grand-mère dans North Pearl Street et dont l'archaïque pignon jaune prouvait réellement les prétentions exotiques : il me fait penser à ces briques cuites au pays des digues et qui forment une série de petites marches de la base au sommet du pignon. Ces images sont victimes, je le confesse, d'une douce confusion — qui a néanmoins quelque chose de sacré, et d'où, avec le soupçon de vérité qui apporte sa contribution, quelque scène cherche à percer. Même le rougeoiement des inégales briques du trottoir y prend vie, même l'odeur des pavés de la rue, la grâce imputée à l'ombrage en arceaux — je vois tout cela comme si j'étais sous des arbres ; la forme de Steuben Street, qui coupait notre vue, raide au point d'être l'essence même de l'aventure, avec un sommet, et, bien plus, avec une pente des plus dangereuses et des plus profondes, tout au loin. C'est là que vit l'apparence de l'autre maison — autre et bien plus petite que celle de ma grand-mère, pratique parce que proche et à portée de regard, elle était d'un rouge rosâtre rehaussé de blanc, tandis que celle de ma grand-mère était d'un brun grisâtre et très sérieuse, et elle devait se dresser un peu en retrait de la rue, car je me revois encore maintenant me balancer, ou au moins me percher, sur un portail d'entrée entrebâillé qui était conçu pour être actionné par une chaîne de fer terminée par un gros poids rond ; le tout encore sous les frondaisons étendues d'un arbre et avec les hautes, oh, si hautes marches de pierre blanche (ne devaient-elles pas être en marbre ?) et la porte surmontée d'une imposte en éventail sur la façade rouge-rosâtre derrière moi. Le marbre et le rose me plongent dans le ravissement. Il y avait aussi d'autres maisons — dont une fut l'occasion de la première visite que je "rendis", et lutte avec l'aube de ma conscience sociale ; visite avec mon père, qui m'avait sûrement emmené pour le plaisir de m'exhiber (car si mes facultés ne méritaient pas d'être exhibées, mon physique et mes longues boucles blondes, dont je revois distinctement le sacrifice baigné de larmes, devaient le mériter), chez une de nos tantes, la benjamine de ses trois sœurs, mariée depuis peu et qui, promise à une mort prématurée, plane là au-dessus de moi, telle un spectre évanescent, avec de longues et légères anglaises "autour du visage", à la mode de l'époque, et signe distinctif de toutes nos tantes paternelles, semble-t-il ; pour renforcer le souvenir, le fait qu'elle habitait dans Elk Street, "la rue de l'élan", nom vaguement funeste, à cause des bêtes de la forêt, pas encore totalement exorcisées, et plus ou moins sous la domination de ce Capitole qui, comme s'il avait été quelque part là-haut et sous les ombres les plus épaisses qui soient, se dessinait, familier mais impressionnant, à l'extrémité de presque toute perspective de référence d'Albany. J'ai vu d'autres capitoles depuis, mais toute la majesté de la chose avait dû alors s'insinuer goutte à goutte dans mon esprit — même si le lien était indirect, et l'image concrète, celle de la structure primitive avait depuis longtemps été remplacée par quelque chose de prétentieux et de peu solide — de sorte que, plus tard, l'impression devait s'en trouver, comme le veut l'expression, dévalorisée. Par ailleurs n'avait-elle pas alors été renforcée, pendant cette époque capitoline particulière, par le fait que notre oncle, le mari de notre tante, était le fils de Mr. Martin Van Buren, et qu'*il* était Président ? Ceci, au moins, activait l'imagination — ou bien en tout cas active actuellement mon imagination sur ce point ; conduisant à ce que j'ai appelé une douce confusion.

La confusion se dissipe toutefois, mais la douceur demeure, quand, cessant de remonter trop loin en arrière, je revois mes petits retours en ce lieu sous l'éclairage plus ample de la conscience et de l'éducation ; car l'éducation de New York, dont j'ai joui jusqu'à l'âge de douze ans, n'a pas réussi à ternir son charme romantique. Les images que je distingue vraiment traversent un milieu plus mûr, mais prennent un aspect d'autant plus merveilleux. L'autre maison, la maison où mes parents firent leur premier séjour limité, devient le lieu des séjours de nos cousins, nombreux à cette époque, qui étaient pour nous des figures prééminentes : la progéniture variée sur laquelle présidait la seconde sœur de mon père, Catherine James, qui avait épousé très jeune Robert Temple, capitaine dans l'armée de terre américaine. Ces deux parents devaient mourir jeunes, et leurs enfants, au nombre de six, dont leurs deux fils aînés, devaient fortement marquer de leur présence notre scène initiale ; ceci étant surtout vrai pour trois d'entre eux, les deux frères nettement différents, et la sœur cadette, Mary Temple, rayonnante et exceptionnelle, qui s'éteignit dans sa prime jeunesse, mais après avoir fait impression sur de nombreuses personnes, et sur nous pas la moindre, impression qui devait devenir dans ce cercle harmonieux, pour toujours, image sacrée de légende et de référence, associée à la pureté. Telles furent, et d'autres avec elles, ces nombreuses premières lueurs qui dans bien des cas devaient très vite être suivies de crépuscules profonds et définitifs : la famille de notre père devait offrir une véritable chronique de décès prématurés, de carrières brisées, de vœux rompus, d'enfants devenus orphelins. Cela peut témoigner d'une certaine insensibilité, mais le charme de la maison de notre grand-mère résidait en partie pour nous — ou peut-être devrais-je ne parler que pour moi — dans le fait qu'elle tenait vraiment et de façon si aimable de la crèche ou de la salle de jeux d'un orphelinat. Les enfants des filles et des belles-filles qu'elle avait perdues, y pullulaient, surtout les filles, que les gendres et fils encore en vie passaient voir de temps en temps et en toute confiance. Les cousins et cousines privés de leurs parents avaient d'une certaine façon quelque chose de plus palpitant que ceux qui avaient leurs parents ; et d'encore plus palpitant, quand, selon la curieuse mode d'alors, ils étaient envoyés en classe à New York, préambule à leur envoi dans une école européenne. Ils passaient des bribes de vacances avec nous dans notre maison de la Quatorzième Rue, et je crois que la première conception puérile de cet enviable sort, formée au milieu de ces associations, consistait à voir si peu père ou mère, à être si peu plongé dans ce cercle étroit, que la romance de la vie semblait résider dans quelque improvisation constante, de la part d'autorités qui planaient au-dessus de nous, de nouvelles situations et de nouveaux horizons. Nous étions intensément domestiqués, sans doute pour la simple raison que nous sentions que nos jeunes liens étaient fort peu serrés ; et ils étaient *si* peu serrés comparés à d'autres petites situations critiques dont nous avions parfois quelques rares aperçus que la première certitude que je conçus de la véritable richesse, était que nous devrions être séparément envoyés chez de froids et cruels étrangers afin de regretter la maison au point d'en avoir le frisson. Regretter la maison était un luxe que je me souviens avoir désiré depuis ma plus tendre enfance — un luxe dont j'étais anormalement, ou du moins prosaïquement, privé. Notre cousin Augustus Barker, orphelin de mère, vint d'Albany à l'Institution Charlier — à moins qu'il ne s'agisse, je le soupçonne, d'un spécimen encore plus ancien, dont le nom m'échappe, de ce type d'établissement français pour garçons qui prospérait alors et prospéra bizarrement pendant des années encore à New York ; et bien qu'il professât une complète satisfaction pour les plaisirs goûtés en notre innocente compagnie, j'avais l'impression qu'il était engagé dans une courageuse et éprouvante aventure tandis que nous ne faisions que longer un rivage relativement sûr.

II

Nous étions externes, William et moi, dans des dispensaires d'étude, dont le nombre et la succession suscitent aujourd'hui mon étonnement ; nous n'aurions pu en changer plus souvent, j'en suis étonné lorsque j'y repense, si l'on s'était acharné à récuser notre présence, et pourtant je suis intimement persuadé que, mon frère étant étonnamment brillant et moi-même parfaitement inoffensif, ce reproche n'atteignit jamais notre maison. Ce fut d'abord pour moi une humiliation, tout jeunes que nous étions, d'avoir pour maîtres des maîtresses, d'où de sérieuses répercussions tant sur nos résultats que sur notre esprit. Ces dames éducatrices défilent en troupe devant moi, et je me rappelle encore leurs noms : celui de Mrs Daly et celui de Miss Rogers par exemple (autrefois au Chelsea Female Institute, bien qu'alors celui-ci se trouvât dans la Sixième Avenue), dont mon frère ne fréquenta point les bancs il est vrai, mais elles nous prenaient littéralement avec des gants — je vois encore ces élégants objets lorsque Miss Rogers battait, avec une longue férule noire, la mesure d'unc espèce de mélopée ou de psalmodie à laquelle nous consacrions le plus clair de notre temps ; tout comme je la revois très grande, droite et maigre, dans une robe bleu clair, le visage déterminé, entouré de longues anglaises noires et brillantes, portant sur tout son être le sceau du Chelsea Female Institute. Mrs Daly, de toute évidence le successeur immédiat de la nébuleuse Miss Bayou, conserve une certaine importance — peut-être parce que la sphère de sa petite influence a réussi à ne pas disparaître, jusqu'à ces lignes ; si bien que dans certaines notes sur New York publiées il y a quelques années, je fus amené à faire référence avec émotion à ce lieu, l'une de ces petites maisons rouges du côté sud de Waverley Place qui entraîne vraiment l'imagination dans le passé, vers un ordre social révolu. Elles entraînent la mienne vers une grosse dame au visage rubicond et aux cheveux gris, portant un grand tablier, ce dernier attribut suggérant d'une certaine manière, comme elle se tenait là l'air résolu, qu'elle voyait ses petits élèves comme autant de petites tranches coupées dans le pain de la vie et sur lesquelles elle devait étaler le beurre de l'arithmétique et de l'orthographe, avec en guise de confiture une légère couche de cette pratique qu'est la distribution des prix. Certes, je me souviens d'une fois où, je dois en toute justice la mentionner, la couche de confiture fut en réalité épaisse — mon seul souvenir de festin scolaire, chose étrange, dans les annales complètes de ma jeunesse : quelque chose de mystérieux dans l'air de la classe à cette heure inaccoutumée du soir ou de la fin d'après-midi, et les tables qui me paraissaient prodigieusement longues et sur lesquelles la nourriture était de beaux morceaux collants. La grosse dame au visage rubicond devait être irlandaise, comme le laissait deviner le nom qu'elle portait — ou bien ma pensée n'est-elle pas influencée par l'indescriptible allure irlandaise de sa maison après l'avoir revue ? De toute façon, ceci se réfère à une période new-yorkaise durant laquelle un peu plus ou un peu moins de couleur se remarquait à peine dans l'effervescence générale.

De pure souche non importée, cependant, il y eut Miss Sedgwick et Mrs. Wright (Lavinia D.), les personnages suivants dans la procession — la procession qui devait se terminer avec deux recrues étrangères, la petite demoiselle Delavigne, une brune à l'humeur cassante qui nous inculquait la langue française à la maison, et qui nous avait été présentée comme la nièce — ou bien n'était-ce pas plutôt la petite-nièce ? — du célèbre Casimir, et une imposante dame russe portant une cape extraordinairement courte (j'aime à me rappeler la mode des capes courtes) du même tissu que sa robe, et des tresses mérovingiennes qui semblaient requérir la couronne royale de Frédégonde ou Brunehaut pour parfaire leur effet. Cette finale et aggravante représentante du sexe trompeur ne se dessine dans mon esprit, devrais-je ajouter, que sous les traits d'une créature éphémère, bien qu'elle habitât avec nous ; tandis que je revois Mademoiselle Delavigne virevolter avec légèreté sur d'agiles et délicats pieds plus ou moins chaussés de mules d'une netteté exemplaire, avec des talons plats à la Louis Philippe ou comme les personnages féminins des recueils de Gavarni, alors réels, alors contemporains, qui étaient enfermés dans un meuble placé entre les fenêtres du salon d'apparat de la Quatorzième Rue, en compagnie d'une collection de Béranger agrémentée de gravures sur acier, à l'étrange imagerie desquelles j'étais si étonnamment sensible que tout autre art de l'illustration, depuis lors, me paraît sans caractère et froid. Ces volumes et les grands in-folio enchanteurs des lithographies de Nash des *Demeure s d'Angleterre d'autrefois* constituaient une collection qui se prêtait particulièrement bien à l'étalage sur le tapis du salon, concomitant à une pression du ventre du jeune étudiant allongé sur la même surface et à une soulageante agitation des talons vers l'arrière. J'ai compris que c'était bien à Mademoiselle Delavigne qu'avait incombé la tâche de dépeindre à ma jeune sensibilité sa propre France ; elle était, hormis le fait qu'elle n'était point rose ni timide, ovale et pleine d'assurance, et d'une certaine manière maîtresse du pas, le pas de la légèreté, qui entraînait une vive oscillation de ses courtes jupes ; elle était là, vivante, sur la page de Gavarni, preuve de sa réalité, et là aussi en retour cette page (je ne parle pas bien sûr des profondeurs insondées du texte annexe) attestait vraiment sa félicité. Je devais plus tard ressentir — c'est-à-dire que je devais l'apprendre — combien d'impressions et d'apparences, quel vaste sens des choses, son type et son allure préfiguraient. L'évanescence de l'imposante dame russe, que je trouve assez *vulgaire*, je ne puis l'exprimer autrement, tenait peut-être au problème de la pureté de son accent en français ; un de ses attributs et une des raisons de l'attrait qu'elle exerçait sur nous, venait du fait qu'elle arrivait tout droit de Sibérie, et il est clair pour moi que la pureté était remise en question par une amie de la maison, et — chose bien assez pathétique ! — sans provoquer la seule réponse et excuse possible, à savoir que l'atticisme qui manquait aurait été gaspillé avec de jeunes barbares. La note sibérienne, chez notre pensionnaire, était peut-être bien la moindre de ses incongruités ; elle était avant tout trop grosse pour un petit emploi, elle nous dominait sans nul doute trop héroïquement ; et ses proportions ne planent au-dessus de nous que pour mieux disparaître — tandis que celles qui succédèrent à ses fonctions demeurent avec nous un peu plus longtemps.

Pendant ce temps, pour revenir un instant en arrière, si ce sentiment déprimant de toujours plus ou moins céder, sur le plan de l'éducation, sous l'œil d'une femme — et il y avait également cette vérité plus profonde, ce fait dégradant, à savoir qu'à proprement parler nous côtoyions des Filles ou étions en compétition avec elles, que nous trimions sur nos chaises avec elles, même si nous nous refusions à jouer avec elles et à les fréquenter, quand elles n'appartenaient pas à l'essaim des cousines, à la maison — si la gêne que nous éprouvions ne coïncidait pas exactement avec l'effet ironique produit par les apparitions de "Gussy", quand il émergeait du riche mystère qui l'entourait avant d'y retourner, notre situation n'en était comparativement que plus hardie : il avait toujours tellement plus de choses à nous dire que nous ne pouvions avoir à lui dire. A la réflexion, je trouve que la période la plus totalement triste n'avait pu, tout compte fait, se prolonger longtemps, puisque le dernier œil féminin à se pencher sur nous, avait été celui de Lavinia D. Wright, dont un curieux petit souvenir marque d'une date nos relations avec elle. Un petit camarade de classe m'avait exhibé avec fierté, au moment de nos relations avec elle, une superbe carte en couleurs, magnifiquement irisée et dorée, représentant la première de ces "grandes expositions" de notre ère : le Crystal Palace de Londres en 1851 — son père s'y étant rendu peu avant, lui avait envoyé ce souvenir éblouissant. En 1851, j'avais huit ans et mon frère à peine plus de neuf ; ajoutons, en premier lieu, chose claire dans mon souvenir, que nous n'étions jamais fidèles très longtemps, ou pas plus d'un hiver, au même décor pour nos études, et en second que parmi nos institutrices, Mrs. Lavinia n'eut pas de successeur de son sexe, à moins de compter Mrs. Vredenburg, de New Brighton, où nous passâmes l'été 1854, alors que j'avais atteint l'âge de onze ans et que je fus déconcerté de la reconnaissance du rôle que devait si mesquinement jouer notre "fréquentation de l'école" au cours de ces longues vacances jusqu'alors dépourvues de nuages. Ceci était vrai pour moi et pour mon frère cadet, Wilky, qui, sous le prétexte, alors croissant, "d'intérêts communs" aux miens, fut dès lors, de temps à autre, pendant quelques années, un compagnon de travail et de jeu extrêmement agréable. A William, chargé de connaissances — depuis notre plus tendre enfance il était invariablement dans mon esprit, chargé de connaissances — on ne joua pas un tel tour ; cet été-là, il se reposa sur ses acquis ou les révisa, chose qui, comme j'étais sûr de voir ces acquis s'enrichir toujours plus, ne m'étonnait pas le moins du monde. Je me souviens en vérité, avoir été préparé à tout, une fois qu'il m'eût dit vers la fin de la période passée chez Lavinia D., et avec une autorité caractéristique, que le plaisir qu'il y trouvait, venait tout autant de mon caractère, je crois, que du sien, et que cette femme avait de grandes capacités, comme le prouvaient les Expériences faites au premier. Lui était au premier, bien entendu, et moi au rez-de-chaussée, et c'est tout juste si je savais ce qu'étaient ces Expériences, hormis le fait qu'elles nécessitaient des capacités. La région de leur réalisation était la sphère naturelle de William, bien que j'aie le souvenir d'y avoir observé à la dérobée, sensation saisissante, notre institutrice en train d'illustrer la façon correcte d'éteindre une bougie. Elle pressa fermement la flamme entre le pouce et l'index, et, comme je faisais remarquer que je voyais mal comment elle pouvait y arriver, elle me répliqua aussitôt que moi, bien sûr, je ne pourrais pas y arriver (contrairement à *lui*) parce que j'aurais peur.

Cette réflexion sur mon courage éveille un autre écho de cette même saison indigente — puisque le test en question avait dû consister à rentrer à la maison en passant par la Quatrième Avenue, au départ d'un point un peu plus haut en ville, et la maison de Mrs. Wright dans la Vingt-et-Unième Rue Est était le point en question. La ligne de chemin de fer de l'Hudson était alors en cours de construction, ou bien on allait lui faire traverser les quartiers nord de la ville, endroits où, pour mes jeunes sens, faisaient rage un tonnerre d'explosions, une grande clameur, et une agitation de drapeaux rouges au moment où la poudre qui avait été introduite dans le sol rocheux était sur le point de produire son effet. Selon notre théorie, passer là en début d'après-midi, c'était courir un danger, et nous avions l'impression de voir des fragments de rochers voler en l'air et écraser au sol une, puis encore une autre, des personnes employées ou présentes sur ces lieux. Nous avions, plusieurs d'entre nous, pour point d'honneur bien sûr de défier le danger avec noblesse, et je ressens encore l'émotion avec laquelle j'espérais et craignais à la fois que les drapeaux rouges, terrifiants signaux discernables de très loin, me permissent ou m'obligeassent à renouveler l'exploit. Que je ne l'eusse pas de moi-même systématiquement renouvelé, il me semble le déduire du souvenir d'autres déambulations de la même période — au sujet desquelles je suis partagé entre leur présence toujours fraîche et l'impression de peut-être donner trop d'importance à ces minuscules particules d'histoire. La règle la plus forte, toutefois, je l'avoue, est celle qui doit ici logiquement me guider, c'est-à-dire qu'à partir du moment où il s'agit de projeter une image, aucune particule importante pour la mémoire ou appréciable par l'esprit ne *peut* être trop minuscule, et que l'expérience, au nom de laquelle on parle, en est la somme et en tire son éclat. Il y avait de toute manière un autre chemin pour rentrer à la maison, avec d'autres attraits, il suffisait de toujours se diriger vers l'ouest jusqu'à Broadway, sphère aux fascinations et aux frayeurs d'un ordre différent, d'après ce qui, semble-t-il, me revient, avec des traits plus vivants, des sujets de curiosité et d'étonnement plus grands. *La* curiosité, c'était bien sûr la demeure campagnarde, ce que je supposais qu'elle était, à l'angle nord-est de la Dix-Huitième Rue, si je ne me trompe pas ; une grande maison brune sur des "terres" peuplées d'animaux, qui, aussi peu que puisse le laisser conjecturer le site aujourd'hui, résista pendant un temps considérable. Je n'ai qu'à fermer les yeux pour les rouvrir intérieurement, tandis que je m'appuie sur les hautes grilles de fer marron pour observer de l'autre côté, un spectacle romantique de créatures qui paissent, picorent et paradent, peu nombreuses, mais toutes d'allure distinguée : deux ou trois élégantes petites vaches de forme et de couleur raffinées, deux ou trois faons en train de brouter et une plus importante troupe, essentiellement, de paons et de pintades, et aussi, certainement — bien que ceci reste pour moi très flou — certains des ornements plus communs de la basse-cour. Je reconnais que telle que je l'évoque, la scène manque de grandeur ; mais elle avait, néanmoins, à mes yeux la marque de l'importance — ce qui ne fait que prouver bien entendu quel tout petit citadin j'étais, et devais rester.

Je me vois en outre pourtant toujours seul, au cours de ces *flâneries** et contemplations new-yorkaises, celle-ci et les autres, et ressens à quel point le sentiment d'être seul, d'être en tout cas maître de mes petits pas, pour ainsi dire, à travers toutes ces rues envoûtantes, avait probablement toute la saveur de chacune de ces joies fortuites. Ce qui suscite en même temps en moi quelque étonnement quant à la liberté d'action et aux occasions d'aventures qui m'étaient permises à cet âge tendre ; bien que le mystère puisse très bien se lever après tout, quand j'y réfléchis, tout piteux, car on ne pouvait pas me croire

---

* En français dans le texte comme tous les termes suivis d'un astérisque. (N. d. T.)

téméraire ou aventureux à la maison. Ce que je prends pour des libertés d'enfance ne peut avoir eu pour fondement qu'une conviction opportune de la part de mes aînés que la seule forme de violence ou de divertissement que je connaissais était celle de mes facultés évocatrices. N'étais-je pas moi-même en ce domaine, déjà à cette époque, avec totale perspicacité, et résignation pourtant, presque avec fatalisme aussi, conscient de ce que je devais en penser ? En tout cas, je le revois flâner, béat, le petit garçon, je sens encore l'odeur de la peinture et du fer froid et poussiéreux, tandis que les grilles de l'angle de la Dix-Huitième Rue frottent son nez contemplatif, et le sentant d'avance condamné, je ne lui refuse aucunement ma sympathie. Il offre une parfaite petite image ou mise en garde de tout ce qui devait lui arriver, et il avait peut-être même été bien plus heureux qu'il ne l'était. Car le contour et la mesure, précisément, de tout ce qu'il allait exiger se dessinaient : *être* quelque part seulement — presque n'importe où ferait l'affaire — et d'une certaine manière être réceptif à une impression ou un apport, être sensible à un lien ou une vibration. Il devait se passer de beaucoup de choses, énormément même — comme toutes les personnes chez qui la contemplation remplace si largement l'action ; mais partout, au cours des années qui suivirent immédiatement, et qui en fait se prolongèrent longtemps, dans les rues des grandes villes, à New York encore un peu, puis pendant un temps à Londres, à Paris, à Genève, où que ce fût, il devait jouir par-dessus tout de cette pratique si peu ostentatoire de l'émerveillement, de la flânerie et de l'observation béate : il devait vraiment, je crois, en tirer le plus grand bénéfice. Ce que cela finalement lui donna d'appréciable — à savoir lui donna sous forme productive — serait difficile à établir ; mais cela lui paraît être, comme il se plaît même maintenant à le croire, une éducation comme une autre : ressentir, comme il est arrivé à le faire de plus en plus, qu'aucune éducation ne profite à l'intelligence si elle n'y suscite pas quelque passion subjective, et que d'autre part, presque tout ce qui agit de la sorte, est largement éducatif, si petite que soit l'image que ce processus puisse prendre dans un projet d'éducation. Elles sont étranges certes, qui plus est, certaines de ces choses qui *ont effectivement* suscité une passion subjective — l'ont suscitée, j'entends, chez de jeunes personnes prédisposées à une application plus ou moins subtilement inspirée.

III

Or ici aussi je flâne, ébahi, c'est indéniable — je me surprends en pleine action ; si bien que je reprends le fil de la tendre réflexion qui me guide à travers cette mystification des cours d'été, à laquelle j'ai fait référence un peu avant, à l'époque où les Cours d'Eté tels qu'on les connaît aujourd'hui en Amérique, étaient déjà si profondément en gestation pour le futur. Le lieu des acquisitions dont je parle devait être contigu à la maison que nous occupions — je me souviens de sa tout à fait intime et désagréable proximité — et aussi le perpétuel centre d'intérêt de parents new-yorkais qui, en villégiature dans les curieuses conditions de l'époque, alors que les multiples atténuations modernes du destin grégaire ne s'étaient pas encore révélées et les multiples raffinements de l'individu ne s'étaient pas encore développés, encourageaient presque toute influence susceptible d'aider un peu à former leurs enfants à la courtoisie. Pourtant je me souviens que cette influence précise fut plus bruyante, soporifique et poussiéreuse que tout autre chose — ce qui devait fortement tenir de la nature générale de New Brighton ; environnement qu'aucun organisme qualifié d'aucune sorte ne s'était jusque-là soucié d'aménager, et qui devait certes rester pauvrement informe encore des années. Puisque je me souviens y avoir éprouvé une impression presque aussi sinistre au cours de l'été 1875. Il me semble avoir plus ou moins fait mes débuts dans la vie, dans ce domaine, avec des impressions de New Brighton ; il m'en revient une autre, considérablement plus infantile que celle de 1854, si infantile d'ailleurs que je me demande comment elle a pu se fixer — celle d'un endroit qui s'appelait le *Pavilion*, sans doute un hôtel qui avait dû nous héberger en juillet et août, et dont la forme dans mon souvenir d'enfant, sans les préjugés de l'expérience future, était celle d'un grand temple grec qui rayonnait, au-dessus de flots bleus, de la splendeur de sa colonnade blanche et de son grand fronton jaune. L'élégante image est restée, bien que gravée chez un enfant si petit qu'une corpulente nurse pouvait aisément le porter, je me rappelle, et non moins aisément le plonger dans l'eau. Je suffoque encore, et devais suffoquer pendant longtemps, au souvenir de l'immersion salée que j'ai subie entre ses fortes mains. Merveilleuse en définitive, je le découvre à mesure que j'écris, cette quantité, cette intensité de l'image qui renaît même de l'état de très grande vacuité et très tendre jeunesse de ce petit tableau.

Je rattache un peu à la période du *Pavilion* une visite rendue avec mon père — qui décidément devait aimer m'emmener avec lui, cette réminiscence m'assaille de tant de détails — à une famille que nous rejoignîmes dans ce qui me parut être une tout à fait charmante tonnelle, par une très chaude journée, où le luxe et l'excentricité abondaient. Ils étaient nombreux, les membres de cette famille, ils étaient beaux, ils prenaient leurs repas, ou étaient à ce moment précis en train d'en prendre un, dehors, et l'élément essentiel du groupe alors, était un très grand terre-neuve sur le dos duquel on me fit faire une promenade. Ceci a dû être ma première vision de la vie en liberté — bien que je me demande par ailleurs quel âge je pouvais bien avoir pour que mon poids fût si fantastiquement incapable de laisser soupçonner les évolutions futures. Mais le romantisme de cet instant tenait surtout à ce que j'ai appelé la note excentrique, au fait que les enfants, mes hôtes, attiraient mes yeux sur des jambes et des pieds sans chaussettes ni chaussures, m'amenant tout à la fois d'une certaine façon à comprendre qu'ils n'étaient pas pauvres et dépourvus, mais riches et nantis — de même que je compris que leur festin en plein air était la preuve d'une surabondance de nourriture — et que leur état, comparable à celui d'enfants de la nature, était un raffinement de liberté et de grâce. Ils devaient devenir célèbres et beaux, les membres de la famille de cette vision éphémère, ils allaient devenir des figures historiques et héroïques, et servir les intérêts de la nation ; mais toujours, sous le regard de la mémoire et dans ma tendre imagination, je devais les voir évoluer dans la vie sur les pieds blancs et nus de cette originale équité primitive qu'ils avaient préférée. Ceci est pure broderie, mais c'est la vieille surface qui veut se révéler — du moins elle attend, avec un air bien à elle. Le reste est silence ; je n'ai pu — extraordinaire fardeau même pour le plus affectueux des parents lors d'une visite matinale — que retourner à "notre hôtel" avec mon père ; puisque je sens qu'il faut non seulement ici mais sur un plan bien plus vaste affronter la vérité historique qui veut que nous ayons été, pour de considérables périodes, pendant notre plus jeune âge, rien moins que des enfants d'hôtel. Entre les très lointaines et plus récentes phases à New Brighton, s'étend une série d'étés qui nous ont tous régulièrement vus installés pour deux mois dans un établissement que l'on prenait en ce temps reculé pour un vaste caravansérail — la *Hamilton House*, sur la côte sud de Long Island, ainsi baptisée à cause de sa proximité du Fort du même nom, devant Fort Lafayette, la Bastille de la Guerre de Sécession, dans le chenal qui lui faisait face et qui envoûta certainement beaucoup plus profondément l'esprit de notre enfance, celle de William et la mienne du moins, que n'importe quel autre spectacle qui nous fut présenté jusqu'à notre adolescence.

Je m'aperçois que je puise dans le souvenir singulièrement intact des détails de toute cette expérience, le pouvoir de plutôt me glorifier de notre honte : je trouvais cela si séduisant à l'époque de *vivre* dans des hôtels, et j'aurais si peu souhaité échanger mon sort contre celui de n'importe quel autre enfant élevé dans plus d'intimité. Nous étions assez intimes en vérité, à ce qu'il devait me sembler, je pense, le reste de l'année ; et à quel âge n'ai-je pas dû tout à fait succomber au charme du monde vu sous un angle plus large ? Car là, j'avais l'incomparable occasion de flâner et de m'ébahir ; les êtres humains prenaient des apparences d'une infinie variété et s'offraient en exhibition sur la scène d'une place qui, dans mon ébahissement, se mesurait quasiment en kilomètres ; c'était même comme si j'étais devenu tout à fait conscient que la scène mondaine ainsi peuplée me dirait presque toujours plus que n'importe quoi d'autre. Ce qu'elle me disait vraiment, je n'en comprenais que quelques bribes ; mais je savais néanmoins qu'elle parlait, et j'écoutais sa voix, autant que je me souvienne, tout à fait comme le "jeune Edwin", du poème du docteur Beattie, écoutait le rugissement des tempêtes et des torrents du haut d'une très noble éminence de rochers en surplomb et s'exposant à des abîmes encore plus profonds. Je m'attache pour l'instant, toutefois, à la petite histoire de notre été Vredenburg, comme nous devions encore longtemps après le qualifier avec désobligeance ; d'autant plus qu'il joue donc le rôle d'illustration, à la lumière d'une période plus tardive et plus heureuse, du développement, pour ne pas dire plutôt de la suspension, des usages et coutumes autour de notre lieu de naissance. Je crois que nous n'avions jamais été autant que pendant ces mois-là, déshérités des civilités générales et publiques qui renforcent chez les jeunes l'exemple et les préceptes familiaux — déshérités au profit de la poussière, de la lumière aveuglante, des moustiques, des cochons, des cabanes et des tripots, au profit de l'absence de promenades à pied et à peine plus en voiture, et d'une sempiternelle et non moins lourde insistance sur les aspects les plus sordides du côté irlandais des choses. Il y avait une demeure à créneaux sur la colline qui nous dominait — très haute colline, me semble-t-il me souvenir, et très imposante structure ; elle avait des tours, des points de vue, des prétentions, et appartenait à un colonel, que nous trouvions très beau et en très grande tenue, (comme s'il avait porté des brandebourgs et des bottes, ce qui n'avait pas du tout pu être le cas, ce qui *aurait dû* l'être seulement, et l'aurait d'ailleurs certainement été, eût-il placé son influence sociale à un degré plus élevé) et dont le fils et héritier, également très beau et que l'on appelait affectueusement "Chick" dans l'intimité, avait un manteau de velours et un poney, et des éperons, je crois, objets de luxe que nous ne possédions pas ; il était aussi le cousin de garçons, les De Coppet, dont nous avions fait la connaissance dans notre école l'hiver précédent, et qui d'une certaine manière — sans doute en partie parce qu'invités de l'opulent Chick — erraient de nouveau dans le champ de l'oisiveté.

Les De Coppet, en particulier en la personne du plus âgé, Louis, avaient pour nous une grande valeur, ou en tout cas pour moi — car, bien que je fusse, tout comme mes aînés d'aillcurs, peu familier de l'application de ce mot tel que je l'utilise ici, qu'étaient donc après tout ma sensation naissante des gens et des choses, mes premières, émouvantes, perspicaces et fictives réactions, discriminations et catégories, sinon une tentative de cerner cette valeur ? Les De Coppet (encore et plus spécialement dans l'interprétation très impressionnante du subtil Louis) jouissaient du privilège d'être européens ; ils avaient quitté, au cours de l'année scolaire 1853-54, le lac de Genève pour venir au sein du très chic établissement pour jeunes gens de Mr. Richard Pulling Jenks, alors situé sur Broadway, en dessous de la Quatrième Rue ; et ils avaient récemment participé à une reconstitution historique — célébrant ou non les annales de la ville de Coppet, je ne sais pas — dans laquelle des membres de leur famille avaient tenu, en armure et à cheval, le rôle des Barons (à ce que nous avions compris) de Coup ou Cou. Leur père était donc originaire du canton de Vaud — seule leur mère était une compatriote et c'était la sœur du colonel des crénelures. Mais la plus frappante caractéristique des frères, et la plus frappante de la part du super-subtil Louis, c'était leur manière de traiter à la française certains de nos noms de lieux indigènes, Ohio et Iowa par exemple, qu'il rendait, en détachant chaque voyelle, avec une délicatesse et une finesse déplaisantes et imperturbables, comme s'il avait été Chateaubriand en train de déclamer *Les Natchez* chez Madame Récamier — "O-i-oh" et "I-o-ouah" ; manière de se comporter chez lui, et violence offerte à son cercle serré de petits New-Yorkais curieux et indignés, pourvus de leur dose habituelle de coups de poings et de pieds, dont, comme elle était clairement délibérée, je me rappelle avoir trouvé le froid et calme courage sans pareil. *C'étaient bien* ceux-là les vrais noms — que nous devions entièrement aux explorateurs français et aux pères jésuites ; tant pis pour nous si la plèbe l'ignorait. Je ne me lasse pas d'admirer la cohérence, la supériorité, la sublimité, de ce Louis, qui, sans être loyal du tout, était pourtant à sa manière, tout particulièrement beau joueur. C'était un Français incorruptible par nature — comme, chose bizarre, j'ai connu d'autres personnes des deux sexes, dont l'anglais était un américain incorruptible par nature ; il apparaît donc que la maîtrise d'un anglais authentique forme à elle seule une barrière adéquate et une race sûre d'elle même. (Eh oui, que d'étranges retournements observés chez des compatriotes latinisés au cours d'une longue vie — que de remarquables chutes d'un français ou d'un italien tout à fait courant à un idiome maternel relativement improvisé, avec pour conséquence l'utilisation de la langue étrangère comme langue d'origine et de la langue d'origine, à savoir l'américain, comme langue étrangère, du moins sans l'assurance innée !)

Louis De Coppet, bien qu'Américain en principe et vivant en Amérique, était français *par nature*, et me familiarisa même davantage à ce "sens de l'Europe" auquel, me semble-t-il, ma toute jeune conscience s'éveillait — perversité qui va sans doute paraître nécessiter toutes les justifications que je serai à même de fournir et dont je vais essayer de donner bientôt certains exemples. Il m'ouvrit des horizons, et j'ai toujours considéré comme précieux celui, quel qu'il soit, qui fait cela assez tôt en raison du petit effort d'accommodation ; ne remplissant jamais autant cet office, c'est indubitable, que lorsque, au cours de cet été, il m'invita à collaborer avec lui à la réalisation d'un roman d'amour qu'*il se fit fort** de faire imprimer, de faire publier, quand la réussite, ou en d'autres termes, l'achèvement, aurait couronné notre effort. Notre effort, hélas, ne connut pas de couronnement, en dépit de diverses entrevues solennelles et mystérieuses — tellement consacrées, autant que je me souvienne, au problème de la publication que d'autres efforts, bien plus fondamentaux, languissaient affreusement ; me laissant la conviction, cependant, que mon ami *serait* arrivé à faire publier notre roman s'il était parvenu à l'écrire. Je pense à ma participation à ce rêve illusoire comme au tout premier gage d'une approbation extérieure offerte à l'exercice d'un don — même si je suis bien incapable de concevoir sur quoi mon camarade s'est fondé pour soupçonner un don, pour lequel à l'époque, je n'ai absolument pas dû réussir à révéler le moindre symptôme "phénoménal". Il m'avait été, néanmoins, généreusement *imputé* par ses propositions ; c'était, d'une certaine manière, un début — un petit début, qui ne manquait pourtant pas d'audace. Louis De Coppet, dois-je ajouter, ne donna par la suite jour, autant que je sache, à aucune composition personnelle ; nous le vîmes beaucoup plus tard en Suisse et nous apprîmes par hasard qu'il avait épousé une jeune Russe et s'était installé à Nice. Si je verse à sa mémoire cette excuse en guise de laurier, c'est qu'il m'a donné la première, ou du moins la plus personnelle, ouverture sur cette significative préfiguration des manières de "l'Europe", qui, insérée comme un coin, pour ne pas dire comme une cheville, dans ma jeune obéissance, devait fendre le tendre organe en deux moitiés tellement inégales. Ce fut bien son petit marteau qui enfonça la pointe du clou d'or.

C'était comme s'il y avait eu une douce magie dans ce

souffle, quand bien même infime, d'un autre monde ; mais quand je me demande quelle part de plaisant ou d'agréable a bien pu vaguement transparaître de ce qu'était alors le général, l'enveloppe des conditions extérieures, je retrouve un bien plus grand nombre d'associations dans lesquelles formes et civilités disparurent à tout jamais, que de celles dans lesquelles elles résistèrent véritablement avec succès. C'est dans le registre de la question du goût, de la conscience d'un appel esthétique, tels qu'ils se reflètent dans les formes et les aspects, que j'aimerais surtout apporter un témoignage, puisque l'espoir et l'évolution de ces choses sur notre jeune scène américaine sont les plus intéressants et exigent, sans nul doute, un degré d'attention des plus précis. Lorsqu'on regarde en arrière, profusion, progrès et succès se réfléchissent à chaque tournant avec simplicité et bonheur : les rapides pulsations de la croissance et de la multiplication matérielles, et nombre de personnes pour en parler et s'en réjouir, mais retrouver les sujets édifiants relèverait des aventures de la "grande critique" en admettant qu'il y en ait eu une — et en admettant aussi qu'elle s'intéresse aux qualités et vertus réelles des choses : l'état des usages, les conditions des relations humaines, le souci d'excellence, le sens des apparences, la réaction intellectuelle d'une manière générale. Cependant, affronter ces eaux profondes ne doit prendre pour moi que la forme d'un bain occasionnel. En attendant, je suis assez surpris et frappé ici que, contribuant à la vérité, le milieu général dans lequel nous vivions, dans la situation dont je parle, fût conçu de façon à former une grande véranda protectrice, qui semble nous avoir très solidement et complètement entourés, avoir plus ou moins joué le rôle d'un radeau de sauvetage au cours d'une trop grande marée — cette trop grande marée, en dessous de nous, si je me souviens bien, était celle du laid et du disgracieux. Il se peut que ma perspective personnelle grossisse un peu inconsidérément — quand elle ne diminue pas encore plus bizarrement ; mais j'ai découvert dans la grande ressource encapuchonnée et protégée dont il est question, une force fondée sur l'évidence : comme si elle avait vraiment dû jouer pour nous, autant que le permirent son étroitesse et son exposition, le rôle d'un Etat-tampon destiné à lutter contre les étendues sauvages à proximité immédiate, le rôle du vide, du déplaisant et du mesquin. Interposant un peu de Bien-être, n'interposait-elle pas tout le Bien-être que nous connaissions ? — de sorte que, lorsque d'aimables amis, arrivant de New York par bateau, venaient nous voir, il n'y avait pas de spectacle rural à leur offrir sinon à notre grande honte, celui des cochons, des baraques, des planches branlantes, des immondices éparpillées et des chemins publics rocailleux ; jamais le moindre chemin champêtre pour une agréable promenade ou un coin de jardin à l'ombre de l'après-midi. Je me rappelle mon prompt dégoût, une étrange précocité pour la critique, pour tant d'aridité — puisque de quelle Arcadie perdue, à cet âge, avais-je réellement eu le moindre aperçu ?

Notre étroite marge a dû m'affecter plus noblement, devrais-je ajouter en toute justice, quand la vieille Mrs. L. passait ou rôdait, car elle se joignait parfois au cercle avec causticité et parfois, durant les plus fortes températures, qui étaient très fortes cet été-là, elle ne faisait que le traverser dans un seul vêtement fluide, comme nous le constations, étonnés ; un des signes de cette superbe impertinence, je suppose, qui était caractéristique des "douairières" — les douairières étaient de sacrés personnages et possédaient un franc-parler, agissant et s'exprimant à leur guise. Cette vieille dame était logée dans une partie éloignée de la maison aux nombreuses pièces, qui, en plus d'un endroit, atteignait au mystère ; mais personne n'utilisait la véranda à laquelle elle avait accès, et chaque fois qu'elle s'écartait de son territoire, elle plongeait de nouveau dans le nôtre. Je me souviens parfaitement que, ayant entendu dire et peut-être lu que les douairières, comme je le savais, avaient à peine de quoi vivre dans notre système social, je me dis, la première fois que je vis notre énergique voisine, personne de toute évidence habituée à d'exceptionnels égards : "Il doit s'agir d'un spécimen parfait," ce qui était d'une certaine manière tout à fait merveilleux. La toute première fois, cependant, avait précédé l'été à New Brighton, et je m'égare dans une étrange et nébuleuse vision, toutes les zones d'ombre qui accompagnent ma présence, de tout petit garçon bien sûr, à une soirée où Mrs. L. se présenta dans une tenue que je revois encore précisément : une robe de satin bleu, un long châle de dentelle noire et une coiffure constituée des mèches également surprenantes d'une perruque brune, au sommet de laquelle dodelinait un genre de plume, un ruban ou un bandeau, d'un métal précieux ou non, je ne sais plus, maintenu en place à l'aide d'une pierre précieuse qui ornait le centre de son front. Telle fut ma première vision de la *féronière** de nos grands-mères, sinon de nos arrière-grand-mères. Je revois celle qui la portait à cette époque, pencher sur moi d'une manière tout à fait terrifiante ce front alourdi, tandis que ses gants blancs noueux jouaient avec un grand éventail et un flacon de sels attaché à son pouce par une chaîne ; et comme elle nous fut plus tard présentée comme une des amies de ma grand-mère d'Albany, il se peut qu'en hommage à ce lien, elle m'ait momentanément permis de retenir son attention. *Alors*, principalement ai-je dû la prendre pour une douairière — bien que je n'aie jamais considéré ma grand-mère comme telle ; mais je ne parviens pas du tout à élucider la question de mon extraordinaire présence dans une telle assemblée, à l'occasion d'un bal pour mes aînés, mes jeunes aînés certes, mais des jeunes qui étaient mariés, parmi lesquels en fait, ma mère, en tant que participante, avait dû m'introduire.

IV

Ce bal fut donné dans la maison de nos cousins Robert et Kitty Emmet, l'aînée — car nous allions avoir deux cousines Kitty de ce nom et encore un autre Robert, consanguin au moins ; ce dernier nom était bien sûr chez eux tous, une pieuse et glorieuse tradition, cela va de soi, et trois des nièces de mon père avaient épousé trois frères Emmet, le premier étant le Robert cité plus haut. Catherine James, la fille de mon oncle Augustus, alors depuis peu et, d'après le souvenir que j'ai d'elle, cette vive et séduisante épouse, dont les cheveux blonds encadraient le sourire pointu, de larges et longues boucles retombant sur le "visage", que j'évoque volontiers comme la première image consciente de la jeune femme élégante, libre et heureuse, signe de ce fait surprenant que les femmes pouvaient vivre pour le plaisir, toujours le plaisir, et rien que le plaisir. Rien ne la distinguait si bien qu'un insatiable amour de la danse ; cette passion dans laquelle, je crois, la "bonne", la meilleure société new-yorkaise de l'époque se perdit en cabrioles et en champagne. Sa sœur cadette, qui épousa ensuite James — ou plus invariablement Jim — Pendleton, originaire de Virginie, suivit ses pas de près, au sens strict du terme, et bien qu'elle l'encourageât dans d'autres domaines également, elle devait survivre, puis connaître de nombreux problèmes, bien plus tard (ressemblant tout ce temps de façon frappante aux portraits de la reine Victoria dans sa jeunesse) et faire preuve d'une grande hospitalité, qu'elle manifestait, comme pour tout, avec un naturel singulier, à l'égard d'une collection de jeunes adolescents de la famille. Mais je suis encore un peu sollicité (comme si, en somme, il en découlait un éclairage mondain) par les étranges petits problèmes causés par ma présence, simple atome d'observation, dans l'assemblée "d'adultes" de Kitty Emmet. Etait-ce que ma mère pensait réellement qu'au fragment que j'étais, d'autres fragments adhèreraient peut-être curieusement, jusqu'à devenir quelque chose qui me distinguerait, rien d'autre ne s'étant encore probablement dévoilé — fragment, par exemple, comme le germe subtil de ce véritable ferment de la mémoire et du jeu de l'imagination, vision rétroactive presque intense de l'heure disparue et tendre capitulation devant les questions dont elle est hérissée ? Toutes les femmes de la famille de mon père que je revois au cours de ces évocations me frappent par leur intense et admirable, mais en même temps presque indicible, *naturel ;* ce fait est lié, pour le peintre songeur et le fervent analyste, à cinquante autres situations et impressions, à sa vision de tout l'ordre social — s'il pouvait être bien sûr question à cette époque d'un ordre indéniable sur la scène américaine. Cette passion pour la danse si disproportionnée par rapport à toute ressource sociale, n'était-elle pas juste un des signes de ce naturel ? — et d'ailleurs chez nos ingénus parents, aussi bien chez les représentants des deux sexes. On nous avait fait valoir que Jim Pendleton avait un yacht — bien que je ne fusse pas emmené à bord en cachette ; là les limites étaient fixées — mais le pont avait dû davantage servir à "l'Allemande" qu'à d'autres manœuvres, souvent d'ailleurs sous la conduite de notre cousin Robert, l'aîné des nombreux frivoles irresponsables dont mon père était l'oncle : distincte encore pour moi est l'image de cet étonnamment maigre et preste héros chorégraphique, toujours "Bob" James pour nous, qui, presque comme un fantôme, mena le quadrille de génération en génération, son sourire cadavérique, accentué par les rigides extrémités de sa longue moustache et le creux radieux des orbites de ses yeux contribuant à faire de lui un élégant squelette immémorial.

C'est en tout cas au son des violons et des bouchons qui sautent que je vois également les jeunes mariées, tout comme les jeunes mariés — qui étaient faits à l'origine pour être nos agréables et prospères hôtes de la petite occasion mouvementée à laquelle j'ai consacré un coup d'œil — disparaître trop tôt, devenir mystérieux et légendaires, jusqu'à ce que d'insondables silences et d'éloquents mouvements de têtes remplacent le concert précédent ; de sorte que je ressens combien l'impression de toute cette jeune inconstance d'avance condamnée s'amplifia de manière continue et assez excitante. Il s'agissait, bien entendu, d'une impression alors accumulée de façon obscure, mais dans laquelle on devait plus tard lire d'étranges pages — vers certaines desquelles il se peut que j'éprouve le désir de revenir. Simple atome d'observation, comme je me suis qualifié pourtant, je ne prétendrai pas avoir identifié aucun d'eux parmi les sons bachiques qui, au cours de cette soirée passée de façon si suggestive, flottaient dans la région de Washington Place. C'est autour de ce centre dominant que mes souvenirs les plus intenses de cette petite vie "joyeuse" se regroupent — comme s'il avait été, en tant que cercle dans lequel je suis en droit, semble-t-il, de prétendre avoir été "introduit", tout ce qu'il y avait de plus distingué en "ville" ; couvrant donc la partie de Broadway qui va jusqu'à Canal Street, comprenant, plus près, le *New York Hotel*, qui figurait un peu trop excessivement dans les annales familiales (les deux plus récents hôtels, gloires de leur époque, brève et discréditée, méprisée et détruite, le brun *Metropolitan* et le blanc *St. Nicholas*, se trouvaient plus bas) et remontant vers le nord, vers cet Ultima Thulé qu'était la Vingt-Troisième Rue, qui n'arrivait plus alors qu'en seconde position dans ce soi-disant vaste projet de neuvième "grande" rue normale. Certes je n'ai pas dû beaucoup bouger au cours de cette nuit de révélations et d'énigmes auxquelles pourtant je suis toujours suspendu, fasciné ; j'ai dû rester intensément calme dans mon coin, m'émerveillant de tout et craignant tout — craignant de me faire remarquer surtout ; et de façon précise je ne me souviens que du formidable intérêt de ma si convaincante douairière (pour revenir à *elle* une seconde) et que d'un grand et lisse tissu blanc étendu en travers de la pièce vide, la transformant ainsi en une aire d'ébats, perspective qui excitait beaucoup ma curiosité. Je ne me rappelle que des préparatifs toutefois, sans me rappeler l'événement ; Mrs. L. et moi avons dû être les seules personnes à ne pas bouger un orteil, et il est clair qu'une inconscience prématurée, dans mon cas, s'ensuivit. De nouveau l'énigme transparaît, le si bizarre *trait de* *mœurs**, de ma participation enfantine. Mais j'estime cela représentatif et intéressant, et c'est tout.

Les manières de l'époque avaient de toute évidence une *bonhomie** bien à elles — comme certainement dans notre petit domaine tout plein de complaisance et d'humanité ; concernant cette proposition générale, il serait intéressant de retrouver les applications et les transformations futures de cette bonhomie*. Elle a persisté, fermenté et gagné d'autres noms, mais du fait d'avoir relevé l'aisance souveraine de toutes les jeunes personnes avec lesquelles nous grandissions, je crois bien être sur la trace de sa première preuve. Par la suite, à mesure que notre vue saisissait, à l'aide de nouveaux cieux et de nouvelles scènes, d'autres exemples de cette catégorie, ces jeunes personnes devaient toujours nous paraître mieux formées et finies, mieux élevées et éduquées, averties et armées comme le confirme beaucoup, et sans doute l'infirme souvent, la relation sociale ; de sorte que cet état, préparé de leur côté, et qui d'abord n'apparut que comme une préparation à la timidité ou au silence ou à tout autre idéal de l'incommunicable, en vint pour nous à correspondre à la normale, puisqu'il s'agissait d'un état relatif, et non positif, et encore moins superlatif. Aucune charmante créature de la catégorie des jeunes adolescentes ne devait jamais atteindre au degré de naturel de ces ornements plus ou moins proches du cercle de notre famille dans sa jeunesse ; quand, après des intervalles et des absences, l'impression se renouvela, nous comprîmes combien nous avions vu juste, et c'est comme si, me semble-t-il, nous l'avions observée pendant des années dans la crainte et avec la vision d'un changement inévitable, nous demandant avec un affectueux intérêt quel effet l'amélioration générale des manières pourrait, peut-être pour son plus grand malheur, avoir sur elle. Je m'aperçois en remontant en arrière qu'à aucun stade, elle ne devait succomber à cette complication, qu'elle devait conserver jusqu'au bout sa fraîcheur vraiment tout à fait inimitable, ou, en d'autres termes, lorsque les conditions d'antan commencèrent à se développer en toute liberté, ne devait disparaître qu'avec ceux pour qui elle avait été le seul moyen d'expression possible. Car ce fut comme empreint d'une nuance et d'une qualité spéciales que le jeune naturel new-yorkais de notre enfance devait de manière touchante subsister avec nous — de sorte que pour moi-même, à présent, n'ayant devant moi que les aimables fantômes de ses si nombreux représentants, il devient la matière même des légers suaires dans lesquels toute leur douce mortalité repose. Par la suite, parmi les souvenirs et les rappels récents, nous l'identifions toujours aux plus tendres du "vieux New York." La nuance spéciale de son identité tenait donc à ce qu'elle n'était consciente — vraiment consciente de rien au monde ; ou du moins elle était consciente de si peu de possibilités, si immédiates et qui allaient tellement de soi, que ça revenait presque au même. Ce qui apportait la preuve que les insignifiants sujets en question me frappent dans la mesure où ils ont affecté leur milieu environnant — assurance que leur inconscience pouvait être ainsi préservée. Ils y jouaient avec tant de bonheur et de sérénité et de sociabilité, aussi peu gênés et bavards qu'ils étaient peu réprimandés et informés — tout juste conscients, tout au plus, que, dans leur horizon, bon nombre de personnes étaient "débauchées" ; ce qu'en fait, hélas, bon nombre d'entre eux *était vraiment*. Ce qu'était leur débauche — cela n'était, toutefois, à un degré très limité, qu'un trait de leur vision ; ils auraient assuré, si on les avait pressés, qu'elle consistait surtout à être ivre.

Infiniment singulière et bizarre, presque incongrue de drôlerie, la sensation, que nous avions fait naître d'une certaine manière en nous, alors que nous étions très jeunes, d'être entourés d'un cercle légèrement éloigné, bien qu'indistinctement riche, extérieur et assez familier de personnes ivres. Je me souviens comment, une fois, j'étais tout petit, après avoir rencontré dans l'entrée un monsieur tout à fait aimable et irréprochable, presque consanguin, qui était venu rendre visite à ma mère, je l'ai empêché d'entrer plus avant en allant raconter à cette dernière qu'*il* m'avait l'air d'être ivre. Et je devais plus tard parfaitement me rappeler l'impression que je fis alors à ma mère — en expliquant que d'une manière générale si les messieurs issus d'un certain groupe, ou d'une certaine parenté, pouvaient parfois être très bien qualifiés par le terme que j'avais utilisé, je cherchais à détruire cette présomption particulière si notre visiteur, homme d'ordinaire si mesuré, ne voulait pas passer pour l'un d'eux. Ce qu'il ne fit pas, de toute apparence, car je fus ensuite déçu de l'absence d'évidence saisissante : ce souvenir demeura en moi, de même qu'un considérable étonnement consécutif dû au fait que je me sois laissé aller à un jugement aussi injustifié. En vérité, il faut avouer que nous aussi, de la façon la plus innocente au monde, nous avions le sentiment que la "dissipation" était un élément abondant dans les histoires de famille ; sentiment nourri assez directement par notre penchant à amener notre père — je peux en tout cas témoigner de l'urgence de la prière que je lui adressais — à nous raconter des histoires du monde de son enfance. Il ne nous régalait pas de scandales, pourtant il ne manqua pour ainsi dire pas de s'avérer que chacun des contemporains de son jeune âge, chaque héros de chaque aventure excitante, avait, en dépit d'un avenir prometteur et d'un charme romantique, mal fini, aussi mal qu'on pouvait l'imaginer. Ce qui devint notre stupéfiante généralisation — elle stupéfiait malgré la morale que l'anecdote était toujours, et avec tant de familiarité, d'humanité et de vivacité, destinée à rendre : tout le monde dans cette vieille petite Albany aux maisons néerlandaises et aux rues en pente, aux noms de famille qui se répétaient — Townsend, Clinton, Van Rensselaer, Pruyn : je les choisis au hasard, et sans discrimination, parmi des réverbérations éteintes depuis longtemps — tous sans exception avaient fini par prendre un tour on ne peut moins édifiant. Et ce qu'elles avaient le plus en commun, ces présences obsédantes, ces apparitions capricieuses qui, je parle pour moi, retenaient tant mon imagination, c'était juste ce délicieux vieux drame d'Albany — à la lumière duquel elles s'entouraient d'un halo de mystère, pour ce qui était de leurs vies (menées principalement au *New York Hotel* déjà mentionné), et l'éclat de leur charme, incontestable, à ce que je croyais, semblait filtrer à travers des nuages d'orage vaguement perceptibles. Leur charme avait diverses caractéristiques sur lesquelles j'aurai davantage à dire — car alors que je respire de nouveau cet air apaisé, même les moindres fragments dégagent les touchantes valeurs humaines et les parfums suaves et légers de maint caractère, les éclats de mainte ancienne beauté et bienveillance.

La sinistre petite généralisation demeura, néanmoins, et je peux dire, parlant d'elle — comme je parle de tout — qu'elle tient toujours : l'évidence frappante que pratiquement rien d'autre qu'un désastre ne *pouvait,* dans cette société aussi peu mûre et expérimentée, surprendre les jeunes hommes qui y étaient pour le moins exposés. Ne pas avoir été immédiatement lancé dans des affaires d'un type rigoureux, c'était *être* exposé — je veux dire, en l'absence d'une assez anormale prédisposition à la vertu ; puisqu'il s'agissait d'un monde d'une organisation si simple que tout ce qui ne touchait pas aux affaires, ou ne tenait pas exactement du bureau ou du "magasin", lieux où les gens étaient assis les uns près des autres et où ils gagnaient de l'argent, n'était que plaisir, recherché, et recherché seulement, dans des lieux où les gens s'enivraient. Il était clair qu'il n'y avait pas de milieu, surtout pas de juste milieu, car seules les disponibilités en or, même quand elles étaient limitées, déterminaient, précipitaient le désastre. Il y avait des bandes et des groupes entiers, il y avait des courses "amicales", bien que trop susceptibles, qui ne semblaient guère admettre ou accepter toute application pratique d'aisance financière, c'est-à-dire transmise, si limitée qu'elle fût, que dans la mesure où elle menait plus ou moins rapidement au "mal" — ce qui signifiait, même à cette époque, aller aussi souvent que possible à Paris. L'air vide et brillant était aussi dépourvu de "carrières" à choisir que de clochers de cathédrales à croquer, et je passai ma jeunesse, jusqu'à un an ou deux avant la guerre de Sécession, avec le sentiment d'un flou absolu sur la vie politique du pays. L'espace était, pour mes jeunes yeux, rigoureusement couvert, autant que je me souvienne, par trois classes : les laborieux, les gens ivres, et Daniel Webster. Ce dernier grand homme a dû représenter pour nous, une classe à lui tout seul ; comme si être un homme "politique" n'équivalait qu'à *être* Daniel Webster soi-même, sans qu'il y eût de place pour quelqu'un d'autre. Qu'il ait rempli le ciel de la vie publique d'un pôle à l'autre, même pour un esprit d'enfant qui n'avait pas été formé en Nouvelle-Angleterre, et pour lequel cette région active n'était qu'un nom dans le manuel de géographie, est certes probablement un signe de l'ampleur de l'espace qu'il occupait comparativement dans l'ensemble. Ceci mis à part, la scène publique était déserte à nos yeux, à ce que je discerne, jusqu'à ce que plus tard, à Paris, je visse — car durant cette période sans amélioration, nous, les petits, n'étions pas censés "rencontrer" — Charles Sumner ; au nom duquel, bien sûr, se rattache plus tard l'image d'un moment enivrant dans cette même ville quelques mois auparavant : le rassemblement d'un groupe de personnes indignées sur la terrasse d'un petit *hôtel** ou pavillon de l'ancien monde, donnant sur l'avenue des Champs Elysées, légèrement au-dessus du Rond-Point et juste en face de l'antédiluvien Jardin d'Hiver (qui se souvient du Jardin d'Hiver, qui se souvient des anciennes guérites de l'*octroi**, qui se faisaient toutes deux face, à la Barrière de l'Etoile ?) et parmi elles, une femme passionnée, en pleurs à la nouvelle, toute fraîche ce matin-là, de l'agression par cette brute de Caroline du Sud contre Sumner à la Chambre. Le sénateur blessé, dont la santé était compromise, vint plus tard en Europe pour reprendre des forces, et il m'offrit ma première vision, autant que je sache, non seulement d'un "homme d'Etat", mais de n'importe quelle personne qui ait occupé un rôle dans la vie politique. Je distingue dans l'aube naissante de la Quatorzième Rue, le retour de mon père un jour de novembre — nous savions qu'il était sorti voter — nous apportant la nouvelle de la défaite à la présidence du général Winfield Scott, son candidat et celui des "Whigs" de l'époque ; tout comme je sauve des mêmes limbes le fier petit sentiment d'avoir ensuite "rencontré" ce héros de piédestal de la guerre contre le Mexique, que la guerre de Sécession devait très bientôt et avec si peu de cérémonies anéantir, je l'ai rencontré, au sens propre du terme, aux côtés de mon père, dans la Cinquième Avenue, dans laquelle il venait juste d'émerger d'une rue perpendiculaire. Je reste dans le vague quant à ce qui se produisit alors et je suppose qu'il y a peu de chances pour que j'aie, à l'âge de huit ou neuf ans, été "présenté" ; mais nous avons dû nous faire face pendant un moment, tandis que sous la vaste et ample pélerine militaire bleu foncé avec un grand col de velours et une boucle d'argent desserrée, qui se déployait autour de lui comme le symbole d'une tente de campagne, il salua mon père — car la sensation du temps qu'il me fallut pour remonter, ébahi, *toute* la hauteur d'où il me dominait, est très précise.

V

L'assez peu glorieuse fumée de la guerre contre le Mexique, je le souligne pour apporter une touche supplémentaire, était dans l'air quand j'étais encore petit, et j'y associe un souvenir qui oscille entre le précis et le flou, une vision de notre oncle (il était alors capitaine dans l'armée américaine), Robert Temple, en uniforme, se rendant sur la scène de l'action ou bien en revenant. Je le vois comme une personne à moitié endormie verrait un objet volumineux de l'autre côté de la pièce et à contrejour — même si cela m'amène maintenant à me demander pourquoi, si loin de la scène de l'action, il était en tenue de guerrier. J'ai l'impression de le voir porter son chapeau de travers avec des plumes également — curieuse vision de plumes dansant au- dessus, ce qui ne concorde pas s'il n'était que capitaine. Cependant, je cultive cette ombre vacillante essentiellement pour sa valeur en tant que tout premier aperçu que j'eus d'une situation relative à l'ordre public — à moins bien sûr qu'une autre, au souvenir de laquelle je dois aujourd'hui mon sentiment extrême d'antiquité personnelle, ne m'ait déjà donné ce frisson historique. La scène de cette dernière vibration de la conscience se déroule, pour mémoire, dans un appartement situé dans une des trois maisons de la Cinquième Avenue qui, peu de temps après, furent absorbées par ce qui est actuellement l'Hôtel Brevoort, et il s'agit de l'apparition admirée de mes oncles "Gus" et John James pour annoncer à mon père que la révolution avait triomphé à Paris et que Louis-Philippe avait fui en Angleterre. Ces derniers mots, la fuite du roi, restent dans mon oreille à cette heure exactement comme ils y tombèrent alors ; nous avions en quelque sorte été très tôt réceptifs à Paris, et une vibration de ma tout infantile sensibilité sous son ciel avait du même coup été préservée pour la merveilleuse référence qui suit. J'y avais passé un bref moment au cours de ma deuxième année, et je devais expliquer à ce sujet à mes parents plus tard, qu'alors bébé, vêtu de longues robes, assis en face d'eux dans une voiture et sur les genoux de quelqu'un d'autre, j'avais été impressionné à la vue, dans l'encadrement de la fenêtre transparente du véhicule, en passant, d'une grande et imposante place, bordée de maisons aux toits élevés, au centre de laquelle se trouvait une haute et majestueuse colonne. Naturellement, j'avais provoqué leur étonnement, mais je les avais aussi, après interrogation, forcés à échanger des impressions, pour ainsi dire, et à reconstituer le miracle. Ils savaient ce que mon observation des places monumentales avait été — et, hélas, n'avait pas été ; ni New York, ni Albany n'avaient pu m'offrir la splendide perspective, et, d'ailleurs, Londres ne le pouvait non plus, en outre, je l'avais connue à un âge encore plus jeune. Promené le long de la rue Saint-Honoré, tandis que j'agitais mes petits pieds, chose dont je me souviens parfaitement, sous ma robe flottante, j'avais traversé la Rue de Castiglione et embrassé, tout ce temps, l'admirable spectacle de la Place et de la Colonne Vendôme. Je ne prétends pas maintenant évaluer dans quelle mesure mon intérêt pour les événements de 1848 — j'avais cinq ans — fut stimulé par ce *souvenir**, tradition par ailleurs renforcée, devrais-je ajouter, par le fait qu'il y avait toujours un membre de la famille ou quelqu'un d'autre, qui "s'y" trouvait ("s'y" trouvait, c'est-à-dire d'une manière générale bien sûr en Europe, mais surtout de manière plus significative, à Paris) ou bien qui s'y rendait, ou en revenait : de toute façon, je renvoie au son des riches paroles prononcées par mes oncles pour ma véritable initiation à l'Histoire. C'était comme si j'avais été préparé à les recevoir et que je pouvais les comprendre ; j'avais dû entendre parler de rois, et aussi de fuites : mais que les rois aient pu parfois avoir à fuir, c'était une image nouvelle et saisissante, à laquelle l'apparente consternation de mes aînés ajoutait une force dramatique. Surtout, en tout cas, pour autant que je puisse le prétendre — avec trop de nonchalance peut-être — en faveur de cette remontée dans le passé.

Ceci m'a éloigné de mon assez évidente proposition, à savoir que si nous voyions le "naturel" si agréablement représenté autour de nous — et dans la maturité féminine, ou la relative maturité, à peine moins que dans l'adolescence féminine — c'était parce que l'artificiel, ou en d'autres termes le compliqué, y était trop peu présent pour le menacer. Le compliqué, comme nous devions plus tard le préciser, n'était qu'une autre manière de nommer ces assauts plus massifs et violents à l'encontre du sens social que nous devions reconnaître ensuite dans ses effets — observant de la sorte qu'un sens plus subtilement social avait ainsi été créé, et qu'il différait complètement de ce souvent presque total vide intérieur, qui accompagne tout ordre voisin, tout ordre constitué, dont l'air de notre enfance et la scène familiale nous avaient de façon inimitable offert la démonstration. Nous en vînmes plus ou moins à voir que nos jeunes contemporains d'un autre monde, ceux à qui on donnait instruction et réprimandes, discipline et gouvernantes, ou en un mot, une formation, toute relative, avaient connu bien des choses que ceux de notre maison n'avaient pas connues ; pourtant nous devions aussi noter — pour autant qu'on ait pu nous concevoir si précocement en train de "noter", bien que nous fussions, sans nul doute, d'incorrigibles observateurs — que, la connaissance en question demeurant au mieux imparfaite, nos petits amis qu'il faut distinguer de nos cousins et cousines, plus ou moins proches, ne progressaient et ne se montraient présomptueux que pour patauger et reculer, s'enthousiasmaient d'un rien et se décontenançaient, et n'étaient somme toute que *fort peu* raffinés. Nos cousins et cousines en revanche, infiniment insouciants, confiants et désinvoltes, vivaient en toute sérénité, sociabilité et loquacité ; le fait le plus étrange les concernant, c'est qu'en plus cela ne les rendait pas ennuyeux, me semble-t-il, lorsque j'y repense, ou du moins pas plus ennuyeux que les divers spécimens de l'autre espèce. Rien n'a jamais pu être comparable, c'est certain, à leur bonne foi et, de manière générale, à leur gentillesse. Je n'aurais qu'à me laisser aller un peu pour vouloir citer des exemples — sauf qu'en faisant cela je perdrais le fil de mon propos ; qui consiste à rappeler que, gentils ou non, (et, franchement, je prétends que, presque tous, nous l'étions au plus haut degré), la scène où nous nous épanouissions avec autant de liberté me frappe, lorsque je me la remémore, comme extraordinairement vide. Comment se fait-il alors, qu'étant pour la plupart si simples nous n'étions pas plus stupides ? Ceci était sans doute dû à la taille de notre vie intérieure — je veux parler en particulier de la nôtre dans la maison de notre père — qui formait un excellent, dans certains cas presque incomparable, *fond** prêt à se mélanger à une plus profonde courtoisie quand l'expérience des ans commencerait à l'englober. C'était tout aussi bizarre, entre nous, pourrait-on me faire remarquer, d'avoir *commencé* par la vie intérieure ; mais nous commençâmes, comme le firent tous les hommes, comme nous pûmes, et j'estime qu'à ce compte-là, nous aurions pu commencer bien plus mal.

J'étais dans ma dix-septième année quand le raid et la capture de John Brown, la gloire de Harper's Ferry, connurent leur brusque répercussion parmi nous, bien que nous fûmes alors de l'autre côté du monde ; et cet incident est pour moi comme le tout premier signe que je reçus pour me rappeler que nous vivions, de notre côté, dans un ordre politique : j'avais parfaitement compris dans les pages de "Punch", qui contribuait au plus haut degré à notre éducation, que de l'autre côté de l'océan, les peuples vivaient également de cette manière. Puisqu'il n'existait pas d'édition américaine de "Punch", et que jusqu'à présent il n'y en a pas eu, pour faire comprendre et imaginer aux petits garçons qu'ils vivaient avec leurs administrateurs publics, Daniel Webster et Charles Sumner n'étaient jamais devenus, dans mon imagination, membres d'une classe, une classe qui comptait en Angleterre, comme le montrait John Leech, encore bien d'autres membres que les Lords Brougham, Palmerston et John Russell. La guerre de Sécession, qui approchait, devait amener ce domaine à se hérisser de particularités et énormément exacerber le sens de l'Etat, dans notre génération ; mais cette alerte surprit le pays comme un voleur en pleine nuit, comme si nous avions tous vécu dans un pays où il ne semblait y avoir quasiment rien à voler sinon une quantité relativement limitée de biens personnels. Même les biens personnels ne figuraient guère autrement qu'en très modestes proportions chez nous ; ce qui venait sans doute en partie du fait que toute la descendance d'Albany était à l'aise, avait l'habitude d'être à l'aise, grâce à la subtile habileté ancestrale de notre grand-père — il avait décemment pourvu aux besoins d'une aussi grande génération ; mais notre conscience était absolument vide, compte tenu du développement de celle des jeunes Américains, des réalités des "affaires" dans un monde d'affaires. De ce point de vue, nous formions tous ensemble une exception assez monstrueuse ; les affaires dans un monde d'affaires, étaient bien la chose que nous avions tous convenu d'ignorer (autant pouvions-nous diverger sur des points de détails). Nous n'y touchions et elles ne nous touchaient ni directement, ni d'aucune autre manière, et je pense que notre naïf détachement, pour ne pas dire notre vaine ignorance et à l'occasion (puisque je peux parler d'un bel exemple) notre invariable densité d'entendement, faisaient de nous un cas sans pareil et probablement lamentable, pour les ironiques et "astucieux" dieux du ciel américain. Bien entendu, même le bureau et le "magasin" ne permettent pas d'expliquer une bonne part des dispositions visant à établir un projet approximativement complet d'acquisition du savoir-vivre ; pourtant il a dû y avoir autour de nous énormément de personnes dont, selon les usages, l'imagination a subi de l'extérieur un assaut bien plus puissant et connu une image d'ensemble plus riche. C'était précisément à cause de ce manque de remplissage que nous, qui vivions surtout à portée immédiate de l'exemple admirable de mon père, étions ainsi rejetés sur la vie intérieure. Personne n'aurait jamais pu y prendre goût, même pour affronter le découragement, aussi volontiers et naturellement que lui ; mais la situation avait au moins ce charme : faute d'autant de variétés extérieures, les gens avaient le choix entre toutes les variétés d'intérieur qu'ils voulaient, et pouvaient jouer de ces variétés avec la cohérence, l'intensité et l'éclat qu'ils souhaitaient. Au sujet de ce don parfait qu'avait notre père de jouer de *sa* variété, j'aurai davantage à dire ; mais en attendant, j'ai encore jeté un regard vers ces bonheurs de la destitution qui nous obligeait, tous ensemble, à ne trouver, et de manière si bienveillante, d'intérêt que dans notre cercle, et qui m'apparaît maintenant comme une des ces choses auxquelles malheur est bon.

Il y avait des "artistes" dans cet univers — Mr. Tom Hicks et Mr. Paul Duggan, et Mr. C. P. Cranch et Mr. Felix Darley, ce dernier, digne d'une plus grande réputation, capable peut-être même d'une évolution plus fine, que celle qu'il avait atteinte, ne fréquentaient-ils pas plus ou moins notre foyer accueillant, et ne nous donnaient-ils pas la sensation que d'autres, les paysagistes Cropsey, Cole et Kensett, et les producteurs de bustes, Ives, Powers et Mozier, rôdaient dans un cercle extérieur ? Il n'y avait pas moins d'auteurs, dont certains, vagues et féminins, et dans ce cas, en règle générale, aux anglaises brillantes et aux monumentales broches, mais les plus fréquents et familiers, comme George Curtis, Parke Godwin et George Ripley, Charles Dana et N. P. Willis et, sous des feux plus éclatants ou ceux qui, dans notre comparative obscurité d'alors, concurrençaient presque l'aube, Mr. Bryant, Washington Irving et Edgar Allan Poe — ce dernier que je ne cite pas tant pour sa présence en personne (l'ultime stade de l'absence de sa personne venait juste de le surprendre) que pour ce lustre qui prédominait chez lui et que nos petits esprits en plein développement reconnaissaient déjà et qui m'amène à m'étonner aujourd'hui de cette légende qu'il fut délaissé dans son pays. N'était-il pas déjà à cette époque sur toutes les lèvres, mon frère n'avait-il pas, rapidement maître en la matière, offert en récit à mon esprit à la traîne *Le Scarabée d'or* et *Le Puits et le Pendule* ? — que je fus tous les deux d'ailleurs bientôt en mesure de lire tout seul, y ajoutant *Double assassinat dans la rue Morgue*. Ne devions-nous pas aussi toujours monter sur les petites estrades de nos classes enfantines pour "réciter" *Le Corbeau* et *Lénore* et ces vers dans lesquels nous prononcions le nom de l'héroïne Annabell*ee*[1] ? — tombant ainsi dans le piège que le poète nous avait si imprudemment posé, comme celui qu'il avait posé dans les autres pièces que j'ai nommées et qui ne nous faisait pas moins ânonner sans fin. Bien loin de mésestimer notre infortuné magicien, nous l'acclamions à coup sûr à chaque tournant ; il était posé sur nos tables et résonnait dans nos bouches, tandis

1. *Annabel Lee,* poème paru dans les œuvres posthumes, 1850. (N. d. T.)

que nous conversions à satiété, même pour des appétits de garçons, des frissons que provoquaient ses meilleures pages. N'est-ce pas seulement le fantôme d'un souvenir diffus au cours d'une fête de Noël pour les enfants dans la maison voisine de la Quatorzième Rue que je reconnais — ces voisins me reviennent sous le nom de "Beans" : quels gentils Beans ? qui et quoi et d'où et où ? — où j'admirais au-dessus de la cheminée le portrait d'une dame assise par terre en costume turc, les cheveux retombant d'une coiffe qui n'était pas comme les coiffes des dames que je connaissais, une dame qui, je crois, portait un tambourin, et fut, semble-t-il, identifiée par mon esprit curieux comme la femme de Mr. Osgood, le peintre du tableau, et l'ami si secourable du malheureux Mr. Poe. Elle trônait là, à la place d'honneur, telle la reine Constance sur la "vaste terre ferme" — à cause de tout *ça* et de son tambourin ; et il est certain qu'aucun de nous n'aurait pu mieux faire le rapprochement.

Washington Irving, je l'ai "rencontré", avec une promptitude enfantine, tout à fait comme j'avais rencontré le général Scott ; sauf que cette fois ce fut sur un vapeur que je vis le grand homme ; mon père, sous la toujours patiente protection duquel j'étais, — au cours d'une traversée d'après-midi estivale entre New York et Fort Hamilton — m'ayant annoncé son nom, pour que je le préserve longtemps, avant qu'ils ne se saluent et ne se parlent, et ayant un fait d'encore plus haute importance à lui communiquer, avec la plus grande inquiétude, ensuite : Mr. Irving lui avait appris la nouvelle du naufrage de Margaret Fuller dans ces mêmes eaux (Fire Island était en fait tout juste à l'extérieur de notre grande baie) durant la grande tempête d'août qui était passée sur nous la veille ou ces deux derniers jours. La malheureuse femme avait surtout des relations à Boston ; mais elle avait dû être, et cela sûrement par le biais d'Emerson, une amie de mes parents — n'avait-elle pas organisé des "causeries", selon la plus subtile expression exotique de Boston, à New York, Emerson en personne n'avait-il pas alors donné des conférences qui suscitèrent l'admiration ? — car plus je presse l'éponge de la mémoire, plus les sécrétions qui y sont accumulées s'écoulent, pour me rappeler encore ici que, lors d'une exposition de peinture en compagnie de ces adultes, vers la fin d'un après-midi, peut-être à celle de la National Academy, alors cantonnée dans des quartiers exigus, on me montra un petit portrait en pied de Miss Fuller, assise, si je me souviens bien maintenant, et drapée dans un long châle blanc, dont la piètre qualité, pour rendre justice à l'original, fut dénoncée avec véhémence par mes compagnons. Ce travail était-il de la main du Mr. Tom Hicks, déjà nommé, ou cet artiste était-t-il seulement l'auteur du portrait grandeur nature, l'énorme (d'après ce que j'imaginais) portrait en pied, dont les accessoires violemment exposés me reviennent avec ce sens puéril de l'émerveillement et de la beauté, comme l'exprimait surtout l'image d'une très longue et belle dame, de la nouvelle femme de l'artiste, debout à la fenêtre devant une rangée de plantes ou de bulbes dans de hauts verres de couleur. La lumière de la fenêtre jouant sur le personnage et le "traitement" de ses vitres, des pots de fleurs et des autres meubles, étaient, à mon avis, le signe de la main du maître ; et *était-ce* vraiment beau et charmant, ou était-ce seulement assez inexpressif et raide, tout à fait laid et sans force ? Je pose ces questions comme à un monde disparu et afin d'y revenir d'autant plus intimement et tendrement — sans me préoccuper du tout, en d'autres termes, de savoir si les réponses ont une quelconque importance. Elles n'ont d'importance, sans doute, que pour leur chère valeur évocatrice, et si l'on cherche à évoquer, il ne faut négliger aucun des arts, il faut en prendre toutes les formes. Pourquoi j'*aimerais* tant le faire, c'est une autre histoire — et quels "intérêts extérieurs" puis-je supposer créer moi-même, c'en est peut-être encore une autre : je continue avec fatuité, en tout cas, je rapproche de nous, autant que faire se peut, ce chaleureux, obscur et homogène petit New York du milieu du siècle.

VI

Je vois une petite société simple et dense, protégée du nord et de l'ouest de façon assez opportune, mais grande ouverte sur l'est et relativement sur le sud et, bien qu'elle remonte perpétuellement Broadway, elle la descend néanmoins avec constance et plaisir. Broadway fut le trait caractéristique, l'artère, la joie et l'aventure de notre enfance, et elle s'étendait, de manière prodigieuse, d'Union Square jusqu'au grand Musée Américain de Barnum, près du City Hall — ou ne se prolongeait que les samedis matin (d'une absurde et déplorable fréquence, hélas) quand nous étions entraînés par une affectueuse tante, l'unique sœur de notre mère, qui habitait souvent avec nous, et à qui cette cruelle charge avait été assignée d'emblée, jusqu'à Wall Street et la chambre de torture du docteur Parkhurst, notre dentiste épouvantablement respectable, qui était si vieux, si purpurin, et si poli, avec sa large cravate et son habit, sa perruque noire luisante, qu'il avait aussi été la peur obsédante de notre mère et de notre tante dans *leur* jeunesse à elles, puisque, dans leur tranquille Warren Street, pas très loin de là, elles avaient été, horrible pensée, elles aussi sous son emprise. Il ressemble énormément, dans mon souvenir, à certains des personnages des illustrations de Phiz de Dickens, et il nous paraissait clair que par ce long supplice, nos aînées devaient, selon quelque loi erronée de la compensation, quelque raffinement du vindicatif, nous faire "payer" ce qu'elles avaient souffert entre ses mains avec la même impuissance : comme si c'était *nous* qui leur avions fait mal ! Notre analyse était confuse, bien que soulageante d'une certaine façon, et pour nous aussi il y avait des compensations, que nous rechignions à nous accorder, bien sûr, mais que j'aurais aisément, bien que timidement, pu nommer. L'une d'elles était le "Ladies' Book" de Godey, dont une pile jaunâtre (elle me paraissait jaunâtre dans la lumière plus chaude et moins pierreuse du Wall Street de cette époque et à l'odeur des anciens analgésiques) se trouvait sur la table de Joey Bagstock pour nous faire passer le temps tandis que nous attendions : je devais rencontrer dans le *Dombey et Compagnie* de Phiz, ce dessin qui ressemblait à notre tortionnaire. Il ne fait absolument aucun doute que je succombai au charme de Godey, qui, contrairement aux essences nous concernant, servait d'analgésique avant l'action aussi bien qu'après ; car je me revois plongé dans ses pages, dans des histoires de la vie mondaine de Philadelphie en attendant mon tour sur la chaise, je n'en faisais pas moins d'ailleurs lorsque mon tour était passé et que j'entendais la musique des gémissements de mon frère. Ceci devait se produire durant ces heures où nous étions discrètement livrés à notre propre courage, alors que notre tante, profitant de la relative proximité, allait faire ses courses chez Stewart et revenait ensuite nous chercher ; le grand magasin pour dames, immense, marmoréen, vitré et, de notoriété, fatal aux nerfs féminins (nous y avions nous-mêmes péniblement été traînés, accrochés aux jupes, littéralement parlant, de l'indécision), dressait sa splendide embuscade aux usages à l'angle de Broadway et de Chambers Street. Le charme de la vie ne résidait-il pas en partie — dans la mesure où je tiens pour acquis que ce charme existait — dans le fait qu'elle se déroulait alors (je parle de la vie en tant que telle) bien plus au cœur de la ville, en supposant, du moins, que nos jeunes gravitations s'accordaient, pour la plupart des plus grands plaisirs, plutôt avec les habitudes générales ? La seule joie qui devait être extirpée, comme la Vérité, des tréfonds du puits, c'était notre présence à Trinity Church, encore à cette époque la suprême éminence, significativement souveraine, le plus beau monument du sud de la ville ; privilège volontiers accordé aux cousins d'Albany plus âgés lorsqu'ils séjournaient chez nous ; gâterie qui leur faisait également profiter autant que possible du centre ville, car il me semble par ailleurs les voir repartir avec l'habituel mal de tête dû à la tension prolongée du choix à faire chez Stewart.

La grande récompense qui nous était accordée pour nos séances dans la maison de la douleur — théorie que nous avons élaborée par déduction comme nous avions régulièrement été traînés là un samedi sur deux — c'était d'être emmenés au retour, à la maison des délices, ou dans l'une d'elles, car plus précisément, il y en avait deux, où nous prenions de la glace, souveraine paraît-il, pour les bouches endolories, souveraine en fait, pendant toute notre enfance, pour tout. Deux grands établissements à cet effet gratifiaient cette perspective, Thomson d'une part et Taylor d'autre part, le premier, je m'en souviens parfaitement, grave et immémorial, le second faisait nouveau riche mais éblouissait, et ils produisaient l'un comme l'autre le même effet : quel que soit celui où nous allions, nous nous demandions si nous n'aurions pas mieux fait d'aller à l'autre — avec cette capacité qu'ont les enfants de tirer le meilleur parti de leurs aventures en ayant presque l'air d'en tirer le pire. C'est en compagnie de notre père bien sûr, comme j'appuie sur le ressort qui réagit bien, que je vois s'entasser les soucoupes chamarrées pour le plaisir de notre consommation (elles portaient le nom Taylor peint en bleu et doré, et le prénom, comme nous le souligna une remarque paternelle, John déformé en "Jhon", alors que Thompson méprisait ces appâts vulgaires et par-dessus tout mal orthographiés) ; d'où j'en déduis que d'autres occasions liées à cette expérience s'offrirent à nous — puisque presque n'importe laquelle convenait, et que l'association directe d'une présence paternelle n'était nullement concevable dans le *repaire** de Wall Street. Cette présence n'est en fait pas associée pour moi, quelle qu'en soit la netteté, au moindre des chocs ou des punitions dont nous eûmes à souffrir — bien que ce soit sans doute en partie parce que cette expérience fut des plus limitées ; conclusion à laquelle j'aboutis même si je juge qu'elle a dans l'ensemble suffi à notre mérite. A entendre cela, on pourrait penser que nous avions été élevés comme des prodiges ou des petits saints — ce qui était bien loin d'être le cas ; nous étions élevés dans l'horreur des convenances *conscientes*, de ce que mon père aimait appeler la moralité "flagrante" ; ce qu'en tout cas je retrouve dans l'exceptionnelle tolérance de notre éducation, au souvenir de certains aspects de laquelle je devais toujours être reconnaissant, c'est, outre l'humanisation générale du monde que nous appréhendions et notre ton "mondain", l'impression manifeste que mon père était sans cesse accompagné en public de son deuxième petit garçon : tant de jeunes impressions me reviennent, accumulées à ses côtés et dans les lieux qu'il fréquentait. Non pas qu'il n'ait pas dû offrir les mêmes opportunités à son aîné ; mais il me semble me souvenir qu'il nous emmenait peu souvent ainsi tous les deux, et que mon frère a dû connaître à *son* tour bien des douces aventures dont le secret — il me plaît de le concevoir ainsi — a péri avec lui. Il devait se rappeler, ce dont je m'aperçus plus tard, nombre de choses que je ne me rappelais pas, des impressions dont parfois je souhaitais, comme avec une jalousie rétroactive, ou une envie du moins, pouvoir être aussi l'héritier direct ; mais il faisait mine d'éprouver de la stupeur, et même à l'occasion, de l'impatience, face à l'étendue de mes souvenirs — aimant comme il aimait chasser les anciens restes de morale en faveur des nouveaux, plutôt que les amasser et les exhiber aussi complaisamment. A ma manière, je collectionnais les nouveaux tout comme je chérissais les anciens ; le vieux sac de souvenirs était suspendu dans ma penderie, même si j'ai appris avec le temps à contrôler l'habitude de le montrer. Et je dis cela en sachant pertinemment que je vais maintenant sans aucun doute le vider dans ces pages.

Je continue à glaner au hasard les passages de notre tendre enfance qui m'aident à reconstruire même par minuscules touches l'expérience de mes parents, dont toute nuance est d'une certaine façon significative. Je chéris, au point de le reproduire ici, un vieux daguerréotype dont toutes les circonstances de la prise m'ont laissé un souvenir intense — mais comme au moment où je posais, je venais d'avoir douze ans, l'exploit de la mémoire n'est peut-être pas remarquable. C'est pour moi un document sur la façon si spontanée et si manifeste dont mon père cultivait ma compagnie. C'est aussi un document qui infirme en même temps cette tout à fait absurde petite légende de ma petite enfance — la tradition romantique de l'avantage d'être emmené de l'endroit où nous étions vers l'étrange, vide, poussiéreuse, malodorante New York du plein été : si j'emploie ce dernier terme, c'est que nous arrivions toujours par bateau et que je sens encore dans mes narines les *abords** de la ville chaude, les quartiers des quais, fétides et pleins d'immondices, où de gros pavés déterrés, pour parler du moindre des détails sordides, gisaient hors de leurs cavités d'âcre boue noire et où toutes les rues secondaires parvenaient selon une loi qui leur était propre, à n'être que des coins, et les coins à n'être que des marchands ; des marchands en grande partie, certes, de l'espèce "marchands de légumes verts", dans la mesure où leur verdeur pouvait résister à l'air torride, et qui débordaient, au glorieux mépris de la circulation, d'un excédent de marchandises et de matériel. Charrettes et brouettes, boîtes et paniers, étalés ou empilés, donnaient familièrement du coude à la bringuebalante voiture de louage sur son passage (la vaste "voiture" d'autres temps, le seul véhicule de louage que nous connaissions alors) tandis que cette situation était acceptée par le citoyen désœuvré vêtu comme tout individu, hormis l'étoile de laiton sur sa poitrine — et la tenue vestimentaire du New York de cette époque était, d'après ce dont je me souviens, un gigantesque témoignage de liberté. Pourquoi ces visions devaient-elles vibrer en moi au rythme de palpitations romanesques, j'ai du mal à l'expliquer, ou je ne peux l'expliquer que par le fait que la misère était une misère merveilleusement variée et pimentée, et que je ferais tort à toute cette impression si je ne l'imaginais pas d'abord et avant tout comme une immense et succulente corne d'abondance. Que représentent les boîtes et les paniers empilés de notre enfance sinon l'infinité de fruits de cet âge plus bucolique du monde américain, et, après tout, existait-il une forme d'agression aussi violente que celle de l'exubérance d'une telle récolte ? Où sont ces fruits, maintenant, où sont en particulier les pêches *d'antan** ? Où sont les montagnes de raisins "Isabelle" et de poires "Seckel" dans la poisseuse douceur desquelles notre enfance semble avoir été trempée ? Il est certain, exception faite peut-être des oranges, que c'était une époque où manger des fruits était tout à fait courant et habituel, des boisseaux de pêches en particulier, les grosses pêches et les petites pêches, les pêches blanches et les pêches jaunes, jouaient dans la vie un rôle qu'elles ont perdu d'une certaine façon ; dans chaque jardin, presque dans chaque buisson et même dans les poches des garçons, elles poussaient ; elles étaient "coupées" et mangées avec de la crème à chaque repas ; conservées au "cognac" à la maison, elles étaient présentes, le reste de l'année, à peine moins généreusement — si elles étaient plutôt un "plat de fête" c'était parce que c'était la fête dès qu'elles apparaissaient, et quand on y ajoutait de la glace, ou qu'elles étaient ajoutées *à* la glace, elles suscitaient les plus grandes réjouissances que nous connûmes. Par-dessus tout, tous les tas de pêches en ville, les récipients qui en regorgeaient à chaque coin de rue, donnaient un peu à la rue l'allure d'un sud pléthorique ; l'image de morceaux jetés et éparpillés, le souvenir de peaux, d'écorces et d'amandes glissantes dont les vieilles dalles disjointes étaient couvertes, m'est très chère et contribue encore au charme pictural. A cette époque nous mangions tout par boisseau ou par barrique, et nous allions dans d'innombrables boutiques ; nous nous servions aussi bien en pastèques qu'en noix de coco, et le nombre de maux d'estomac était négligeable dans l'impression édénique générale.

L'éclat de cette impression, même dans un si petit organisme, faisait partie du charme de ces retraites en ville qu'on m'offrait sous prétexte d'approvisionnement ; une partie du reste, je le redécouvre, résidait dans ma tendre perception des habitudes casanières, presque excentriques, de mon père, qui nous fournirent la moitié des plaisanteries familiales de notre enfance — elles *lui* fournissaient en outre à lui, quantités d'images extravagantes d'angoisses si soudaines qu'elles justifiaient ses retours précipités. Ce fut plus tard traditionnel pour nous, et surtout en Europe, de le voir nous quitter en quête de quelque avantage ou commodité, de quelque amélioration de notre condition, ou de quelque développement de nos idées, pour réapparaître essoufflé, après la période la plus courte possible, sans nous donner le moindre compte rendu du bénéfice recherché, mais seulement un tableau émouvant, un récit beaucoup plus riche de ses aventures spirituelles dans les horribles auberges humaines et au milieu de ces rudes races étrangères qui avaient arrêté sa progression. A toute brève exploration ou curiosité il réagissait et redémarrait en faveur de son coin de feu ; ces accès de spontanéité passionnée rythmaient sa vie et bon nombre des principaux événements de la nôtre ; et, comme il était tout sauf peu expressif, tout ce qui lui apportait une intensité intérieure, nous apportait abondance de pitié et de terreur, pour ainsi dire, de même qu'une facilité et une qualité de divertissements entre nous qui devaient vraiment toujours nous manquer avec les autres. A un âge déjà relativement avancé, après sa mort, j'eus l'occasion de me rendre, à la place de mon frère, qui séjournait alors en Europe, dans une ville américaine où mon père avait gardé, depuis la mort de son propre père, des intérêts importants pour nous tous. Lorsque je demandai au représentant chargé de ses affaires quand le propriétaire avait pour la dernière fois pris connaissance de ses biens, ce monsieur me répondit, ne me surprenant qu'à demi, que jamais depuis qu'il les possédait, il n'avait entrepris une telle démarche. Ce fut peut-être à ce moment-là que je pris toute la mesure de sa noble foi en la confiance humaine comme d'une fonction administrative. Il lui fallait avoir une *relation*, exprimée d'une manière ou d'une autre — et comme il était le plus vif et le plus heureux écrivain épistolaire, il est rare qu'elle manquât de se créer ; mais une fois qu'elle était établie, elle lui était bien plus utile, quelle que fût la situation, que des contestations tracassières, qui avaient toujours l'inconvénient d'entraîner erreurs et défaillances pour des préoccupations plus urgentes. Chose incurable, il trouvait cela tout naturel — incurable parce qu'à chaque fois qu'il procédait ainsi, il réussissait ; association dans laquelle, toutefois, je noie peut-être un peu trop ma vision complaisante de nos petites sorties estivales en ville. A cause d'un grave accident dans son enfance, les promenades dans la campagne sur les routes cahoteuses, lui étaient, en dépit de sa très solide constitution, fastidieuses et sans attraits ; en revanche, il aimait les trottoirs remplis de monde, auxquels il pensait avec impatience quand il en était éloigné. D'où les fidélités et les sociabilités, toutes superficielles qu'elles fussent, qu'il ne pouvait *pas* réaffirmer — eût-il pu seulement réaffirmer les autres, les très intimes et aux rapports bien plus faciles, un peu plus tard.

C'étaient ces dernières du genre improvisé et ordinaire que je partageais avec lui et qui étaient si indélébiles ; car, franchement, si nous nous rendions en ville en bateau pour aller faire des courses, je les faisais tout autant que lui, et si bien qu'un petit garçon n'aurait guère pu en faire plus. Mon rôle ne consistait peut-être qu'à compléter le sien d'une épaisse aura imaginative ; mais cela constituait pour moi une activité que je ne pouvais rêver plus intrépide ou plus extravagante. Nous allions au bureau de la New York Tribune — les relations de mon père avec ce journal étaient réelles et intimes ; et c'était vraiment un monde merveilleux, avec d'étranges pentes, machines, bruits et hommes pressés, aux bras nus et aux yeux vifs, et au milieu de cette agitation, des messieurs intelligents, décontractés, affables, joyeux, en partie dévêtus (c'était toujours en juillet ou en août) dont j'avais vu certains à la maison, tout ceci me paraissant être l'endroit le plus naturel au monde. C'était grand pour moi, du souffle d'importantes et vagues relations, et j'imaginais que ces messieurs étaient très vieux, bien que j'aie pris conscience depuis, qu'ils avaient dû être, pour des relations, remarquablement jeunes ; et de la conversation de l'un d'eux, celui que je voyais le plus souvent dans le centre ville, qui connut ensuite une notable renommée locale et une considérable renommée nationale, et qui parlait souvent de façon excitante de théâtre, j'en retiens autant de bribes animées que si j'avais été un autre petit Boswell. C'était comme s'il avait semé dans mon esprit le germe de certains intérêts qui devaient fleurir longtemps après — comme par exemple, lorsqu'il annonça qu'il venait de recevoir de Paris la nouvelle de l'apparition au Théâtre Français d'une actrice, Madame Judith, qui devait s'engager dans une formidable compétition avec sa coreligionnaire Rachel et menacer les lauriers de cette dernière. Comment se fait-il que le nom de Madame Judith soit resté avec moi pendant toutes ces années, puisque je ne devais jamais la voir et qu'elle est aussi obscure que Rachel est connue ? Pourquoi ce potin devait-il faire date dans ma conscience, l'intéressant à la Comédie* avec une intensité qui devait atteindre des sommets bien plus tard ? Pourquoi devait également demeurer en moi la mention que fit ce monsieur, à une de ces occasions, de son récent retour d'une merveilleuse ville de l'Ouest, Chicago, qui, bien que vieille seulement d'un ou deux ans, avec des trottoirs de planches, quand il y en avait, et des trous et des bosses, là où il n'y en avait pas, et des baraques là où il n'y avait pas de grands immeubles, et là où hier il n'y avait rien, une gigantesque énergie et curiosité s'étaient déjà développées, et aussi un appétit pour les conférences ? Je découvrais la Comédie*, je découvrais Chicago ; je découvrais aussi que même les œuvres de fiction les plus séduisantes n'étaient pas toujours faites pour être lues par les petits garçons. On mentionna au bureau de la Tribune que l'un des journalistes, Mr. Solon Robinson, venait de sortir un roman assez bizarrement intitulé *Hot Corn* et traitant plus ou moins de la carrière d'une jeune fille qui colportait ce luxe familier en Amérique dans les rues. Le volume, me semble-t-il, fut mis entre les mains de mon père, et je me souviens du vif désir que j'avais d'en prendre connaissance, pas moins que de la remarque, tout aussi vivement adressée à mon compagnon, que l'ouvrage, tout engageant qu'il fût, n'était pas de ceux à laisser à la portée d'un enfant innocent. Le choc que cet avertissement occasionna n'a pratiquement pas encore disparu, pas plus que cette première sensation d'étonnement face à la discrimination — à cause de l'importance que prirent dès lors le mystère du livre tabou, quelle qu'en fût l'identité, la question, au fond de moi-même, de savoir pourquoi, s'il devait si bien convenir à d'autres, il ne me conviendrait pas à moi. Je me souviens de la douleur que j'éprouvai à la pensée que c'était peut-être moi qui ne convenais pas au livre — ce qui était plutôt humiliant : dans une telle masse de discrédit on ne pouvait que se sentir impliqué. Ni alors, ni plus tard, le secret de *Hot Corn* ne me fut révélé, et la sensation de privation devait se prolonger plus longtemps, je le crains, que la vogue de ce récit, qui même comme succès de scandale n'avait pas dû être bien grande.

VII

Certes, elles devaient, presque toujours par la suite, rester pour moi dans un curieux et "pathétique" flou, la plupart de ces premières vogues indigènes et de ces agitations littéraires : bien peu de celles qui effleurèrent mon enfance ne connurent autre chose qu'un tintement passager. J'ai le regret de dire que ce qui était touchant, c'était plutôt le fait que le tintement *puisse* être perçu plutôt que le fait qu'il s'éteignît ; les feux de la critique avaient dû se projeter tout droit — si le sens des proportions et l'acte de compassion ne l'avaient pas repoussé — sur cette phase esthétique durant laquelle l'attrait dépendait surtout *du* tintement. *La Lettre écarlate* et *La Maison aux sept pignons* avaient toute la profondeur de ton qu'on souhaitait ; mais de tous les efforts d'imagination d'alors, ce furent les seuls à en faire preuve, jusqu'à ce que Walt Whitman émerge à la fin des années cinquante — et je ne devais rien savoir de cet heureux génie avant longtemps. Une lecture attentive de *L'Allumeur de réverbères,* c'était ce que je devais faire au cours de cette heure fugitive autour de laquelle je continue de tourner ; ce roman était sur toutes les lèvres, et je me rappelle qu'il me fut plus ou moins mis entre les mains pour compenser le sacrifice qu'imposa une réalité plus exubérante — celle de l'inconvenant Mr. Robinson, voilà ce que je veux dire, et se ravive en moi la question fondamentale de savoir où avait bien pu résider son inconvenance, dans un tel ensemble de lieux communs bourgeois. Il faut avouer bien sûr, que Walt Whitman devait atteindre au comble de l'inconvenance ; ce succès, cependant, ne faisait que nous montrer que le lieu commun s'en prenait à lui-même dans une fureur cordiale et échappait à tout contrôle par excès générique. Il n'y avait en tout cas, pas de fureur dans *L'Allumeur de réverbères,* sur lequel je me penchais tendrement et qui aurait été mon premier roman "d'adulte" — il m'avait été offert pour me consoler dans ce but — si j'avais consenti vraiment réellement à le considérer comme tel. Je n'aurais pas pu dire ce qui manquait au personnage, j'avais des réserves secrètes, et quand, par un merveilleux après-midi sur le bateau de New Brighton, je tombai sur *The Initials*, je compris à quel point j'avais raison. *The Initials était* un ouvrage pour adultes et la différence était de ce fait, délicieuse ; je m'en rendis compte dès la toute première page, je m'assimilai à la petite cabine en émoi dans laquelle je m'étais retiré avec le livre — tout cela en dépit également du fait que mon attention était distraite par deux remarquables petites filles qui se cachaient là des regards du commun comme pour laisser entendre qu'on ne pourrait pas les voir pour rien.

Le moment avait dû être intense, car je confonds l'émerveillement suscité par les enfants Boon, d'étranges et pâles petites fleurs du théâtre américain, avec ma joie consciente d'avoir rapporté à ma mère, de nos fouilles new-yorkaises, un cadeau aussi agréablement prometteur que l'histoire du Mr. Hamilton aux longues jambes et de ses deux beautés bavaroises, dont l'aînée, Hildegarde, devait représenter pour notre petite génération le type même de l'héroïne hautaine, à distinguer de l'effrontée (car je crois que nos catégories n'allaient vraiment guère au-delà). Je n'aurais pas pu aller bien loin avec Hildegarde dans des moments aussi brefs, mais je sentais, chose mémorable, que la romance s'intensifiait autour de moi — tout, dans une telle crise, semblait y converger en même temps. Les enfants Boon, emmenés à New Brighton donc, sous la surveillance d'une dame chez qui la force de détermination triomphait de la note d'épuisement, bien que l'ostentatoire succombât plutôt au démodé, étaient déjà "à l'affiche", en tant qu'enfants prodiges, pour une représentation le soir même au *Pavilion*, où notre présence, ce fut un choc de le ressentir, ne pouvait être promise ; et en regardant sans payer les deux petits charlatans fatigués et somnolents, le caractère histrionique et la profession théâtrale se révélaient à moi pour la première fois. Ils mc fascinaient et pourtant m'effrayaient ; il y avait dans leur expression un charme mélancolique et une sorte de raffinement bourru, pourtant ils avaient un air parfaitement détaché et indifférent, indifférents peut-être même, à la maison, aux pincements et aux claques, pour l'amour de l'art ; ils ne me firent pas du tout l'honneur de me remarquer et ne me considéraient sans aucun doute pas mieux qu'un de ces petits voyous qui regardaient le spectacle en cachette à travers la tente. En revanche, je trouvais qu'ils avaient l'air dévoyés bien que fascinants, et je cherchais à me consoler du souvenir de leur mépris et d'avoir raté leur spectacle, à mesure que le temps passait, en remarquant que les limites de leur réputation semblaient avoir été d'une certaine manière circonscrites. Je ne les ai plus jamais "rencontrés", ni n'ai jamais entendu parler d'eux. Les petits Bateman ont dû obscurcir leur gloire relativement faible, ils prospéraient à la même époque et possédaient mieux l'art pictural de l'affiche et des autres symboles primitifs de Broadway — il fallait voir les affiches et les symboles de cette époque ! — ces petits Bateman auxquels je devais réserver, dans leur maturité, mon appréciation plus tardive et plus reconnaissante.

Ce fragile souvenir a toutefois barré la route à quelque chose de bien plus à propos, l'impression que j'ai gardée de ces flâneries préférées entre toutes, qui nous menaient encore plus au cœur de la ville, à la Librairie, maison des délices et repaire de l'imagination. C'était à la Librairie que nous étions allés le jour des *Initials* et des Enfants Boon — et c'est de là que nous étions rentrés avec notre butin, dont le charmant roman n'avait dû représenter qu'un fragment. Mon impression se composait de nombreux éléments ; l'habitude, grande et diversifiée, d'enfouir mon nez dans le livre entrouvert pour sentir la forte odeur du papier et de l'encre d'imprimerie, que nous appelons odeur anglaise, doit être connue pour en rendre compte. C'était bien *celui-là* l'exercice de la plus subtile sensation qui était toujours avec nous, mon frère et moi — ou tout au moins d'une sensation tout juste un peu moins subtile que celle dont nous recherchions la satisfaction en nous rendant chez Thompson et chez Taylor : elle me tenait compagnie à chaque fois que nous rentrions de nos recherches, et je demeurais persuadé que je n'avais qu'à inspirer suffisamment fort, avec à la main un volume neuf dont les feuillets n'avaient pas encore été coupés, pour sentir la substance profonde de Londres. Tous nos livres à cette époque étaient anglais, du moins tous ceux que nous achetions en ville — personnellement j'en revois peu qui ne l'étaient pas ; et je me souviens que la perception de cette qualité qu'ils possédaient, était associée à un nombre bien plus important de rêves agréables et d'images miroitantes que tout autre principe de croissance. Tout cela était le résultat d'un très grave état *infectieux* : j'avais été prématurément empoisonné —

ce que je vais expliquer à présent. La Librairie, visite préférée de mon père, bien que je ne me souvienne pas plus de son identité publique que du fait qu'elle enrichissait davantage les élégantes profondeurs de Broadway, était essentiellement et irrésistiblement anglaise, de même que n'était pas moins anglais par son accent notre hôte principal là-bas, avec qui nous avions en outre, mon père et moi, grâce à ses bons offices, des relations si personnelles et si cordiales que je le revois nous honorer de sa présence à la maison, en compagnie de sa femme, dont je trouvais le ton de la voix, le teint, la coiffure et les gestes brusques néanmoins enrichissants, néanmoins "racés", car je n'étais pas encore familiarisé avec le langage de l'analyse.

Le véritable sens de ces riches significations — celles de la Librairie surtout — tenait au fait qu'une tradition était ainsi nourrie, une présomption créée, une vague vision complétée : chercher à exprimer un processus aussi mystique serait maladroit. Qu'aurait-il bien pu se produire d'autre, ayant acquis, après suggestion et avec une remarquable promptitude d'enfant, une conscience spécialement réceptive, sinon ma découverte de la source à laquelle elle se rafraîchissait le mieux ? Cette conscience, ainsi informée, n'était que celle de certaines impressions, de certaines *sources* d'impression encore, venant de par-delà les mers et situées au-delà — ou même plutôt de cette impression qu'éprouvaient mes parents, fruit du temps heureux passé dans Londres et ses environs avec leurs deux bébés, et qui se reflétait dans ces bribes de conversations auxquelles j'assistais très volontiers. Leurs conversations avaient-elles toutes pour objet, à mes oreilles d'enfant, cet heureux temps ? Ne traitaient-elles que de Londres, de Piccadilly et de Green Park où, juste en face de leur maison, leurs deux bébés prenaient l'air surtout sous la surveillance de Fanny d'Albany, leur nourrice américaine, dont la remarque au sujet du British Museum (qui était loin de valoir celui d'Albany pour quelqu'un qui avait eu le privilège de le connaître), nous fut rapportée ? N'évitaient-elles jamais

Windsor, Richmond, Sudbrook et Ham Common, lieux dans la riche complexité desquels ils avaient passé leur été et dont leur discours résonne d'une multitude d'échos ? — Tant de perles étaient dispersées que leur cadet pouvait bien avec toute son adresse et son instinct les ramasser. Notre seule tante maternelle, dont la présence dévouée et chérie durant ces années et encore bien d'autres encore fut déjà mentionnée, était dans une position qui lui permettait de partager avec eux le trésor de ces tendres souvenirs, qui, pour la plupart — chose frappante — selon quelque brillante habitude de la maison, débordaient à la table du petit déjeuner, où je me trouvais régulièrement en compagnie de William James ; elle avait de bonne heure en Europe absorbé les germes d'une longue nostalgie, et je la revois si patiente et prête à discuter de ce sujet sous la pression de mes prières ingénues. Que j'aie pu être aussi curieux alors que je n'avais pas encore les données de base, était sans doute plutôt une anomalie ; et c'était d'ailleurs exactement comme si mon pressentiment enfantin procédait de la lumière de la nature : je pressentais qu'il serait plus tard important pour moi que la "vie anglaise" fût de telle ou telle sorte. Mon père m'avait abonné à un petit périodique de format in-quarto, à la couverture jaune, et intitulé *The Charm*, qui donnait à cette question un très charmant lustre, mais dont les parutions étaient tristement intermittentes, ou alors me frappèrent comme telles puisque bon nombre de nos visites à la Librairie avaient pour objet d'aller chercher le nouveau numéro — seulement pour apprendre avec une douloureuse fréquence que le dernier envoi de Londres était arrivé sans lui. Je ressens encore les affres de cette déception — comme à travers l'absence de ce dont j'avais le plus besoin pour continuer ; *The Charm* exhalait l'odeur anglaise à un degré extrême, et je revois son absence m'affecter comme celle d'un fortifiant vital. Ce n'était, il est vrai, ni plus ni moins par un Charme que mon salut serait assuré, pour ainsi dire, ou mon imagination en tout cas effectivement convaincue : cette conviction était le résultat de l'air de la maison, dans la mesure où je le respirais en toute conscience. Ce qui représentait, sans doute, une incapacité à trouver dans des sujets à portée de main tout l'intérêt qu'ils pouvaient offrir ; mais j'avais pris le pli, avalé le poison, en définitive, et je devais donc trouver cette coupe tout à fait salutaire. Je voyais, dans mon idée, mes parents nostalgiques d'un ordre ancien, désespérés et embarrassés par nombre des caractéristiques les plus immédiates de l'ordre moderne, car le moderne pesait sur nous, et puisque selon leur théorie, depuis des temps reculés, améliorer notre vie signifiait que nous devions reprendre la quête de l'ancien dès que possible, je me mis tout simplement à croire fermement qu'il suffisait d'y parvenir pour réussir dans la vie. Jamais on ne me détourna de cette opinion naïve, qui était implicite dans chaque question que je posais, chaque réponse que j'obtenais, chaque plan que je bâtissais.

Voilà de bien grands mots pour les rêveries d'une ignorance d'enfant ; pourtant si la meilleure définition du succès dans l'existence tient à la réalisation à l'âge adulte de projets élaborés dans l'enfance, je pense que je peux sincèrement prétendre à cela. Enfouir mon nez aux sources de l'odeur anglaise, si différente, pour les jeunes bibliophiles, de l'américaine, c'était adopter cette suavité comme signe de mon "atmosphère" ; le chemin à suivre était peut-être détourné, mais on était en mouvement d'emblée et on ne perdait jamais le but de vue. Même les noms des lieux et des choses dans l'autre monde — le contraire absolu à plus d'un égard de ce monde dans lequel New York et Albany, Fort Hamilton et New Brighton avaient pris une importance tellement illusoire — devinrent pour moi des valeurs, des secrets et des slogans ; ils devaient souvent se trouver sur le bout de ma langue et être utilisés au gré de l'ignorance, mais je me souviens très bien d'avoir eu honte de les utiliser autant que j'aurais souhaité. Ce fut New Brighton, si je me souviens bien (et en fait je m'en souviens parfaitement) qui finit de nous perfectionner — cette dernière et sordide école qui fut la nôtre, à William

James et à moi, à New York : l'ordre ancien *devait* d'une certaine manière être invoqué quand des "avantages" tels que ceux-là étaient ce qu'il y avait de mieux dans nos limites et dans nos moyens. Pour ne pas anticiper davantage, de toute façon, cette extrémité ne fut encore un temps qu'une très vague perspective, et l'illusion de félicité continua de saison en saison à nous entourer. Ce n'est que de ce que je considérai comme un bonheur, pour brèves que furent les années et pour limitée que fut la scène, que je prétends maintenant parler ; même si je dois avoir extrait la dernière goutte de romanesque de cette vision de nos étés urbains avec le souvenir très aigu de ma première pose pour un daguerréotype. Je me rendis avec mon père, un jour d'août, au grand établissement de Broadway de Mr. Brady, maître absolu dans cet art alors magnifique, et j'ai le sentiment — seul détail vague pour moi — que, bien que nous fussions venus par le bateau de Staten Island dans ce but, nous devions tenir la chose secrète jusqu'à ce que sa charmante conséquence parvienne à ma mère, à la maison. Grande est ma conviction que notre mystère, en l'occurrence, céda presque immédiatement à notre allégresse, car aucune tradition n'eut de vie domestique plus brillante chez nous que l'incontrôlable impatience de notre père. Il évoluait dans un nuage, pour ne pas dire plutôt dans un vif rayonnement, de précipitation et de divulgation, rebelle reconnu à toute froide retenue. La bonne nouvelle, entre ses mains, refusait en dépit de toute persuasion de se ternir, la notion de plaisir communicable dans sa poitrine était absolument explosive ; de sorte que nous voyions ces "surprises" auxquelles il avait conspiré avec notre mère pour notre bien, se transformer dans tous les cas sous son action, à l'aide de nos conjectures encouragées sans honte, en conspirations collectives contre elle, c'est-à-dire, pour qu'elle ne sache pas combien nous étions tous compromis. Il traitait de ses débordements avec une sophistique spéciale et délicieuse, et n'avait jamais une imagination aussi subtile que pour les défendre avec des arguments "humains". Il était en quelque sorte très différent d'un être porté à l'indulgence par faiblesse. La faiblesse n'était jamais aussi positive et plausible, pas moins que cette façon de vous épargner ne pouvait être plus élégamment ou à l'occasion même plus comiquement agressive.

Mon petit détail c'est que le secret de notre portrait tous les deux, allait probablement très bientôt, à cause de lui, commencer une vie publique et brillante, et en profiter jusqu'à ce que nous reçûmes l'image elle-même ; à ce sujet, par ailleurs, il me revient encore un autre souvenir, qui prouve que notre aventure fut improvisée. Aigu demeure encore mon sentiment de n'avoir pas été aussi convenablement habillé que j'aurais souhaité l'être, si j'avais prévu que j'allais poser ; même si les ressources de ma garde-robe telle qu'elle était alors constituée, ne pouvaient guère me laisser qu'un choix très limité. La principale ressource d'un jeune garçon new-yorkais dans ce domaine, à cette époque, était la veste-fourreau, ajustée, à col fermé et ornée sur le devant d'une seule rangée de boutons de laiton — vêtement sans grande élégance certes, et compromis dans mon esprit, par-dessus tout, par un curieux éclairage ironique issu d'une source inoubliable. Ce n'est que peu de temps avant cette date que le grand Mr. Thackeray était venu en Amérique pour donner des conférences sur les Humoristes anglais, et elle est toujours présente en moi, cette voix qui s'éleva de la bibliothèque de mon père, d'où on m'aperçut en train de traîner, au moment où s'ouvrit la porte, dans le couloir ou l'escalier, ce qui lui inspira ces redoutables paroles : "Venez donc, mon petit, me montrer votre extraordinaire veste !" La conscience de ma veste devint à partir de ce moment pesante — plus tard accentuée comme l'est ma vision, par la timidité de me trouver là devant le célèbre visiteur assis, qui me frappa, à la lumière du soleil de la pièce animée, par son énorme taille et qui, bien qu'il posât sur mon épaule une main bienveillante, baissa sur mon costume local les lunettes de l'étonnement. Je devais apprendre plus tard pourquoi il avait été aussi amusé et pourquoi, après m'avoir demandé s'il s'agissait de l'uniforme de mon âge et de ma classe, il me fit remarquer qu'en Angleterre, si je devais y aller, on m'appellerait "Boutons". Il me fut ainsi révélé en un éclair que nous étions quelque peu *bizarres*, et bien que je n'en fusse jamais vraiment meurtri, j'éprouvai tout de même la sensation d'avoir la tête coincée dans l'étau de Mr. Brady. Magnifique décidément, l'art perdu du daguerréotype. Je me souviens que la "pose" cette fois-ci fut interminablement longue, pourtant au résultat l'angoisse de mon visage était rendue de façon bien moins criante que sur les clichés subis à un âge plus avancé. Trop peu nombreuses, puis-je ici remarquer, demeurèrent mes impressions du grand humoriste, mais l'une d'elles, presque la seule autre certes, se rapporte encore au jeu de son humour sur les perversités vestimentaires. Elle appartient à une période plus tardive, un moment où je le vois assis sans cérémonie, avec nous, à Paris, pendant l'été 1857, au cours d'un repas que les plus jeunes aussi, à cette époque, avaient l'habitude de partager, les cinq que nous étions. Notre benjamine était à côté de lui, notre petite sœur, qui n'avait alors pas encore tout à fait atteint sa huitième année et apparemment habillée à la mode de l'époque et de l'endroit ; la tradition a longtemps voulu qu'il ait soudain posé la main sur sa petite personne envolantée et qu'il se soit exclamé avec une horreur comique : "Une crinoline ? — je m'en doutais ! Si jeune et déjà si dépravée !"

Une image plus floue, celle d'une des périodes new-yorkaises, m'échappe à l'instant, je vais essayer de la poursuivre tant bien que mal ; je ne retrouve que le décor et sa brève présence dans ce décor, et rien de ce qui s'est dit ou fait, hormis le fait qu'on m'avait laissé avec mon père pour observer le secrétaire de notre éminent ami, qui était aussi un jeune artiste, installer son chevalet et commencer à peindre. Le décor, si je me souviens bien, était un curieux "salon privé" ovale et vide, de l'hôtel Clarendon, alors le dernier cri des hôtels, que l'ancien angle de la Quatrième Avenue et — était-ce la Dix-

Huitième Rue ? — cessa il y a bien longtemps de connaître ; ce charmant, très charmant, portraitiste était Mr. Eyre Crowe et le complaisant modèle mon père, qui posait pour obliger Mr. Thackeray qui désirait que son protégé trouvât du travail. Le protecteur au bout d'un moment partit, se félicitant de la chose, qui prit la forme d'un petit portrait du modèle assis, le bras étendu et la main posée sur le pommeau de sa canne. Le travail, cela peut être mentionné à cette heure, s'avéra inférieur à ce qui pouvait être escompté ; mais je retiens cette scène au cours de laquelle j'ai dû, comme prévu, rester ébahi d'étonnement (car je n'avais jusque-là encore jamais vu personne, et encore moins quelqu'un que je connaissais dans un salon d'hôtel, "peindre pour de vrai") comme un autre heureux exemple de la manière positive dont mes parents cultivaient ma compagnie, semblait-il, et ma pensée, en vue de mon éducation mondaine. Et puis il y a d'autres rapprochements ; j'ai le souvenir d'un dimanche matin, l'endroit me revient comme un vide sans caractéristique — sinistre et nu, avec des développements futurs, le salon d'un hôtel d'autres heures new-yorkaises — mais je garde toujours vivant en moi ce souvenir d'avoir assisté pour la première fois à des opérations qui devaient être riches de signification pour de nombreuses années à venir. Celles du tranquille Mr. Crowe me subjuguèrent — je devais tourner avec une telle nostalgie, à partir de ce commencement, autour de la pratique de son art, qui, en dépit de ces consciencieuses tentatives et intentions, ne laissa absolument jamais transparaître pour sa part des accointances avec nous ; il ne dut guère plus répondre, d'ailleurs, aux initiatives du doux aspirant lui-même, que mes observations qualifièrent, longtemps après, pendant ma période londonienne, de plus touchant des enfants résignés de la déception. Il était une figure de Thackeray non seulement par association, mais encore plus comme si la main du maître lui avait donné sa silhouette et son mérite, sa vie, sa douceur et sa patience — qui se présentait, comme après cette longue futilité, assise d'une manière tranquille, très longue aussi, à attendre la fin. On ne pouvait s'empêcher de trouver cela triste ; pourtant, chose on ne peut plus curieuse, il était impossible de le considérer comme un raté. Raté peut-être pour ce qui était de la chance, uniquement ; mais qu'importait, puisqu'il était un des succès de Thackeray ? — mineur certes, mais avec une telle grâce et une telle vérité, celles d'un de ces vagues petits cousins du colonel Newcome.

VIII

Je sens qu'à ce rythme je me souviens de trop de choses, et pourtant ce doux « apparitionnisme »[1] n'en est qu'une partie. Se tourner vers le passé c'est en fait rencontrer l'apparition et trouver dans son visage spectral le regard silencieux d'un appel. Quand je le fixe, l'ombre qui plane, qu'elle soit d'une personne ou d'un lieu, me fixe en retour et semble d'autant moins perdue — non pas pour ma conscience, car ceci n'est rien, mais pour la sienne — que je me suis arrêté sur elle, ne fût-ce qu'en passant. Le jour du daguerréotype, cet après-midi d'août, qu'était-il sinon un de ces jours où nous allions à Union Square pour le déjeuner et pour manger plus de glaces, plus de pêches et encore plus, encore bien plus, éprouver à la fois bien-être et stimulation de l'émerveillement ? Il est probable bien sûr que ce soit plutôt une visite rendue à Mrs. Cannon qui nous ait occupés à cette occasion — la mémoire a quelque difficulté à faire une sélection dans une expérience aussi riche. Car l'émerveillement était l'expérience, et il était partout, même si je trouvais que ce n'était pas au point de l'emmener avec moi, pour être sûr de ne pas être pris au dépourvu. Mrs. Cannon était tapie près de la Quatrième Rue — sur *cela* j'ai une abondance de détails, je ne la situe pas plus précisément que dans ce qui me semblait être un labyrinthe d'inquiétantes petites rues se dirigeant vers l'ouest

1. Néologisme de l'auteur. (N. d. T.)

"derrière" Broadway, pourtant elle n'en était pas très loin, là, elle devait occuper une maison d'angle, puisque nous n'allions pas chez elle en empruntant des escaliers qui menaient à une porte d'entrée, mais par d'autres qui descendaient légèrement et formaient vraiment un accès latéral indépendant, caractéristique que je ressentais comme riche et étrange. Ce vers quoi descendaient les escaliers, était une pièce spacieuse, simple et accueillante, de sorte qu'elle n'aurait pas pu s'accommoder d'une "courette", qui offrait la courageuse mystification, entre autres mystifications, d'être à la fois un salon et une boutique, une boutique en particulier destinée à venir en aide aux messieurs à la recherche de pochettes, de cravates, de cols, de parapluies et de bouteilles, habillées de paille, d'une essence connue dans le vieux New York sous le nom de "Cullone" — avec un "o" très long et ouvert. Mrs. Cannon était toujours assise, travaillant à quelque délicat ouvrage de lingerie ou autre, comme si c'était elle qui faisait les cols et les cravates et ourlait les pochettes, bien que l'allure de tout ceci ne concordât pas avec l'impression d'importation de centres de mode plus lointains qui émanait de quelques-unes des plus excitantes remarques que j'entendais s'échanger, et qui ajoutaient en même temps à l'étrangeté de l'endroit. Car l'étrangeté se retrouvait dans de nombreuses choses — surtout dans le fait qu'il n'y avait pas de comptoir, ni de rangées d'étagères ni de vulgaire caisse pour le commerce de Mrs. Cannon ; le salon dissimulait de toute évidence le magasin — et tellement bien que j'aurais pu m'inquiéter et m'étonner de ce que dissimulait le magasin. Il représentait, c'est vrai, je m'en rendis compte au cours des visites qui me paraissaient être délicieusement répétées, la plus informelle des approches du courageux domaine réservé ou intérieur de notre amie, le royaume de son occupation essentielle, la décoration d'appartements meublés pour messieurs — messieurs en général pour lesquels elle importait l'eau de Cologne et les cravates et qui me paraissaient surtout se compter parmi mes toujours remarquables oncles, désireux parfois, quand ils arrivaient, énervés, d'Albany ou d'ailleurs, de trouver un confort intime que le *New York Hotel* ne pouvait pas leur offrir. Fascinantes donc, les insinuations de l'établissement de Mrs. Cannon, où la conversation portait en particulier sur Mr. John, Mr. Edward et Mr. Howard, et où Miss Maggie ou Miss Susie, qui étaient là dans d'autres fauteuils à bascule et avec d'autres aiguilles en équilibre, donnaient leur point de vue comme nous tous. L'intérêt de l'endroit tenait au fait que nos oncles alimentaient toujours d'une manière ou d'une autre la conversation — où ils pouvaient bien se trouver en ce moment, ou bien quand on les attendait, ou par-dessus tout comment (le "comment" était le grand sujet et de subtile importance) ils s'étaient présentés la dernière fois et comment avait bien pu être leur tenue ; et que leur consommation de cravates et d'Eau de Cologne était quelque peu excessive : il se peut que j'aie pensé, dans mon innocence, que c'était là leur seule *consommation**. J'attribue à ces sources, en fait, le charme de la scène, dont la partie la plus agréable avait dû pourtant tenir au fait que, comme elle n'apparaissait que par intermittence, elle ne rejetait pas *toutes* les mystifications. Si moi, je ne comprenais pas, toutefois, la beauté tenait au fait que Mrs Cannon, elle, comprenait (c'était surtout ce qu'elle faisait, bien plus que d'ourler des pochettes et des cols) et que mon père, lui, comprenait, et chacun comprenait que l'autre comprenait, Miss Maggie et Miss Susie n'étant pas en reste. Il n'y avait que moi à ne pas comprendre — sauf que je comprenais quand même *cela*, ce qui était une espèce de maigre joie ; et en attendant, encore bien des choses devaient venir d'oncles dont on aimait si tendrement, et presque si sinistrement, discuter. La vision en tout cas devait rester en moi comme filtrée par son aimable grâce d'antan, par la lumière qu'elle jetait sur le charme d'autrefois ; les plus belles manières, la tendre note personnelle dans les importations et les angoisses de la brave dame, celle du travail à la main et du service individualisé. Il était digne de servir de valeur de référence n'importe où — je veux dire par là dans le bon angle de n'importe quel tableau mondain, ai-je ensuite pensé — ce sens du raffinement et de l'équilibre qu'avait la maison de Mrs. Cannon.

Union Square était une autre affaire, avec là aussi pourtant cet élément qui fit que je me rendis compte que je *ne m'étais pas* rendu compte (mon sens du tragique était dans ce cas, je crois, plutôt plus pourchassé qu'encouragé) d'un inconvénient dont je me consolais, toutefois, en mangeant des pommes au four et de la crème anglaise, invariables éléments de nos déjeuners dominicaux là-bas (ceux de la semaine étaient variés et ordinaires) et en examinant une grande quantité, à ce qu'il me semblait, de recueils de gravures, essentiellement consacrés aux héroïnes de Shakespeare, dans lesquels les gravures étaient colorées et vernies avec tant d'adresse, et qu'en conséquence les carnations et les costumes étaient si chers à ma mémoire, que je fus ensuite très longtemps choqué de ne justement pas voir apparaître au théâtre ces images éclatantes, avec leurs curieux atours. Je parvins en fait l'autre jour, cependant, à reprendre presque au même endroit la suite de cette contemplation ; d'imposantes présences informes, de précaires créations d'un jour, semblaient avoir chassé du Square tous les monuments mineurs à l'exception d'un ou deux, plaisantes choses appréciables, d'autrefois ; pourtant proche de University Place, la vieille maison aux livres d'images et aux crèmes anglaises et à la situation domestique, n'avait pas, bien que défigurée et très âgée, vraiment reçu l'estocade fatale ; je dégageai, par la simple identification d'une fenêtre masquée et d'un portique profané, tout un chapitre d'histoire ; fait qui devrait certes être une mise en garde contre le discernement, une défense pratique ici du superficiel — car il montre à quelle vitesse les relations de tout gage de l'expérience se multiplient et se ramifient à partir du moment où l'esprit commence à la contrôler. Je poursuivis une nuée de ces relations, à l'occasion dont je parle, tout au long de la Quatorzième Rue Ouest et jusqu'à la Septième Avenue, en jetant la plupart au sol avec difficulté, mais découvrant qu'en une demi-douzaine de points elles laissaient vraiment paraître une similitude étrange et déjà défraîchie. Le gage de l'expérience, en fait, avait dans ces cas-là été curieusement épargné — la similitude avait, dans deux ou trois d'entre eux, résisté comme par le fait d'une ruse délibérée. Mais il s'agit là d'impressions que je trouverai bientôt impossible de ne pas reprendre quoi qu'il en coûte.

Je "pris" pour la première fois "conscience" de la Quatorzième Rue à un âge très tendre, et je me souviens parfaitement de cet instant d'initiation, qui consista donc en la visite, un après-midi, avec mon père, d'une maison située dans la Quatorzième Rue, une de celles qui formaient déjà une rangée assez complète sur le trottoir sud, près de la Sixième Avenue. C'était "notre" maison, qui venait juste d'être acquise, qu'il m'invitait ainsi à approuver — comblant, comme cela devait encore se reproduire, la mesure de ma petite adhésion. J'approuvai sans réserves — presque comme si j'avais prévu que l'endroit devait pour toujours devenir pour moi pendant encore si longtemps, une sorte de point d'ancrage de l'esprit, et aussi à ce moment précis, une fascination pour l'œil, puisque ce fut là que j'assistai, béat, pour la première fois à des travaux de "décoration". Je vis des hommes charmants, portant de petites casquettes astucieusement faites de papier journal plié — où trouve-t-on maintenant dans cette ville vrombissante ces pittoresques symboles des artisans ? — montés sur des échafaudages et en train de couler du plâtre dans des moules ; je les vis en particulier, coller de longues bandes d'un papier grenelé et jaunâtre sur les murs, et je me souviens avec précision avoir trouvé que le grain et le motif (car il y avait un motif de la hauteur de la taille jusqu'au sol, un mélange compliqué de dragons, de sphinx, de volutes et d'autres superbes fioritures) étaient absolument merveilleux et somptueux. Je donnerais cher, je l'avoue, pour recouvrer son secret perdu, pour voir ce qu'elle était vraiment — il est si intéressant et parfois si incroyable de retrouver, dans une communauté que l'on connaît, l'aventure esthétique générale, tout comme les dangers et les illusions, les accidents presque fatals et les maladies presque mortelles, surtout pour constater que le Goût a survécu, avec le sourire, et qu'en son nom la créature volage peut encore avec une certaine impudence regarder quelqu'un dans les yeux. Notre quartier devait être hérissé en ce temps-là des pires signaux d'alarme — même s'ils ne passaient que pour vulgaire satisfaction ; l'âge du "Brownstone" venait de commencer, et ce matériau, sous des formes déplorables et monstrueuses, dans tous les espaces vides et les sites possibles, alors nombreux, entre la Cinquième et la Sixième Avenue, faisait de plus en plus souvent insulte à l'époque. Apparemment nous avions quitté un monde de sages harmonies, le monde de Washington Square et de ses environs, d'une dignité toute de retenue, d'un naturel sans prétention. Il y avait même là des îlots de pauvreté dont je me souviens, comme cet espace vide et sans charme qui s'étendait vers l'ouest depuis les deux maisons qui formaient l'angle de la Cinquième Avenue jusque chez notre grand-père, la maison de notre grand père new-yorkais, qu'il avait lui-même construite, avec le meilleur jugement, peu de temps auparavant, et à une période trop peu éloignée, en vérité, pour qu'elle soit solidement mais beaucoup moins agréablement entourée. L'ancien nom de Place d'Armes planait toujours sur l'espace central, et les anciennes palissades de bois, que l'on considérait alors généralement adaptées aux espaces centraux — image qui recule tout entière à l'infini — paraissaient même à mon innocence d'enfant, grossières et misérables. Union Square, en haut de l'Avenue — ou ce qui alors passait pratiquement pour le haut — était entouré, avec plus d'élégance, de grilles de fer et puis fut orné d'une fontaine et d'un vieil agent de police aux allures d'amateur, terrifiant pour ma génération à cause de son étoile et de son fouet. J'associe moins l'élégance avec la Place d'Armes, où de mon école de dames voisine nous allions en récréation et où aucune prise d'armes d'aucune importance ne se déroulait pour empêcher nos évolutions ; même si bien sûr le fouet du service y était utilisé en abondance, car ce que je me rappelle le mieux à ce propos, c'est le sentiment et le parfum d'un automne perpétuel, avec un sol tellement étouffé par les feuilles et les brindilles des ailantes, disparus depuis longtemps maintenant, que la plupart de nos mouvements se limitaient à leur donner des coups de pied — l'odeur âcre-douce de cette essence flottait dans l'air — et partout des petits garçons, cavaliers cravachant leurs coursiers, caracolaient. Il y avait des garçons plus âgés, encore plus hardis, à qui cette végétation, ou quelque chose d'approchant qui m'échappe, offrait de longues branchettes noires comme des cosses de haricots, qu'ils allumaient et fumaient, les plus jeunes regardant cela impressionnés. Moi, en tout cas, je revois le petit au nom duquel je suis le mieux placé pour parler, passant l'été indien à patauger en permanence dans ces *disjecta*, fasciné par l'activité qui consiste à donner des coups de pied dans les feuilles, la joie de pénibles marches solitaires, suivant un itinéraire dans lequel ces lieux et ceux qui se trouvent légèrement plus au nord se confondent avec bonheur. Telles étaient les joies ordinaires de ce noble quartier, éléments qui avaient leurs pareils, et davantage, juste à côté de notre maison de la Quatorzième Rue, avec les peupliers, les cochons, la volaille, et les "maisons irlandaises", au nombre de deux ou trois, sans compter une très belle maison hollandaise, alors située, cette dernière, presque au milieu de jardins et de bosquets — une ampleur de territoire encore apparente, en ces lieux, dans cet espace marginal, l'occupation de cette étendue, dont l'absence presque totale est responsable du manque général de "style" des quartiers de New York.

Mais il y avait des vibrations plus subtiles aussi — pour l'enfant qui rôdait tranquillement, mais nullement aussi subtile peut-être que celle éprouvée à rester longtemps à boire goulûment à ces sources de romanesque qui jaillissaient des énormes affiches de théâtre. Ces annonces, à une époque où la publicité ne se satisfaisait que d'informer, avaient tout à fait l'aspect de programmes agrandis ; elles étaient constituées d'immenses feuilles oblongues, jaunes ou blanches, collées sur de grands panneaux de bois ou dans des emboîtures creuses, et avisaient l'éventuel spectateur du moindre détail susceptible de vraiment l'intéresser. Ces panneaux étaient aimablement posés contre les arbres et les réverbères, également contre les murs et les palissades, auxquels ils devaient tous être, je suppose, attachés ; mais le plus agréable détail de leur confiance, c'était qu'en lignes parallèles et à cette brave mode d'antan, les personnages faisaient face aux acteurs, ils présentaient toute la troupe, qui en ces "temps florissants" du théâtre comprenaient souvent de nombreux noms. Je me surprends encore interminablement planté sur la Cinquième Avenue près de l'angle sud-ouest de la Neuvième Rue, comme ce dut être le cas, puisque "tenir" longtemps l'affiche n'existait pas alors pour le jeune *badaud** et là l'affiche était constamment et courageusement renouvelée. Elle attirait mon attention, à chaque fois que je passais, comme la toile d'un grand maître attire celle d'un pieux touriste dans un célèbre musée, et même si je ne peux aujourd'hui assurer de quoi elle parlait réellement, je me sentais, précoce passion, à l'aise au milieu des théâtres — grâce au vif intérêt que leur portaient nos parents (tel que je le vois fleurir à l'époque, de cette distance) et à la loi libérale, la vision heureuse dans lesquelles cette passion était partagée avec nous, ils ne s'intéressaient jamais vraiment à des choses qui n'étaient pas susceptibles de nous intéresser, et prétendaient généralement que ce qui leur convenait conviendrait aussi à leurs enfants. Cela eut certainement pour effet de donner à ces derniers, dans la mesure où nous étions enclins à l'apprécier, un étrange petit fonds de réminiscences théâtrales, un modeste amas de souvenirs qui s'est conservé, dans mon cas précis, toute une vie et qui m'amène aujourd'hui à me demander, face à son abondance, combien de soirées par mois, ou peut-être même par semaine, nous étions arrachés aux activités familiales.

IX

La vérité tient sans doute toutefois beaucoup moins à la richesse de mon expérience qu'à la ténacité de ma sensation, au fait que je n'ai rien perdu de ce que j'ai vu et que, même si maintenant je ne peux pas vraiment diviser ce tout en situations distinctes, les divers éléments m'assaillent de façon surprenante. Je reviendrai sur certains d'entre eux, ne souhaitant à présent préciser que quand et où furent semées ces graines qui germèrent et fleurirent ensuite avec une telle abondance. Je devais énormément aimer le théâtre, à son apogée, en tant que "forme" ; quelles que furent les variations de foi ou de curiosité que je devais éprouver envers le théâtre infirme et médiocre. Il n'était bien sûr autrefois pas question pour nous d'art dramatique à son apogée ; et en effet, lorsque récemment je feuilletai par hasard un volumineux recueil de portraits d'acteurs, commençant par ces toutes premières mises en pratique de la lithographie et de la photographie, et offrant au suprême degré un document sur les personnalités de la scène américaine à ses débuts, comme nous dirions de nos jours, la stupéfaction devint en moi extrême, et le scepticisme triompha, cet étalage de types paraissait si vulgaire et barbare, chaque personnage sentait si extraordinairement le provincialisme, et les prétentions de telles physionomies et de telles réputations étaient rien moins que ténues. Plutôt lugubre partout, je l'avoue, l'image histrionique, une fois éteints les projecteurs — le visage fatigué et isolé, réduit à lui-même et ressemblant à quelque auberge close et sombre dont l'enseigne se balancerait encore mais dont le local serait ruiné faute de clients. C'est une considération de poids ; mais quelle "équipe", n'empêche, quand ils laissaient libre cours à leurs propres trucs, les interprètes, hommes et femmes, de ce monde d'étranges appréciations ! Je ne devrais peut-être pas trop m'acharner sur eux étant donné ce qui me revient en particulier ; cette sensation de frisson sacré avec laquelle je commençai à regarder le rideau vert, celui-là même qui devait se lever sur *La Comédie des erreurs* ce jour où, d'après ce presque insupportable moment d'intensité dont je me souviens, j'avais dû pour la toute première fois assister à une pièce de théâtre. Je devais, dans le cas précis, être redevable pour cette soirée capitale à Mr. William Burton, dont le petit théâtre de Chambers Street, à l'arrière de Stewart, le grand magasin, et tout à côté du Parc, le Parc tel qu'on l'entendait à l'époque, m'offrit alors ma première initiation. Que je ne me plaigne pas d'avoir dû cette aventure à un encore plus grand William, ni ne trouve sans l'intensité exacte, la palpitation à peine supportable, à cette façon qu'avait le supplice du rideau d'être un mélange, d'un défi si obscur et d'une promesse si riche. Vos yeux le transperçaient en vain, et pourtant vous saviez qu'il *allait* se lever à l'heure dite, la seule question restant de savoir si vous pourriez continuer d'exister jusque-là. La pièce nous avait été lue pendant la journée ; un célèbre acteur anglais, dont j'ai oublié le nom, de manière inconséquente, était venu pour donner la réplique à Mr. Burton dans le rôle de l'autre Dromion, et l'agréable Mrs. Holman, qui avait pour mon regard impitoyable un menton trop fuyant, eut la grande bonté d'être Adriana. Je considérais Mrs. Holman comme une amie, bien que sous un jour moins chaleureux que celui sous lequel je considérais Miss Mary Taylor — sauf, bien sûr, que Mrs. Holman avait l'avantage, par ostentation, de "sortir" chanter en satin blanc, et de manière assez incongrue, entre les actes ; privilège qu'elle partageait avec la plus jeune, plus belle et plus fringante Miss Malvina, la danseuse qui, faisant irruption en soliste, chorégraphiait son chant, le tambourinait et l'accompagnait d'effets de châle. Quand nous n'admirions pas Mr. Burton dans Shakespeare, nous l'admirions dans le rôle de Paul Pry, de Mr. Toodles et de Aminadab Sleek dans *The Serious Family*, et nous avons dû beaucoup l'admirer — son énorme grosse personne, son énorme gros visage et ses vastes joues légèrement pendantes, surmontées d'une espèce de clin d'œil éléphantesque, auquel j'attribue une remarquable bassesse, tout cela est toujours très présent en moi.

Nous savions toutefois faire des distinctions ; nous trouvions Mr. Blake bien meilleur comédien, bien plus distingué et cultivé — le "jovial" Mr. Blake que, avec la courageuse et énergique Mrs. Blake (*comme* ils ont dû être convaincants !), j'associe en partie avec la scène de Burton et en partie avec celle, de création légèrement ultérieure, qui, après avoir fleuri quelque temps un peu plus haut sur Broadway sous le nom dénué de tout charme commercial, de Lycée Brougham (nous n'avions alors presque que des Lycées, Musées, Salles de Conférences et Académies de Musique, en guise de théâtre et d'opéra) commença une longue carrière et une vie itinérante sous le nom de Théâtre Wallack. Il est vrai que je ne parviens pas à garder claires *toutes* mes associations, mais ce qui compte, ou ce que je désire au moins faire passer pour tel, c'est que quand nous étions remplis d'admiration pour Mr. Blake, nous admirions aussi Miss Mary Taylor ; et c'est chez Brougham, non pas chez Burton, que nous *lui* rendîmes cet hommage — réservé pour son interprétation du tendre personnage de la fille dans la version anglaise de *Le Père de la débutante**, où je revois la charmante créature aux cheveux sombres, essoufflée, en voiles blancs classiquement relevés d'une tiare en or et d'une écharpe or, se précipiter de ce qui était censé être la scène vers ce qui représentait le foyer, sous des tonnerres d'applaudissements, pour se jeter au cou du vieux monsieur épuisé, au manteau bleu à boutons dorés qui devait être, tout compte fait, à y repenser, Mr. Placide. Des élans plus marquants ou des ombres plus délicates, voilà ce à quoi l'art du pathétique n'était pas tenu d'aboutir à cette époque ; j'arrive seulement à apercevoir que Mr. et Mrs. Blake, pas moins que Miss Mary Taylor (c'est surtout elle qui hante mon souvenir, même au désavantage de Miss Kate Horn dans *Nan, la Bonne à rien*, jusqu'à ce qu'elle soit, bien sûr, détrônée par la brillante Laura Keene) allèrent chez Brougham, où nous les découvrîmes tout à fait à leur place dans le couple Hardcastle de Goldsmith et d'autres rôles semblables. Nous appréciâmes tout particulièrement Blake en Dogberry, lors de ma seconde soirée shakespearienne, pour autant que je parvienne à la situer, avec Laura Keene et Mr. Lester — le futur Lester Wallack — dans les rôles de Béatrice et de Bénédict. Autre preuve, je le concède, que nous avions notre dose de Shakespeare, même si j'anticipe un peu la date de cette vision enchanteresse de *Beaucoup de bruit pour rien*, qui a peut-être été précédée par l'éblouissante découverte du *Songe d'une nuit d'été* au "Broadway" (il y *avait* un vrai Théâtre) ce dernier toujours présent à mon esprit dans tous ses détails éclatants. Il nous apportait, comme nous avons dû le ressentir, la plus grande aventure que nous pouvions imaginer — je ne peux pas expliquer autrement qu'il émerge aussi clairement. Tout ici est comme hier, l'identité des acteurs, le détail de leurs costumes, le charme que communiquaient les sœurs Gougenheim, l'élégante aînée en amoureuse Héléna et l'autre, l'espiègle "Joey", en malicieux Puck. Hermia interprétée par Mrs. Nagle, en court péplum couleur saumon par-dessus un jupon blanc, le tout retenu par une ceinture d'un doré brillant et formant contraste avec les amples écharpes d'Héléna, tandis que Mr. Nagle, qui n'était pas dépourvu, me semble-t-il me souvenir, d'une diction pédante et d'un bel accent irlandais, était soit Lysandre soit Démétrius ; Mr Davidge (lui aussi, je crois bien, avait un accent irlandais) était Bottom le tisserand et Madame Ponisi, Obéron — Madame Ponisi dont le répertoire devait être étendu puisque je la revois aussi dans le rôle de l'héroïne aux voiles blancs de *The Cataract of the Ganges* où, préférant la mort au déshonneur, elle remonte les chutes d'eau plus ou moins perpendiculaires sur un fougueux coursier noir dont l'effet est juste un peu terni par un occasionnel flottement d'étoffes entre lesquelles on aperçoit une jambe de pantalon et un grand pied masculin ; et puis de nouveau, bien que cela se soit sûrement produit plus tard, ou soyons précis, *après* la tendre époque de l'enfance, dans le rôle de telle et telle noble matrone ou reine de tragédie. En tout cas elle m'apparaît rendant tous les personnages de la même façon avec un large visage brun encadré de bandelettes ou de couronnes, ou d'autres lourdes coiffes d'où sortait un rang de très petites boucles noires serrées. *The Cataract of the Ganges* est omniprésente aussi, tragédie de temples et d'idoles, de vilains rajahs et d'eau réelle, toujours avec Davidge et Joey Gougenheim pour l'intervalle comique — le tout sous une lumière plus grossière toutefois, à cause de l'absence des fées, des amazones et des effets mécaniques de clair de lune, et par-dessus tout du charme, ainsi perçu, de la pièce dans la pièce ; et c'est pourquoi je la range avec *Green Bushes*, malgré la célébrité dans cette pièce-là, de Madame Céleste, qui vint tout droit de Londres chez nous et dont on admirait l'entrée en scène en Miami la chasseresse, avec une démarche merveilleuse de majesté et néanmoins voluptueuse, mise en valeur par un court kilt, des cuissardes de velours noir et un fusil porté sur l'épaule d'une manière altière, et que je revois devant moi tandis que j'écris. La pièce en question était due, je me souviens, à la plume de Mr. Bourcicault, il épelait alors son nom ainsi — il débuta très tôt dans la profession et devait y être depuis déjà longtemps, puisque je me rends compte maintenant qu'il a fourni à Mr. Brougham, du "Lycée" précédemment cité, ses meilleures productions.

Me revoici assistant à *London Assurance*, avec Mrs. Wallack — "Fanny" Wallack, je crois, non pas que je sache très bien qui elle était — en Lady Gay Spanker, toute rouge et vociférante, d'abord en tenue équestre avec des mètres de traîne et ensuite en satin jaune avec quasiment pas de traîne du tout ; je suis également présent à *Love in a Maze*, dans laquelle la scène représente, dans un style quelque peu primitif, je le crains, un jardin avec un labyrinthe apparemment complexe, et dans laquelle j'admirai pour la première fois Mrs. Russell, qui devait longtemps par la suite apparaître au public en Mrs. Hoey, même si elle précisait qu'elle voulait, surtout pour l'épreuve en décolleté, une structure moins osseuse. Il y a des éléments de cette association d'ensemble, je l'avoue, dont la clef m'échappe ; le drame de la vie moderne et d'origine française — mais quelles choses n'étaient-elles pas d'origine française alors ? — dans lequel Miss Julia Bennett, qui venait de remporter des triomphes au Haymarket, fit sa première apparition, avec un très seyant bonnet blanc, soit dans un rôle de brillante aventurière ou dans celui de la victime innocente poursuivie par de licencieux motifs, je ne sais plus, avec toutefois cette impression que le bonnet blanc, quand il était vraiment élégant, caractérisait plutôt à cette époque l'aventurière ; Miss Julia Bennett que l'on devait, plus tard, retrouver sous les traits de l'imposante et rusée Mrs. Barrow, toute d'affectation et de présence, et souvent de la Portia, la Desdémone et la Julie de Mortemer d'Edwin Booth. Il me semble dans cette phase plus floue, que c'est elle qui a succédé à Miss Laura Keene chez Wallack après le départ de cette charmeuse de chez nos parents, et l'émoi suscité par sa première apparition est encore parfaitement présent en moi, avec cet attrait manifeste pour la douceur de son élocution anglaise (je me demandais déjà pourquoi ce *ne serait pas* de l'anglais) qui ne ressemblait pas à la langue qui nous était surtout familière. Les oncles, d'après ce que j'en percevais, imitaient même, pour les éloges, certaines de ses notes favorites, auxquelles je prêtai l'oreille lorsque je la vis plus tard en Mrs. Chillington dans *A Morning Call*, cette délicate petite comédie, dans laquelle elle se jouait délicieusement de Mr. Lester dans le rôle de Sir Edward Ardent, allant même jusqu'à le faire marcher à quatre pattes et à le couvrir de son châle en guise de tapis de selle. Cette délicieuse impression n'avait pas encore pris conscience de la tache qui allait suivre — lorsque je m'aperçus, des années plus tard, que la brillante petite comédie était l'hommage de notre goût anglo-saxon rendu à cet élégant proverbe de la "Porte Ouverte ou Fermée"* d'Alfred de Musset, pièce dans laquelle rien ne pouvait être plus déplacé que cette anecdote du cheval de la version anglaise. Miss Laura Keene, avec une grâce innée à ses débuts, une inspiration fraîche et raffinée, à ce que j'en déduis d'après le genre de plaisir qu'elle semble avoir d'abord inspiré, devait en vieillissant démentir ses promesses, et, devenant dure et grossièrement fardée, perdit (à l'évidence) toute prétention à la plus haute distinction ; chose peu surprenante compte tenu de la sinistre lumière que projetait cette preuve de l'atmosphère inepte qui régnait, l'indulgente acceptation de cette perversion vulgaire du parfait petit ouvrage de Musset. Comment *pouvait-on* associer la qualité du talent et une absence aussi extrême de qualité dans la matière qui lui était offerte ? Où de tels écarts peuvent-ils bien mener sinon à la poussière et à la désolation et comment ne pas étouffer le meilleur instinct dans un air aussi lamentablement peu conducteur ? Est-ce ridicule et illusoire que ces sujets aient pu alors, à l'occasion, valoir d'être commentés ? Doit-on simplement penser que tout était absolument facile et commun, et tous les gens absolument méchants et barbares, et que même les moins influençables de nos spectateurs-types étaient trop aisément dupés et trop désespérément gentils ? La beauté de la vérité fondamentale concernant tout sujet en mémoire regardé avec le détachement voulu, ou en d'autres termes, à travers le voile du temps, tient à ce que la compréhension ne fait alors plus qu'un avec la critique, et la compassion, comme nous pouvons réellement l'appeler, ne fait plus qu'un avec la vision onirique, et toute la compagnie de ceux qui autrefois s'agitaient, avec leurs enthousiasmes et leurs erreurs, leurs sincérités et leurs faux raisonnements, leurs vanités et leurs triomphes, tous furent embaumés pour nous dans la douce essence de leur soumission collective au destin. Il ne faut pas s'acharner sur elles à moins que nous ne le souhaitions particulièrement, et nous sommes heureux de nous souvenir à point nommé de tout ce que ceci impliquerait d'acharnement quant à nos propres *origines**, au fouillis de nos initiations. Si rien n'est plus sûr pour nous que maintes personnes, de nos souvenirs, n'avaient pas pu ne pas être averties et conscientes, rien n'est donc mieux en accord avec ce ton paisible que la perception d'un tel état, poussé à un certain point, et qui ébranle de manière ridicule nos critères de jugement. *Nous* sommes prévenus et extrêmement conscients de bien des choses — et, entre autres, de l'existence infinie qu'ils vivaient, ces pâles substituts, et combien ils la devaient à leur vertu.

Ces réflexions, dans la cohorte des souvenirs qui viennent d'être rassemblés, peuvent paraître excessives — bien qu'elles forcent vraiment les images à se multiplier sous mes yeux. D'autres encore s'imposent à moi et refusent d'être négligées ; reconstituant comme je le fais presque l'histoire de mon imagination stimulée, quoi qu'elle puisse valoir, je ne prétendrai pas mépriser la moindre particule qui y contribue. J'en étais resté, un peu plus haut, à regarder l'affiche de la Cinquième Avenue, et je ne peux que m'attarder dessus puisque la vision qu'elle évoque tient à imposer sa présence. C'était l'époque des adaptations de Dickens au théâtre, montées à la hâte sur toutes les scènes et qui devaient offrir le plus fruste des bricolages théâtraux, mais dont nous avons certainement dû voir une ou deux. Je les associe au temple de l'art de Mr. Brougham, et pourtant je suis à la fois assailli par le Capitaine Cuttle de *Dombey et C°* sous les traits du gros Burton, qui jamais, je le conçois volontiers, n'honora ce sanctuaire de sa présence, ce qui me fait un peu errer dans la confusion. N'est-ce pas lui que je revois dans le rôle du monstreux Micawber, cette grossière parodie d'une charmante création, entièrement chauve comme un gigantesque œuf de Pâques et des pointes de col semblables aux voiles des felouques méditerranéennes ? Terrible bien sûr, faute de retenue dans ces domaines, ce besoin de se conformer aux illustrations de Phiz, lui-même déjà parodiste improvisateur et plaisant seulement dans la mesure où il n'était pas imité, ni reproduit à la lettre. Curieuse d'ailleurs cette "esthétique" d'artistes qui n'avaient d'autre désir que de tout reproduire à la lettre. J'abandonne toutefois complètement la question, car je m'égare moi aussi dans la poussière, et avec une sensation très nette de n'avoir tout d'abord fait que languir à la maison tandis que mes supérieurs admiraient Miss Cusham — nous trouverions aujourd'hui qu'elle ne s'accorde ni au cadre ni au tableau, je crains — dans la Nancy de *Oliver Twist* : ceci devait remonter tout aussi loin que l'existence de ce "Parc" préhistorique, où je savais juste que mes aînés se rendaient pour assister à des opéras, et nous revenir tout pleins de ces riches anciens noms italiens, Bosio et Badiali, Ronconi et Steffanone, je ne suis pas sûr qu'ils soient tout à fait exacts ; signes, au triste son pour nous, qu'une limite à notre participation, nous les enfants, *était bien* tracée quelque part. Elle n'avait pas été tracée, je me plais d'autant à le remarquer, lorsque, sous protection appropriée, au Castle Garden, j'écoutai la plus exceptionnelle des enfants prodiges, Adelina Patti, calée dans un fauteuil qui avait été poussé devant la rampe et annonçant son don incomparable. Elle avait à peu près notre âge, c'était une des nôtres, tout en représentant à la fois pourtant la plus prodigieuse des fées et des légendes fabuleuses. Ce principe de sélection était bien sûr suspendu, lorsque j'allais avec ma mère soit au Tripler Hall, soit chez Niblo — je ne peux préciser l'occasion, mais les noms, comme s'ils avaient quelques bonnes vieilles et troubles raisons, implorent tous autant ma plume — pour rendre un hommage bien loin d'être critique, oserais-je dire, à Henrietta Sontag, la comtesse Rossi, alors déjà un peu usée, qui, vêtue de soie rose et de volants de dentelle blanche, nous frappa par son élégance suprême, et avec qui certains membres de notre entourage avaient eu des contacts ou des relations que j'ai curieusement oubliés. C'est en tout cas à ce moment-là que j'ai appris ce que signifiait "acclamation", et j'ai encore devant moi l'immense masse du public en train d'applaudir à tout rompre les notes cristallines de la magnifique dame en rose ; expérience formidable et excitante, et mon unique autre souvenir de concert à cet âge, hormis l'impression que nous avions été curieusement entassés une fois dans un petit lieu public, une toute petite salle peu connue, sous un pâle éclairage et toujours en compagnie de ma mère, où nous étions si près de la scène improvisée que mon nez était frôlé par les jupons de l'amateur distingué qui chantait "Casta Diva", une très jolie femme blonde qui soulevait très fort sa poitrine et balançait sa crinoline ; le gentilhomme italien bouclé, vêtu de velours noir et d'un volumineux manteau romantique, qui représentait, ou plutôt était par profession et irrésistiblement, un "Improvisatore", me faisait presque l'effet, moi qui étais tapi bouche bée, de me beugler au fond de la gorge. Cette fois, je suis formel, il s'agissait d'un concert de charité, avec spectacle bénévole et dames patronnesses, et l'image s'est faufilée où elle a voulu — de même que j'associe d'une certaine façon ce lieu, dans Broadway, sur la droite en descendant et un peu après la Quatrième Rue (sauf que pour moi tout semble s'être passé juste après la Quatrième Rue, quand ce n'est pas juste avant) avec la scène où je me retrouvai exposé en public un peu plus tard, au cours de la merveilleuse démonstration du Signor Blitz, le prestidigitateur incomparable, qui, alors que j'assistai à son spectacle avec William James et le fréquent compagnon de notre enfance "Hal" Coster, profita de mon innocence pour m'amener à monter sur scène et là, pour me couvrir de la honte de ma pauvre incapacité à faire le calcul arithmétique de ses soustractions, ou additions, ou divisions de mouchoirs et de cartes à jouer ; paralysie de l'esprit au sujet de laquelle, encore une fois, et avec le même triste désespoir, je revois la timide télégraphie du soulagement de mes compagnons, leurs ricanements et leurs mouvements de lèvres et les indications numériques de leurs doigts levés, m'atteindre des bancs.

Le second cas précis lié à Dickens est la Smike de

Miss Weston — dont j'ai oublié le prénom dans ma frivolité (je crois bien pourtant que c'était Lizzie) mais qui fut ensuite Mrs. E. L. Davenport et puis, à la suite de quelque différend ou bavardage public, Mrs. Charles Matthews — dans une version de *Nicolas Nickleby* qui réussit sans aucune grâce à n'être qu'un mélodrame pleurnichard, d'enfants abandonnés depuis longtemps, de méchants Ralph Nickleby et de sombres Arthur Gride, et autres scélérats confondus, et avec pratiquement pas de Crummles et de Kenwigs, et encore moins de Squeers ; bien qu'il ait dû y avoir un peu de Dotheboys Hall pour la vraie tragédie de Smike et pour les effets rustiques du Yorkshire, précieuse valeur théâtrale, de John Brodie. Indélébile fut l'angoisse, en ce tendre âge, du protégé affamé, déguenillé, servile et geignard de Nicolas ; compte tenu du souvenir que j'en ai, qui, à travers les ans, pourra nier au théâtre son immense autorité ou oublier que la scène est le plus puissant des moteurs modernes ? Telle devait être, au moins, la force de l'empreinte de Dickens, de quelque manière qu'elle fût appliquée, sur la tendre argile de notre génération ; elle devait résister si sereinement au flot des vagues du temps. Etre ainsi élevé au contact de son auteur, ou pour ne parler que de l'éveil de la jeune conscience que nous en avions, de sa présence et de son pouvoir, c'est commencer à fouler un sol jadis sacré et sans bornes, dont les associations, se dessinant au premier plan, nous mettent en garde alors même qu'elles survivent. Il fit trop pour nous, c'est sûr, pour jamais nous laisser libres — libres de juger, libres de réagir, et même si nous le voulions, que le ciel nous en préserve : il apposa sa main sur nous de manière à ébranler, comme dans aucun autre cas, la force de l'estimation désinvolte. Nous réagissons envers les autres productions d'ordre général sans pour autant les "aimer" moins, mais d'une certaine façon, nous aimions Dickens d'autant plus qu'il avait perdu la moitié de son droit à l'appréciation. Ce processus tient au fait qu'autour de lui la critique est plutôt futile et de mauvais goût. Son propre goût est aisément contesté, mais

Dickens pénétra si tôt les tréfonds de notre intelligence que son goût demeura toujours meilleur que celui des examens critiques. Quand je reprends Dickens aujourd'hui et que je m'aperçois que je reste sur ma réserve, je m'arrête tout simplement : non pas de rester sur ma réserve, en fait, mais de continuer, et par simple crainte de le faire ; ce qui ressemble, je le reconnais, à la lecture, à la reprise des choses les plus ténues. Je ne reprends pas, je ne voudrais reprendre pour rien au monde ; ne voudrais, c'est-à-dire, avec le trésor amassé dans la chambre poussiéreuse de ma jeunesse, laisser entrer l'air intellectuel. Elle est heureuse, la maison vivante dans laquelle de telles chambres existent encore, même lorsque le courant d'air de l'intellect souffle dans les couloirs. Nous étions pratiquement contemporains, contemporains des publications, ces numéros mensuels palpitants — justement ; ce fut pour nous une chance et constitua en soi quelque chose de romantique, sur quoi rien, jusqu'à la fin, ne réussit à mettre la main.

Toute cette question tient pour moi en une seule petite réminiscence, bien qu'il y en ait encore d'autres : la fois où je fus envoyé au lit un soir, dans la maison de la Quatorzième Rue, alors que j'étais tout petit, à une heure où, dans la bibliothèque et à la lumière de la lampe, un des grands cousins d'Albany, le plus jeunc de quatre orphelins, adoption des plus extravagantes de ma grand-mère, avait commencé à lire à haute voix à ma mère le nouveau, ce devait être le premier, extrait de *David Copperfield*. J'avais feint de me retirer, mais m'étais seulement caché tout près, dans l'ombre propice d'un paravent ou des pans d'une nappe, derrière lesquels replié et collé au tapis, je retenais ma respiration et écoutais. J'écoutai longtemps et bus à longs traits tout le temps que se développa la merveilleuse image, mais la corde sensible finit par se rompre sous la pression des Murdstone, et je laissai éclater des sanglots de compassion qui révélèrent mon subterfuge. Je fus cette fois effectivement banni, mais le pli pris alors fut ineffaçable. Je me souviens bien sûr d'avoir, juste après, trouvé la suite, en particulier la vaste expulsion des Micawber, au-delà de mes réelles facultés ; il fallut quelques années pour les adapter — années pendant lesquelles la contagieuse conscience générale, et sans parler de la réponse de notre propre maison, souffla pesamment sur *Les Temps difficiles, Bleak House* et *La Petite Dorrit* ; les graines de notre connaissance avec *Chuzzlewit*, et *Dombey et C°*, qui suivirent de très près, je découvris qu'elles avaient déjà été semées. Je devais découvrir que je venais de naître à une riche sensibilité, sous le méridien de référence[1] ; il ne germait pas en ces années-là de récoltes de repères tout trouvés comparables à la moisson d'or de *Copperfield.* Pourtant si je devais attendre avant de parvenir à la plus heureuse de ces reconnaissances, je m'étais déjà plongé dans *Oliver Twist* — encore que je ne sois pas certain du lien de cette expérience avec celle que je viens de rappeler. Quand Oliver fut une nouveauté pour moi, en tout cas, c'était déjà une chose ancienne pour mes aînés ; et leur vision de ses aventures et de ses révélations particulières a dû être affectée, je crois, en outre, par l'étonnement public et vigoureux que je manifestais à cet égard. C'était une manifestation désapprouvée — pour une innocence d'enfant, je pense ; à moins, bien sûr, que le souvenir d'avoir apprécié cet ouvrage, par bribes saisies par intermittence dans une autre maison, même de la famille, ne soit essentiellement dû à l'existence là-bas de la splendide édition de George Cruikshank, dont notre environnement immédiat était dépourvu. Il s'agissait peut-être même plus pour moi de Cruikshank que de Dickens ; c'était une chose dont les terribles images étaient très vivantes, et toutes empreintes de cette spécificité propre à Cruikshank, à savoir que les fleurs ou les cadeaux offerts, les scènes et les personnages censés apporter joie et réconfort, prennent sous sa main un aspect encore plus subtilement sinistre, ou plus suggestif d'étrangeté, que les franches horreurs et méchancetés.

1. Greenwich, celui du Londres des romans de Dickens. (N. d. T.)

Les bonnes gens et les moments de bonheur, sur les gravures, m'effrayaient presque autant que le vil et le gênant ; ce qui, toutefois, ne faisait pas moins de ces ouvrages une source d'attraction vers ce haut et vieux salon carré, juste à l'ouest de la Sixième Avenue (comme nous, dans la même rue, y étions apparentés) qui formait, avec un certain romantisme, l'autre moitié de notre univers domestique et offrait à nos petits pas curieux un espace et un privilège plus vastes. Si le Dickens de ces années-là, comme je viens de le nommer, était communément pour l'imagination le grand sujet d'actualité, je le retrouve donc tout à coup en force comme parfaitement représentatif de conditions dans lesquelles il ne fut qu'indirectement impliqué.

Car l'autre maison, celle que nous fréquentions le plus après la nôtre, était celle de notre cousin Albert, encore un de ces bienheureux orphelins, bien qu'il s'agît cette fois de parents de notre mère ; et si j'avais coutume, comme j'y ai fait allusion, d'attribuer aux orphelins, *parce qu'ils étaient* orphelins, un charme dû aux circonstances, un décor nécessairement plus plaisant que le nôtre avec un père et une mère, il se répandait donc autour de ce camarade désigné, perfection du type, d'autant plus qu'il était le seul à n'avoir ni frère ni sœur, un air de possibilités qui, bien qu'assez indéfinies, n'en étaient pas moins vives. Il devait représenter, le temps venu, pauvre jeune homme, certaines de ces possibilités — celles qui à l'origine avaient été pour moi les plus vagues ; mais établir sa situation d'après ce que je vois maintenant n'est pas tant m'étonner qu'elle m'ait parlé avec une liberté insensée, qu'apercevoir les éléments d'une image riche et harmonieuse. Le cadre était toujours là, il y a encore peu de temps, lézardé et vide, brisé et béant, comme ces quelques autres, issus de la croissance excessive de la scène générale, que ma récente quête avait découverts ; et ceci m'a d'une certaine manière aidé à venir y remettre les vieux personnages et cette vieille et longue histoire, racontée avec un art excellent. Nous avons bien connu les personnages tant qu'ils vécurent et avons eu avec eux les plus heureuses relations, mais sans faire justice à la vérité de leur silhouette, à la félicité de leur caractère, à leur force d'expression et à leur fonction, surtout à l'harmonie naturelle dans laquelle ils évoluaient. Tout ceci revit devant mes yeux intéressés, et j'admire comme jamais auparavant les subtils dons artistiques du destin. La tutrice de notre cousin, naturelle et légale, était sa tante, son unique tante, qui était la cousine de notre mère et de notre propre tante, en fait *notre* unique cousine à nous, d'autant plus que nous nous sentions proches d'elle sur le plan de la parenté et de l'affectivité ; et toutes les trois, filles de deux sœurs seules et très unies, avaient été élevées tellement ensemble que tous leurs gestes et toutes leurs inflexions semblaient être issus de la même lignée et du même nid. Ainsi, la cousine Helen de notre jeune horizon n'était autre que la sœur Helen de l'époque de notre mère, précisément, et était à peine moins une brave et corpulente présence et un caractère énergique pour la jeune génération que pour la vieille ; célèbre ici surtout, pour ses belles et anciennes qualités de clarté et de franchise. Je vois dans sa solide simplicité, celle d'un monde plus vieux et plus calme, d'un New York aux meilleures manières, avec une meilleure morale et des convictions plus simples, tous les éléments d'un portrait dessiné par un grave Hollandais ou un autre maître en quête de vérité ; elle présente certains des traits caractéristiques : honnêteté anxieuse, humour modeste, mains croisées au repos, sérieux et séduisant vêtement sombre, importante coiffe artistiquement arrangée, presque le signe d'une guilde ou d'un ordre, que l'on retrouve dans les portraits de notables de jadis, quel que soit leur sexe, qui ont eu, pourrait-on dire, le courage de leur caractère, et qui les habilitent à avoir leur place dans les grandes collections. Je note avec satisfaction qu'elle était d'une bonté zélée et active, et j'ai le souvenir très vif à la fois que personne ne fut jamais meilleur, et que sa bonté témoigne d'une certaine façon de l'esprit général d'une société, un remarquable assemblage de convenances intimes. Pour mon imagination, sa valeur réside peut-être même surtout dans sa seule cohérence avec le lieu, sa bonne vieille ignorance et rigueur new-yorkaises. Ses traditions, peu nombreuses mais rigides, s'étaient formées là, près d'elle — elles étaient tout ce dont elle avait besoin, et elle vivait auprès d'elles avec candeur et courage. Qu'il y ait eu des personnes pour si peu mettre en question le devoir, aide à montrer comment les sociétés évoluent. Une quantité proportionnellement petite de conviction absolue à ce propos portera, d'après ce que nous en discernons, un énorme poids mort en comparaison. Elle était bien sûr tout aussi soucieuse du sien que s'il avait jamais été mis en question — ce qui prouve peut-être qu'être dépourvu d'imagination quand on est quasiment dépourvu de tout, contribue à peine plus au bien-être qu'en avoir trop, ce qui ne contribue d'une certaine façon qu'à une liberté sans foyer ou même au pire à une véracité douteuse. Avec une grande conscience bien assise, un brin de pouvoir imaginatif devient une vertu — c'est l'huile qui permet d'actionner la machine grippée.

Pourtant, cette vie de rigueur étroite, si clairement installée sous nos yeux, ne prenait pas toute la place dans l'autre maison, la maison de l'Oliver illustré et intermittent, bien qu'il y eût moins de livres en général que dans la nôtrc, aux plus belles proportions, aux espaces moins peuplés (il n'y avait que trois personnes pour les remplir), et aussi aux portraits de famille plus enturbannés et poudrés, l'un de ceux-ci, le plus ancien, un "pastel français", qui avait dû être charmant, d'un jeune ancêtre qui avait dû mourir au cours de son voyage en Europe. Par contre, il me semblait qu'un vaste univers marginal entourait ce neveu adolescent, qui était, d'après mes estimations, mon aîné de trois ans environ, et avait d'autres horizons et d'autres perspectives que nous. Pas question "d'Europe" pour lui, mais d'une connaissance patriotique du Sud et de l'Ouest, ou de ce qu'on appelait alors l'Ouest — il fallait "d'abord qu'il voie sa patrie", et il nous faisait des clins d'œil pendant qu'il s'y appliquait ;

pourtant, malgré les différences, il y avait entre nous une proximité et une fraternité si proche et si naturelle que les prolongements de son univers et les charmes de sa situation représentaient d'une certaine façon les limites humbles des nôtres. Il ne fréquentait ni nos écoles ni nos hôtels, mais évoluait hors de notre vue dans un autre air éducatif que je ne saurais préciser maintenant, et possédait dans un endroit perdu et sauvage de l'Etat une vaste propriété, connue sous le nom de Beaverkill, où, bien loin de s'y faire emmener par son oncle et sa tante, c'était lui qui se faisait un plaisir de les emmener, et où il avait la vanité de nous inviter aussi, William James et moi, nous faisant remarquer de ce fait, néanmoins, bien qu'assez indirectement peut-être, le plus bel exemple de puérilité que nous devions connaître dans cette fameuse façon d'accepter l'inévitable. Il était apparemment inutile de penser que faute d'inévitable nous devions accepter l'invitation ; il s'agissait d'un endroit tout à fait sauvage, à une distance incalculable, que l'on atteignait de la gare, au bout d'une pénible journée de route, exposés à tous les dangers des flots et des champs, y compris les ours rôdeurs et la probable perte d'un membre, dont il existait de tristes exemples, résultats de mouvements de faux et de haches ; mais nous, évidemment, ne mesurions notre privation qu'à ces faits, et grandissions, d'autant que nous grandissions alors, avec la conviction que des plaisirs sans prix nous avaient cruellement été refusés. Moi, en tout cas, je grandis assez pour me demander si quelqu'un comme le pauvre Albert, tel qu'il se développa d'emblée aux yeux anxieux des aînés, n'aurait pas plutôt pu saper l'approbation ; son agréable visage idiot et son curieux air embarrassé d'être soupçonné ou accusé pour des raisons moins vagues pour lui que pour nous, auraient très bien pu passer pour des symptômes de la voie, de la "manœuvre", qu'en définitive il allait suivre. Je ne pouvais qu'imaginer qu'il avait la constitution idéale du *fils de famille** ; non pas que je pusse alors le désigner sous cette appellation, mais parce que je sentais qu'il devait appartenir à une classe spéciale et importante, qu'il formait en fait à lui tout seul. Tout convenait parfaitement, en vérité, à de telles félicités — pour n'en parler qu'en terme de valeurs dramatiques ou picturales ; puisque si pendant tout ce temps nous assistâmes plus à un drame que nous ne le savions, il me semblait donc au moins deviner que scène et personnages étaient là, sans exclure le chœur, et j'ai dû d'instinct sentir qu'ils étaient, on ne peut mieux, adaptés. Je revois les acteurs se mouvoir dans des pièces hautes et plutôt sombres — il s'agit toujours de lumière hivernale, de lumière crépusculaire, de la lumière du feu, de la lumière des lampes ; chacun dans son rôle, et en parfait accord avec l'image, ce qui donnait une impression de plénitude sans qu'il y ait jamais beaucoup de monde.

Cette composition dut attendre un peu, au tout début, avant de trouver son véritable centre, ayant été selon ce point de vue personnel que je nourris donc, un peu encombrée par la présence des plus âgés de nos parents, la plus vieille personne que je me rappelle avoir connue parmi mes familiers — si on peut appeler familier le fait de se tenir en retrait par crainte d'aussi étranges preuves du temps écoulé : notre grand-tante Wyckoff, la sœur aînée de notre grand-mère maternelle, je crois, une image vivante d'antiquité, comme je la revois aujourd'hui, que je ne devais jamais voir surpassée. Je la revêts dans cette vision de toutes les qualités d'une idole, ce qui ajoute peut-être encore au vénérable — solidement assise ou trônant même, coiffée d'un bonnet, emmitouflée et bordée, protégée par les grandes oreilles en saillie de son fauteuil qui semblaient l'enchâsser, et avec un grand visage dans lequel l'étrange noirceur du sourcil et quelques autres touches suggéraient les signes classiques d'une image peinte. Elle exprimait ses désirs comme le font les divinités, car je ne recouvre de sa présence ni son ni mouvement, ne me souvenant seulement, d'après les descriptions de ses compagnons, les pieux officiants, qu'elle avait "dit" ceci ou cela alors qu'elle n'avait pas parlé du tout. Etait-elle réellement, comme elle le paraissait, si vieille que cela, si vieille qu'il avait fallu que sa fille, Helen, la cousine de notre mère et la nôtre, se rendît auprès d'elle à un âge mûr pour le prouver, ou bien à cette époque le grand âge arrivait-il plus tôt et se manifestait-il par un laisser-aller de l'apparence et du vêtement, n'accompagnant la décrépitude intrinsèque que de façon plus complaisante et soumise et, pourrait-on dire, plus abjecte ? J'ai fait mon choix parmi ces hypothèses, chacune à sa manière présente un si vif intérêt que c'est tout juste si je sais quoi préférer, bien que j'aie peut-être un léger penchant pour l'idée d'ancestralité. Si la tante Wyckoff avait, comme dans mon premier souvenir, à peine plus de soixante-dix ans, disons, cette pensée m'emplit d'une espèce de joie, joie que nous devons à cet effet moderne, en général bien plus grand et plus noble de durée : qui ne voudrait pas plus subtilement s'efforcer d'obtenir cet effet et, faisant cela avec intelligence, mieux y parvenir que ceux qui ne s'interrogent pas sur le destin ? — dans leur cas la morale se résume sans doute au fait que, s'ils abandonnèrent trop tôt et trop facilement, nous, témoins plus sages, pouvons inverser le processus et nous battre sur le terrain. Mais je présente mes excuses à la lourde ombre en question si elle avait vraiment vidé, chose concevable, sa coupe jusqu'à la lie, et d'ailleurs je me plais assez à le supposer, si riche et étrange est le plaisir de trouver réponse au passé — par-dessus tout au Passé — sous son doigt, ce qui est notre seul moyen d'en être sûr. C'était bien le Passé que l'on touchait en elle, le passé américain d'une incroyable et prépondérante singularité ; et immense semblait-elle, cette chance d'aider à la continuité pour cette lointaine extrémité.

X

Ce fut en tout cas la disparition de cette bonne dame qui dégagea manifestement le terrain — le dégagea en vue de ce combat long, lent et prolongé avec lequel, je m'aperçois, rien ensuite ne devait interférer. Elle était restée assise là sous le portrait de son vieux père rigide, auquel le sien, de l'autre côté de la cheminée, faisait agréablement pendant ; mais ces présences n'agirent, à partir de cette époque, qu'avec une réserve circonspecte. Image courageuse, accomplie, et clairvoyante de ces qualités, dont il vient d'être question, en particulier, que celle d'Alexander Robertson, que nous avons déjà mentionné, dont je retrouvai récemment une pâle et réduite réplique du portrait (le vraiment bel original, à ce dont je me souviens, ayant depuis longtemps disparu) dans une pieuse institution qu'il fonda, où, après moultes poussées vers le nord et quelques confortables aménagements, il continue à vivre dans un monde qui ne le connaît pas et dont il n'a pu que rêver certaines des grandes améliorations. Du monde qu'il a personnellement connu, il restait encore une ou deux caractéristiques ; la légende de ses arpents et de ses intérêts locaux, de même que sa solide présence parmi eux, étaient chez nous considérablement appréciées, même si pour nous personnellement les restes de son mérite n'offraient qu'un maigre festin auquel participer. Ils devaient, par quelque injuste tour du destin, tous aider à constituer l'héritage de notre jeune parent, *le fils de famille**, orphelin et pupille, dont le père, Alexander Wyckoff, fils de notre grand-tante et un des deux frères de la cousine Helen, m'apparaît à peine perceptible à travers cette brume de mauvais augure qui précéda la pire visite du choléra que devait connaître la ville de New York. Alexander, jeune veuf victime de cette visite, que j'imagine en somme avec une calvitie prématurée, de courts favoris noirs, un déploiement de légers gilets et une innocente affectation dans ses manières, semblait surtout avoir "reçu" les valeurs en question, qu'il s'empressa de transmettre à son petit garçon sans maman et qui étaient appelées à se développer si généreusement. Il y a des indices que j'ai simplement perdus, ne parvenant absolument pas à comprendre aujourd'hui pourquoi les fils de la tante Wyckoff auraient dû se distinguer avec autant de bonheur. Notre grand-oncle de ce nom n'est même pas pour moi un vague spectre — il avait disparu irrévocablement avant que je ne commence à observer les choses ; mais je maintiens, à juste titre, je crois, que ce n'était pas à sa personne qu'étaient attachés ces avantages. Ils avaient pu n'être transmis à notre grand-mère qu'à un moindre degré — sinon nous en aurions été bien mieux conscients. Il me revient que ce dont nous étions quelque peu parvenus à être conscients s'était pratiquement envolé en fumée : j'entends encore quelque triste allusion à des "terres," apparemment dans la campagne environnant Beaverkill, qui étaient revenues à ma mère et à sa sœur comme part de l'abondance de leur grand-père Robertson, au nombre des parts réparties ensuite entre leurs quatre frères, pour être simplement sacrifiées plus tard à une estimation insuffisante. Il est dans la nature des "terres" éloignées, et dans des régions imparfaitement mises en valeur, de toujours paraître immenses, et moi, en tout cas, je nourrissais le sentiment que nous aurions dû être de grands propriétaires, dans ces lointaines étendues sauvages, si seulement nous nous y étions davantage intéressés. Nos intérêts étaient essentiellement urbains — ce n'est pas certes que cela eût été d'un bien grand secours. Quelque chose du mystère des arpents disparus flottait pour moi autour de mon oncle maternel, John Walsh, le seul qui semble avoir été, en ce qui concerne ces vagues possessions, le plus sur le terrain, mais j'ai trop grossièrement raté l'occasion d'apprendre de lui ce qu'elles étaient devenues.

Non pas qu'elles l'aient vu, *lui*, pauvre homme, vraiment plus, ou que j'aie eu un sens aigu de l'opportunité ; je ne saisis que deux ou trois projections de lui, et seulement une de lui debout, vraiment à son aise : je le vois devant le feu dans la bibliothèque de la Quatorzième Rue, robuste, les cheveux noirs et raides, et comme si Beaverkill l'avait vraiment marqué de son sceau, mais rasé de frais, en "cravate" et en redingote — je l'entends peut-être encore mieux que je ne le vois s'étendre sur le sujet alors vaste de Jenny Lind, il semblait être sorti de ses espaces sauvages pour l'écouter et je me souviens avoir pensé (quel étrange petit critique je devais commencer à être) que l'appeler "Miss Lind" dénotait chez lui la présence de ces étendues sauvages ; bien que je voie mal, et aie dû encore moins voir alors, quelle autre expression il aurait pu utiliser. Le reste des impressions que j'ai de lui est teinté de cette ancienne pitié — celle de notre réponse si bien exercée en ces années-là, au triste cas général de nos oncles, tantes et cousins, obscurément affligés (les oncles en particulier) et trop tôt emportés. Souvenir aigu pour moi, que cette visite, un sombre dimanche après-midi d'hiver, à Clinton Place, dans la maison de mon oncle Robertson Walsh, alors chef de la famille de ma mère, où l'infortuné frère cadet gisait à l'agonie ; qu'on m'emmena voir tout en haut de la maison, et dont le destin, à son inexorable et funeste crépuscule, étendu là, au milieu des odeurs de tabac et de médicaments, ou de quelque forte drogue particulière, dans une des chambres de ce que je me rappelle comme d'un grenier mansardé, éloigné et délaissé, qui était peut-être en fait l'endroit indiqué pour se reposer, devait me laisser une impression durable. Tous les oncles, des deux côtés, devaient en arriver, semble-t-il, tôt ou tard, à mourir, plus ou moins sous nos yeux, pour de tristes raisons ; et pourtant leur histoire dans l'ensemble, pour autant qu'on puisse l'interpréter, ressemblait à l'histoire de la vie. J'ai en tout cas compris que John Walsh, célibataire, solitaire et aimablement sourcilleux, avait été sacrifié aux lointains arpents des Robertson, qui, pour leur part, avaient été sacrifiés à je n'ai jamais su quoi. Là où ma divagation m'entraîne, néanmoins, c'est vers ce banquet des Barmécides d'un autre territoire de même *provenance**, qui nous était toujours servi en face de l'autre maison, d'où il s'étendait, du côté nord de la rue, jusqu'à la Sixième Avenue ; bien qu'ici nous dussions bientôt le voir rétréci à l'angle, par une structure qui devint ensuite notre prosaïque école new-yorkaise. Cet édifice, maintenant consacré à d'autres usages, mais d'une aussi vaste insignifiance, laissait encore libre à l'exploitation, à l'époque, un territoire urbain dégagé, et, selon l'histoire qui me fut transmise, notre arrière grand-père, qui vivait près de Battery, avait sa maison de campagne, ou pour être plus exact, sa ferme à cet endroit-là, entourée de larges terres. Bien que cet espace ait rétréci, il en reste une partie — en particulier une parcelle que je me rappelle, bien que dans un vague extrême, avoir été proposée au public comme débit de thé ou café de plein-air, lieu de danse et de chant et d'autres formes d'une gaieté assez inefficace. La conversion ultérieure du site en locaux occupés par le French Theatre, je pus la noter plus distinctement ; ayant assisté pendant l'hiver 1874-75, non sans un certain léger détachement, pourtant, à une série de représentations plus ou moins exotiques, et admiré en particulier, la grande et difficile virtuosité de Madame Ristori, et l'instinct infaillible pour l'emphase déplacée de Mrs. Rousby, alors très acclamée, (j'entends encore la voix assurée "Grande dame, grande dame !" d'un ami connaisseur rencontré en sortant) et la corpulente fidélité à un jeu perdu d'avance, ainsi qu'à une vérité pas vraiment mesurable entre nous, du défunt, le tout simplement lugubrement-comique, l'abominable John Toole.

Ce ne sont que de vacillants fantômes, même si ce drame de la scène toute proche sur laquelle je viens de jeter un regard, me renvoie ses agents avec une intensité plus aiguë. Car la longue action débuta, comme j'y ai fait allusion, avec la mort de la tante Wyckoff, et, si elle prit plutôt le temps d'abord de se développer, elle conserva jusqu'à la fin, qui atteignit son achèvement définitif il y a seulement quelques années, la plus subtile logique et unité ; avec la cousine Helen, qui se détachait magnifiquement, pour héroïne ; avec le pâle et aventureux Albert pour héros, ou jeune protagoniste, un peu certes à la façon d'un petit Oreste new-yorkais tyrannisé par les Furies ; avec deux confidents sous les traits en premier du hautement respectable mais tout à fait négligeable mari de l'héroïne, et, en second, de cette amie intime et presque sœur, notre admirable tante ; avec le frère cadet d'Alexandre, surtout, le bizarre, l'excentrique, l'attachant Henry, pour l'intérêt, pour ainsi dire, du jeu. Voici donc comment, pour les spectateurs, se répartissaient les personnages ; les trois principaux, sur la grande scène — elle devint le champ de propagation de tels enjeux — bien en avant, et les deux personnages secondaires, tout de sympathie et de zèle, prompts à commenter et aux riches résonances, évoluant à l'arrière-plan, répondant au moindre appel et accourant au moindre geste : ceci étant plus particulièrement vrai bien sûr de notre tante, qui était tout sauf insouciante, bien moins un récipient passif qu'une coupe constamment pleine, et elle-même destinée à devenir un éminent agent, presque la *dea ex machina*, du dernier acte de l'histoire. Son collègue des premières périodes (bien que je doute qu'elle ait reconnu son droit à ce titre), je le désigne plutôt comme étant le mari de notre sérieuse cousine que comme notre parent même par politesse ; puisqu'il était "Mr." pour sa propre femme, pour qui la crainte de libertés prises en général incluait même celles qu'elle aurait pu s'autoriser : il ne s'était pas du tout, comme les autres dans son cas, créé de liens familiaux avec nous par son mariage, ceci étant apparemment plus de sa faute que de la nôtre. Son prénom, qui ne devait certes pas être utilisé, était encore moins un ornement — ce qui concordait avec les limites ressenties autour de lui de conseils à mentionner et avec le fait qu'aucun homme n'aurait pu, dans son voyage à travers la vie, être désigné ou apostrophé avec moins d'ardeur. S'il existe des gens pour lesquels le "Mr." n'apparaît absolument jamais, il y a également ceux chez qui il ne disparaît jamais ; mais certains le conservent surtout à cause de la grandeur et d'autres, assez bizarrement d'ailleurs, à cause de la petitesse de leur importance. Le sujet de ma présente référence, tel que je le revois, néanmoins — c'est-à-dire en dépit de sa place dans ce dernier groupe — facilite beaucoup ma documentation ; tellement parfaite et conséquente devait être la nuance de sa nullité. A cette valeur, si l'on peut parler de valeur, se rattache presque toujours une question de degré et de position : avec les apparentés, avec un membre de la famille, le zéro peut représenter un nombre — et le zéro négligé est surtout, d'ailleurs, pourvu d'une conscience et sujet à l'irritation. Pour ce pâle petit gentleman, le parfait gentleman, aucun appel et aucune réparation, du début à la fin de sa carrière, ne furent demandés ou envisagés ou projetés ; jamais il ne put être question de savoir comment le traiter, ou comment *lui* pourrait le voir ou le ressentir ; il ne présentait aucun relief quel que fût l'angle, et restait ainsi après application de n'importe quel acide ou après exposition à n'importe quelle chaleur ; la seule identité à laquelle il pouvait prétendre, c'était de faire partie du consensus.

Pareil cas est rare — celui qui consiste à n'être aucun cas du tout, à n'avoir même pas l'intérêt de se plaindre de ne pas en être un : nous, d'ordinaire, relevons à l'occasion de tels ressentiments chez les opprimés — ils ont au moins parfois cette importance de sentir le poids de notre oppression. Le phénomène était ici tout autre — celui d'une platitude naturelle qui ne s'était jamais élevée au niveau de la sensibilité. Lorsqu'on vous a causé un tort, il peut être réparé, lorsque vous avez souffert, vous pouvez être consolé ; si vous contrôlez une bonne partie de la "scène", toute humble qu'elle puisse être, le drame de votre vie se joue, dans une certaine mesure, tout seul, avec pour conséquence logique que, toutes proportions gardées, vous en êtes le héros et devez absolument être considéré comme tel. Ne me laissez pas rêver à essayer de dire pour quoi la cousine Helen prenait son spectral époux, même si je pense que le trait le plus caractéristique de son portrait, fut qu'elle se garda toujours de nous le laisser savoir. C'était une personne sur laquelle vous saviez tout le reste, mais elle était d'une bienveillante impénétrabilité, et surtout ne réclamait nul dommage en raison des affronts qui lui étaient faits à lui. Elle ne savait vraiment rien de leur nature, pourtant elle-même put en être très blessée ou peinée — ce dernier mot, elle le prononçait à l'étonnante ancienne mode new-yorkaise si difficile à rendre. Elle recouvrait entièrement ce cas d'un manteau qui était pourtant bien plus certainement celui de sa réelle simplicité que le résultat d'une inconscience feinte ; je doute qu'elle ait su que les hommes pouvaient être aimables d'une autre manière que celle qui devait lui servir à supposer son mari aimable ; quand le moule et les hommes qui y étaient façonnés étaient très différents, elle ne parvenait pas, ou du moins elle craignait de reconnaître l'amabilité — même si *certaines* femmes (elles-mêmes aussi différentes que ces hommes très étranges !) pouvaient bien y arriver. Eût-elle été directement interrogée, il se peut qu'elle ait approuvé (telle était l'innocence de ces usages éteints de longue date) une société masculine à plus fortes doses et aux couleurs plus vives — sauf là où la consanguinité, et bien sûr le lien du mariage, auquel elle se soumettait entièrement, l'avait honnêtement imposée. Ce qu'il y avait de singulier dans le drame sur lequel je reviens, c'était que là, seule la consanguinité avait rendu le fardeau difficile et étrange, et de nature à s'en remettre aux grandes décisions et aux plans patients, même si les possibilités les plus alarmantes n'étaient pas impliquées. Je reconstitue encore et toujours bien entendu, mais les éléments n'étaient, du moins pour ma vision d'enfant, aucunement porteurs de mauvais présage ; si quelque lueur effrayante devait se profiler juste devant moi, je ne le sus que grâce à des renseignements très postérieurs. Ce qui dominait vraiment ma vision d'enfant, je crois, c'était l'image de l'époux spectral, le pâle petit gentleman, comme je l'ai déjà appelé, en train d'arpenter toute la longueur des deux grands salons, et de recommencer sans cesse, comme s'il s'était trouvé sur le pont d'un de ces navires qu'il avait autrefois fréquentés, comme "subrécargue" ou je ne sais quoi, dans d'étranges mers lointaines — d'après la seule légende qui lui soit attachée, hormis celle de la jeune audace d'avoir abordé, tel qu'il était, une femme aussi belle, et d'avoir eu la chance exceptionnelle de l'avoir abordée avec succès ; chance qui se répétait pour lui de manière surprenante, puisque la légende voulait aussi qu'il ait épousé et perdu avant elle, une jeune femme au-delà de ses mérites.

XI

Je rends, à proprement parler, à ce point, visite à Albert, qui, parfois, condescendait à s'intéresser à mes jeunes années — j'apprécie encore son aisance d'homme d'expérience en la circonstance ; mais mon hôte semble à l'instant précis m'avoir quitté, et je ne suis attaché qu'à la magnifique perspective dans laquelle "l'Oncle" (pour Albert aussi il n'était rien qu'un Oncle anonyme) va et vient ; la pièce de derrière, brune et assez haute, qui ouvrait sur d'élégantes extensions, à ce que je trouvais, donnait au fond sur une véranda couverte, à la saison, d'une treille "Isabelle" dont les grappes étaient accessibles et au-delà de laquelle s'étendait, plus loin, une "cour" qui était un vaste jardin, comparée à celle que nous avions à la maison ; je revois encore son petit dos arrondi, à la base duquel, derrière lui, s'entrecroisaient ses bras, et je sais comment sa tête chauve, avec pourtant des cheveux hérissés presque comme des petites cornes sur les côtés, est rejetée d'un air interrogateur, pour ne pas dire suppliant, vers l'avant ; j'assiste à son apparition, là où les belles vieilles portes de séparation en acajou ont été repoussées sur ce qui me semblait être des roulettes d'argent, dans la plus lumineuse quoique plus froide moitié de la scène, et je l'observe tandis qu'il finit par regarder un peu dehors, dans la Quatorzième Rue, en quête d'un événement remarquable, critiquable ou pitoyable, qui pourrait s'y produire ; et puis j'attends son fréquent retour, préalable à une nouvelle approche, loin d'être indifférent, avec toute ma naïveté, à ses découvertes ou ses commentaires. De toute façon, c'est la cousine Helen qui, de préférence, les relève, leur attachant l'importance qui leur revient, qui est pour le moment la plus grande qui puisse vraiment être attachée à quoi que ce soit au monde ; pour ma part, je m'occupais avec les traits distinctifs de notre compagnon-arpenteur — son long visage, légèrement chevalin, ses sourcils toujours relevés comme surpris par quelque inquiétude, et le jeu, si limité, d'un côté à l'autre, de sa tête extrêmement protubérante, un peu comme si à cause du rétrécissement dû au "lavage", les foulards qu'il avait l'habitude de porter et qui étaient roulés et enroulés par étapes successives, faisaient paraître son cou très long sans le rendre du tout épais, et se terminaient en apothéose par un nœud proportionnellement minuscule, exécuté avec le plus grand art. J'avais peu de chances de savoir à l'époque qu'il s'agissait là d'une aussi parfaite petite figure du vieux monde que toutes celles qui ont ensuite été notées là, tôt ou tard ; pourtant, si je ne l'ai pas, d'une certaine manière, "subtilement" ressenti, pourquoi suis-je maintenant si convaincu d'avoir dû avoir devant moi, dans le cercle familial, un chef-d'œuvre du grand Daumier, disons, ou de Henri Monnier, ou de tout autre promoteur alors contemporain, de Monsieur Prudhomme, ce béotien timoré dans un monde de dangers, avec qui je devais ensuite faire connaissance ? C'est à moi que je pose cette question, bien qu'elle puisse paraître d'importance négligeable ; mais il y a peut-être une réflexion plus opportune que toute réponse qui pourrait y être apportée. Je me surprends en train de revoir ce pauvre anonyme "Très cher", comme la cousine Helen se borna, toute sa vie, à l'appeler, à la lumière d'une image rendue par le génie français, et ceci, en vérité, ouvre des horizons. Je ne sais pas trop ce qu'elle n'évoque *pas* du point de vue de l'acuité, de l'intensité du type ; point de vue qui, à son tour, donne bien du fil à retordre à mon imagination, m'amenant à me demander surtout vraiment si une personne aussi marquée par cette image, n'a pas réellement dû être une personne tout à fait accomplie.

Ce degré d'accomplissement était certainement rare parmi nous — rare à une époque où le charme de tant de cousines et d'oncles, et de membres de la famille en général, devait se rencontrer dans leur si séduisante propension à se passer de toute forme d'accomplissement. Il se trouvait qu'ils étaient aimables, et charmants ; mais — je crois avoir déjà posé la question — que serait-il advenu de nous tous s'ils n'avaient pas été ainsi ? Question dont le frémissement n'aurait jamais été suggéré par la présence que je considère actuellement. Lui aussi était doux et affable, précisément — et bien sûr, je vois tout cela comme un monde assez peu porté à l'arrogance ou à l'insolence, ou à toute exigeante et haute prétention ; mais plus je pense à lui (même au risque de trop y penser) plus je discerne en lui un ton et une manière qui désapprouvaient la fruste désinvolture. Ceci était déjà largement dans l'air, mais s'il n'avait pas parlé d'un ordre dans lequel les formes comptaient encore, on n'aurait peut-être pas trop remarqué qu'il y en avait jamais eu. Il m'apparaît par conséquent, qu'il en apportait le témoignage — et tout à fait admirable peut-être ; je me souviens de sa voix et de sa façon de parler, qui n'étaient pas du tout celles de *ce* New York *là*, et avec l'écho, aussi faible soit-il, arrive l'étonnement de savoir où il avait donc bien pu prendre ces choses-là. C'étaient, en tant que formes, des choses précises et bien arrêtées ; de quelle plus subtile civilisation étaient-elles descendues jusqu'à lui ? Méditer cela, ne serait-ce qu'un tout petit peu, revient en vérité, comme je l'ai dit, à ouvrir des horizons — des profondeurs de l'un d'eux filtre la plus curieuse des questions. N'était-il pas possible en conséquence que nous tous, ayons eu tort, et que le pâle petit gentleman, le seul d'entre nous, ait eu raison ? N'était-il pas possible que sa fidélité à un type ait été une chose, que nous, qui étions surtout atypiques, ne perçûmes ni n'appréciâmes ? — de sorte que, ce qui est concevable, s'il ressentit et évalua la situation et choisit simplement d'être affable et réservé, et de garder son opinion pour lui, il fut un héros sans laurier aussi bien qu'un martyr sans couronne. La lumière de cette hypothèse est, néanmoins, trop vive ; je l'éteins, je m'arrache à cette vision — ne notant du reste que l'unique élément de son histoire qui, tel que je le saisis, échappe à toute ambiguïté. Le jeune Albert, ai-je signalé, devait résister avec succès pendant toutes ces années à cette sollicitation de "l'Europe" à laquelle notre propre réponse, tant comme solution générale que particulière, ne cessait d'éclater en chœurs de lamentations ; mais l'autre maison nourrissait néanmoins des projets si sérieux qu'ils pouvaient invoquer la dignité d'une patience et d'un silence relatifs. L'autre maison n'avait pas d'ambitions pour les langues, mais elle ambitionnait "le Grand Tour", ce dont la nôtre était pour de nombreuses raisons incapable. Ce ne fut qu'après des années, et quand d'interminables choses se furent produites — Albert ayant longtemps auparavant, en particulier, complètement retiré sa mise et étant ostensiblement sorti du jeu — que la grande aventure fut jouée, avec pour effet, une des plus vivantes illustrations de l'ironie du sort. Ce qui avait surtout traversé ce rêve pendant des années, ce fut la légende, enfin presque antédiluvienne, de la "Wanderjahre" du pâle petit gentleman dans sa jeunesse, cette expérience de mers et de pays lointains, qui n'en trouverait une application pas moins vivante qu'elle avait eu longtemps à attendre. Elle avait dû attendre, à vrai dire, un demi-siècle, pourtant son assurance n'en avait apparemment pas souffert quand New York, en ce jour heureux, commença à s'éloigner. L'Europe avait ses surprises, et qui sait dans quelle mesure elle ne pouvait pas au bout d'un demi-siècle avoir eu ses chocs ? La réalisation du vieux rêve provoqua en tout cas une rupture de la corde sensible, et cet ancien personnage illustre avec lequel mon imagination, dans la plus tendre des intentions, a ainsi joué, ne débarqua en Angleterre que pour se laisser aller au dernier de ses regards surpris, que pour jeter autour de lui un œil vaguement désapprobateur et tout abandonner. Il ne descendit à terre que pour mourir ; mais le "Grand Tour" fut toutefois poursuivi — la cousine Helen elle-même, avec ses ressources personnelles, sociales et financières qui n'avaient rien à envier à personne, l'accomplit de manière triomphale, bien qu'elle en éprouvât comme une sensation de scrupule fermement maîtrisée.

Mais ceci m'a mené bien en dehors de l'autre maison, de sorte que je rapetasse, d'un coup, cette scène primitive de son double tutorat à laquelle assistait mon jeune étonnement. Il me sembla même alors, je crois, que si Albert était, aussi romantiquement, à la charge de sa tante — ce qui créait une relation parfaitement indéfinissable — son oncle Henry, cet étrange frère, était donc aussi plus ou moins sous la tutelle légale d'Helen, et pas moins, bien qu'il fût de beaucoup l'aîné d'Albert. Dans ces faits et dans le caractère de chacune des trois personnes concernées, résidait le drame, qui avait dû plus ou moins démarrer, comme j'y ai fait allusion, lorsque Henry le benêt, à une date que je crois avoir saisie, émergea définitivement de la vie campagnarde — Beaverkill n'avait que pour une certaine durée protégé, ou promu, sa simplicité — et qu'il commença, de son côté, à arpenter le champ bien fatigué qui séparait les fenêtres de la Quatorzième Rue de la véranda aux raisins "Isabelle". Je le vois là moins nettement que son collègue-piéton, seulement parce qu'il devait ensuite prendre de beaucoup plus importantes proportions, tandis que son compagnon, même s'il était encore présent, devait chétivement rétrécir et disparaître. Il n'y a qu'à cette date tardive que je conçois pour ce compagnon une éventuelle histoire ; les annales de Henry le benêt, par ailleurs, gagnèrent en intérêt dès qu'elles commencèrent à devenir quelque peu intéressantes. Ce qui se produisit dès que l'on comprit le fondement et certains des traits de sa tutelle. A la base de tout cela, tout inoffensif qu'il semblait, on ne pouvait pas lui faire confiance ; je me souviens combien cette vérité parut bientôt de mauvais augure, tant à la lumière de son intense amabilité qu'à celle de la certitude absolue de sa sœur Helen. On ne pouvait lui faire confiance — c'était le seul fait absolument manifeste le concernant, mis à part le fait qu'il fût si gentiment descendu du lointain Beaverkill pour nous régaler de cette parfaite démonstration, s'installant parmi nous avec respect et résignation pour en faire lui-même ressortir toute la morale. Il sembla, à partir du moment où nous avons réellement compris, ne pas faire plus, en ce domaine, qu'il ne devait ; il s'offrait à nos regards désobligeants, sur ce plan, avec une humilité, une tranquille courtoisie et une dignité instinctive qui me paraissent, rétrospectivement, tout simplement héroïques. Il avait lui-même accepté, après une suggestion insistante, cette épouvantable idée, et je le revois aujourd'hui, à la lumière du grand dénouement, différé pendant de longues années, mais assez éblouissant lorsqu'il survint, comme quelqu'un d'assez sublime lorsqu'il décida qu'il ne voudrait que personne ne se trompât sur son compte un jour trop tôt s'il pouvait vraiment l'éviter. Nous tous, en cette circonstance, nous serions sentis terriblement "dévalorisés" quant à notre sagesse et notre sens de la justice, tandis que lui se serait montré noble et exquis. Cela n'avait pas autant d'importance pour lui en soi ; que son véritable caractère fût reconnu n'avait pas d'importance ; donc il continua à faire semblant comme si c'était pour un nombre d'années infini — et en réalité, elles s'amoncelèrent : passer pour un dangereux idiot, ou du moins pour l'esclave de ses passions à partir du moment où il lui fut au moins donné les moyens de s'y livrer, était un moindre mal pour lui que de nous voir repris de manière offensantc. C'était en vérité unc situation extraordinaire qui aurait offert un sujet splendide, comme nous disions, au peintre de caractères, romancier ou dramaturge, qui aurait eu un don pour cela. Après avoir lu *David Copperfield*, je perçus une analogie — j'en fus même frappé au tout début : le cousin Henry était, plus ou moins, un autre Mr. Dick, tout comme la cousine Helen était dans son rapport avec lui, plus ou moins, une autre Miss Trotwood. Il y avait des différences certes : Mr Dick était un inoffensif fou chez cette dame, mais elle l'admirait et le séduisait ; les fous, de son point de vue généreux, pouvaient être des oracles, et il n'est pas de preuve, si mon souvenir est correct, qu'elle l'ait obligé à vivre chichement. Notre Mr. Dick n'était autorisé à s'adonner à ses passions qu'à raison de dix cents par jour, tandis que sa fortune, grâce à un soin admirable et consciencieux — la cousine Helen n'étant pas moins une judicieuse et fine femme d'affaires qu'une sœur dévouée — s'accumulait et grossissait ; en outre le pensionnaire de Miss Trotwood n'avait pas du tout le front perplexe et préoccupé, barré de ce pli soucieux, qui représentait la seule forme de critique que formulait le pauvre Henry sur son malheureux destin. Ils avaient en commun cette expression généreuse, calme et franche de ceux pour qui la vie a été simplifiée, et si Mr. Dick avait eu une fortune, il serait resté toute sa vie aussi vague au sujet de son montant que notre parent consentait à le rester. Les intérêts de ce dernier étaient dans l'agriculture, alors que ceux de son prédécesseur, comme nous nous en souvenons, étaient essentiellement historiques ; chacun, en tout cas, avait d'une manière générale sa Miss Trotwood, pour ne pas dire sa sœur Helen.

La Miss Trotwood du brave Henry vécut et mourut sans être un seul instant saisie du moindre doute quant à la légitimité de son autorité, et à ce qui se produirait si elle défaillait ; sa victime attendant de la manière la plus élégante qu'elle ait disparu pour nous montrer — à tous ceux qui restaient, après tant d'années, pour lui rendre justice — que seul ce qui était charmant et touchant pouvait vraiment arriver. Ceci constitua, en partie du moins, l'éblouissant dénouement dont j'ai parlé : il devint, dès que les heureuses dispositions purent prendre effet, tuteur de notre admirable tante, qui, par l'étroite relation de cousinage que sa sœur et lui avaient entretenue depuis fort longtemps avec elle, était presque devenue leur sœur : à cette époque l'autre maison était depuis longtemps effectivement devenue une autre maison, son ancien site abandonné, son contenu de nouveau installé bien plus au nord, et de nouvelles traditions invoquées, sauf celle de sa grande bienveillance envers nous tous, qui, par égard pour notre mère, fut encore confirmée. Là, dans un bref éclat, seulement voilé tout à la fin, la solution émergea ; nous

nous aperçûmes, non sans gêne, que le pauvre Henry en liberté et pourvu de capitaux, était tout aussi inoffensif et irréprochable que le pauvre Henry rationné et captif ; ajoutons que si quoi que ce soit avait manqué à notre confusion ou à sa propre dignité, il se serait agi de sa suprême abstinence, sa suppression du moindre "Ne vous ai-je pas dit ?" Il ne prétendait même pas nous l'avoir dit, alors qu'il aurait pu le faire copieusement, et rien ne pouvait surpasser la grâce avec laquelle il semblait n'avoir rien remarqué. Il "maniait" les dollars avec autant de gentillesse et tout autant de générosité, qu'il avait manié les pièces de dix cents ; la seule petite ombre à ce tableau — excepté bien sûr le fait qu'elle fût aussi tardive, ce qui la rendait pathétiquement incertaine — était de savoir s'il avait une idée assez précise de ses ressources. Ce n'était pas son cœur, mais son imagination qui, durant ces longues années, avait été privée ; et même s'il était maintenant tout à fait discrètement et prudemment encouragé à se sentir riche, il était assez clair, chose regrettable, que, grâce à presque un demi-siècle de discipline excessive, il ne parvenait pas du tout à s'élever à son rang. Il se sentait riche, certes, et généreux ; son malheur ne tenait qu'à sa faible perception des significations. Cela, compte tenu de toute la situation, donnait à la délicatesse la toute première place ; comme bien sûr, chose peut-être très surprenante dans toutes ces circonstances, le rôle qu'avait tenu la délicatesse dès le départ. Tout ceci avait été le drame du délicat : l'administration parfaitement scrupuleuse et réussie de ses ressources au bénéfice de sa vertu, de sorte qu'elles puissent être transmises, le cas échéant, sans la moindre perte, qu'était cela sinon un triomphe de délicatesse ? Ainsi la délicatesse conspirait-elle ; le problème s'était posé dès le tout début de savoir s'il pouvait être considéré comme suffisamment responsable, si les sources de sa prodigalité pouvaient être jugées assez prêtes à recevoir de légères pressions (elles ne pouvaient être que très légères) pour que la prodigalité pût s'exercer avec bonheur. Telle avait bien été la vision éclairée de Miss Trotwood, au profit d'une de ces collections les plus bizarres et les plus pathétiques de gentes dames célibataires mélancoliques et émerveillées, qu'une grande bienveillance de calculs trouva peut-être jamais déployée devant elle — toutes des ornements d'un cousinage au deuxième et au troisième degré, et spectatrices intéressées de ces faits presque indicibles.

J'aurais vraiment aimé les représenter, en dépit de la difficulté — sinon en vérité justement à cause de cela ; difficulté due au fait qu'il s'agissait bien plus d'une question de "caractère" que d'un "incident" (que le ciel me pardonne cette candide opposition) bien que ce dernier élément aussi figurât avec superbe, grâce à certaines des formes que prenait l'obstination farouche de notre jeune Albert. Il était si fragile — selon cette mode qui avait la plus grande faveur parmi ces bouleversants jeunes gens fortunés — que les démonstrations successives qu'il en fit, eurent un subtil et intense effet positif, de ceux qui auraient magnifiquement amené, acte après acte, le tomber du rideau. Le dénouement toutefois, (différant en ceci des banales ficelles du théâtre) dépendait moins de qui mourrait que de qui vivrait ; la plus jeune des deux pupilles de la cousine Helen — même pour ne les considéreer que comme réceptacles du zèle dont elle tentait de faire preuve — avait violemment rompu les amarres, mais un remède à ce chagrin, pour des raisons trop nombreuses pour être données, résidait dans le prolongement éventuel, pût-il ne pas être interrompu, de deux autres vies, dont l'une était la sienne, et l'autre celle de l'innocent Henry. Les gentes dames célibataires, en nombre conséquent, qu'elle considérait et traitait comme des nièces, bien qu'elles ne fussent que des filles de cousins, faisaient tellement l'objet de sa tendre sollicitude, Henry, Albert et elle, étant tous sans enfants, que l'on pensait avec joie, en cas d'accidents, à la future fortune des nièces. Il y eut des accidents, évidemment — et quelle pitié et quelle horreur ils causèrent précisément. Ses biens iraient à sa mort à ses parents les plus proches, représentés par son frère et son neveu ; il n'y avait que ses économies — heureusement, comme elle voyait avec bienveillance les gentes dames, accumulées pendant des années avec dévouement — dont elle pouvait disposer par testament ; et ce n'était qu'une triste consolation de savoir que, dût-il être en vie à sa mort, le sensible Henry n'en profiterait pas moins que le libertin Albert. Il fallait à tout prix que Henry soit maintenu en vie afin qu'il *puisse* en profiter ; la douloureuse question, la question de la délicatesse, pour une femme d'une sincère conscience, étant de savoir comment quelqu'un d'autre pourrait, comment, surtout, quinze autres personnes, pourraient arriver à profiter de ses profits ? Elle avait régi la fortune de son frère avec la même conscience que si le caractère direct de la pression qu'elle lui imposait, en un sens favorable à ses intérêts à elle — c'est-à-dire à ses sympathies, qui étaient ses seuls intérêts — allait de soi pour elle ; alors qu'en fait, elle aurait considéré comme un crime, étant donné sa simplicité, la moindre tentative de guider sa main. S'il ne devait pas survivre à son neveu — et il était plus âgé, bien que, à ce qui allait se révéler, beaucoup plus vertueux — les biens dont il avait hérité, reviendraient, à la mort de sa sœur, à cette personne peu édifiante. *Quelle* pitié c'était ; et quant à la question de l'utilisation des économies de Henry sans l'initiative de l'intclligence de Henry, c'était cela, hélas, qui suscitait l'horreur. Les économies de Henry — elle n'avait, évidemment, pas éprouvé la moindre horreur à magnifiquement gérer ses ressources *à sa place* — miroitaient, bien sûr, non sans insignifiant éclat, aux yeux des mélancoliques gentes dames, à qui, en eût-il *eu* l'initiative, il aurait bien pu faire les cadeaux les plus princiers. Voici ce que la situation avait d'insolite, pour ne pas dire plutôt de tragi-comique : l'idée que se faisait Henry d'un cadeau, c'était dix cents de pop-corn, ou quelque vétille du même ordre ; et une fois qu'on eut créé pour lui un monde à ces proportions, il n'y avait aucun moyen honnête de l'amener à signer des chèques de centaines de dollars ; tout en accord qu'ils puissent être avec la générosité dont faisait preuve sa nature, à en juger par l'exubérance de ses pop-corn. La solution idéale serait qu'il ait un éclair d'intelligence suffisamment long pour saisir la situation et que, dans un élan magnanime personnel, il signe tout ; mais ceci relevait du coup de baguette magique, et les fées se tenaient ici quelque peu à l'écart.

Ainsi, entre la richesse de son dévouement et l'indigence de son courage — c'est-à-dire, la crainte de s'exposer à une procédure judiciaire pour excès d'autorité — notre bonne dame ne vivait pas en paix ; ou, pour être exact, ne vivait en paix qu'à l'idée du don généreux durant sa vie et après sa mort, des biens qu'elle avait accumulés. Elle précéda son frère dans la mort et éprouva l'angoisse de savoir que si la moitié de ce qu'elle laissait était détournée de façon déplorable, l'autre moitié serait, du même effet, employée de façon imparfaite ; l'ingénu Henry se retrouva d'un seul coup fort bien pourvu et fort piètrement inspiré. Il y avait bien ici de l'incertitude en cet avant-dernier "tomber de rideau" ; et mon imagination brûle, experte, à l'idée de découvrir la scène finale, qui aurait fort bien pu être ce qu'il y eut de plus heureux, chez nous tous, s'il n'y avait eu une petite faille : l'installation dans la Quarante-Quatrième Rue de notre admirable tante, souvent, ces dernières années, domiciliée là, mais dorénavant installée pour partager la vie de cette touchante personne confiée à sa garde, et représentant auprès de lui, sa défunte, *leur* défunte sœur. Les années trop peu nombreuses qui suivirent, furent l'été indien de ce brave homme, et une période tout à fait merveilleuse — car il rayonnait d'un tel charme, pour tous les intéressés, que c'était une personne faite, comme le veut l'expression, pour agrémenter presque n'importe quelle situation. Notre admirable tante, pas moins dévouée, ni moins désintéressée que sa précédente protectrice, avait toutefois beaucoup plus d'imagination ; elle disposait d'une assez grande confiance, et avec cette confiance, ce qui restait de la vie du pauvre Henry put s'épanouir comme un jardin fraîchement arrosé. Triste hélas de savoir qu'il n'en restait désormais qu'une minime parcelle. Elle suffit, néanmoins, et il s'ouvrit juste à temps à toutes les conceptions ; c'était, chose que j'ai déjà signalée, comme s'il l'avait su de tout temps, comme s'il avait réellement été en toute conscience victime de la superstition de sa noirceur. Sa dernière compagne reconnut, en quelque sorte, ses pouvoirs ; et on peut essayer d'imaginer si, lorsqu'il proposa d'exercer lui-même sa générosité envers les gentes dames, elle lui passa ou non la plume bénie. Il lui fallut un an ou deux pour révéler, par son comportement, la perfection de sa courtoisie, et ainsi, sur ce terrain sûr, il fit usage de sa plume. Sa compétence fut ensuite attaquée, mais elle triompha, tout comme sa charité et son humilité et son aménité exemplaires, et sa longue solitude intérieure, vieilles d'un demi-siècle. Il avait courbé la tête et se l'était parfois légèrement grattée durant cette immense période ; après avoir erré en bas, au rez-de-chaussée, le front barré de ce pli soucieux, et, sur les lèvres, ces paroles difficiles et ravalées (son vocabulaire était réduit et contraint, vocabulaire des explications implorantes, que les esprits spirituels trouvaient souvent trop compliqué), il lui était arrivé de se retirer encore une fois dans sa chambre, quelquefois, bien sûr, pendant des heures, pour y méditer à nouveau ; mais jamais il ne manqua de sobriété, de correction, de ponctualité ou de régularité, jamais il ne manqua d'une des vertus pour lesquelles l'indifférence qui lui était imputée, avait été le fondement de sa discipline. C'était très extraordinaire, et de toutes les histoires que je connaisse, c'est, je crois la plus belle — du moins pour ce qui le concerne *lui !* La faille que j'ai mentionnée, la rupture dans l'harmonie finale, fut la mort trop prématurée de notre admirable tante, peu de temps avant la sienne à lui et pendant qu'atteint par la maladie en même temps qu'elle, il gisait là, privé de ses soins. Il recevait ceux des gentes dames, toutefois, deux ou trois des plus averties et des plus douces ayant été déléguées par les autres ; et si ses biens initiaux leur revenaient de droit, elles avaient à présent malgré tout de bonnes raisons d'invoquer son nom.

XII

Je me retourne vers ce dernier endroit où j'étais resté bouche bée devant ce vieux panneau d'affichage délabré de la Cinquième Avenue ; et je perçois presque toujours avec la même intensité l'objet essentiel de son pouvoir de fascination, le fait qu'il ait, le plus souvent, resplendi de l'attrait somptueux de Mr. Barnum, dont la "salle de conférences", dépendant du Great American Museum, débordait d'affiches d'une magnificence toute théâtrale mais que son titre réprouvait. Ma navrante théorie à cette époque — bien que je puisse tout autant la qualifier de savoureuse que de navrante — était que tous les jours de sortie où nous n'étions pas traînés chez le dentiste, nous allions automatiquement chez Barnum, c'est-à-dire lorsque par bonheur, nous en avions la possibilité ; ce qui, à mon sentiment personnel, n'était pas chaque fois le cas. Le cas, c'est que trop souvent, à mon triste avis, William James, très régulièrement, les samedis sans dentiste, se rendait dans ce haut lieu de plaisir avec le complaisant Albert — qui *lui* se sentait là dans son élément et dominait la situation à un point que d'ailleurs, aucun de nous deux ne pouvait atteindre ; il se glissait fort bien, à dire vrai, dans ces années de plasticité, dans le moule de la tendance esthétique et du besoin de curiosité, à ce qui semble me revenir, suivant l'ensemble des associations et les révélations de Barnum. Ce n'était pas, je m'empresse d'ajouter, que je ne buvais pas, moi aussi, dans la mesure de mes plus petites possibilités, à la même source ; car comment aurais-je pu autrement retrouver toutes ces choses avec toute cette précision ? — l'attente pénible, dans ces poussiéreuses salles de charlatanisme, au milieu de sirènes en bouteilles, de "femmes à barbe" et de dioramas à vous donner le frisson, que la salle de conférences, le véritable centre de ce haut lieu de plaisir, ouvrait : en particulier je me souviens, comme si j'y étais, que je me rendais presque malade à me demander si je ne risquais pas d'être enlevé avant qu'elle n'ouvre. L'impression me semble avoir été mitigée ; boire à grands traits et résister, résister en particulier à l'absence de nourriture et aux stations d'autobus, les provisions de voyage, à l'aller comme au retour étant des problèmes tout aussi intenses : l'attrait de la salle de conférences, en son essence un lourd supplément, épuisait tellement nos ressources que même le beignet nourrissant du comptoir des rafraîchissements se riait de notre désir et du lent et long retour à la maison, la longueur de Broadway et la suite du trajet semblaient un défi à la répétition. Ces jours de désespoir, néanmoins, m'émeuvent maintenant d'avoir pris cette teinte romantique ; leurs douleurs et leurs crises d'inanition faisaient partie de l'aventure ; le retour traînard à la maison, interminable, semblait-il, se changeait parfois en contemplations de ravissement — celle par exemple du portrait grandeur nature, de la célébrité du moment, qui "dansait" alors au Broadway Theatre, Lola Montès, comtesse de Lansfeldt, d'une beauté éblouissante et irréelle, et vêtue d'un costume d'équitation généreusement ouvert à la gorge.

Il était donc parfaitement logique que je fusse très longuement absorbé, là dans mon angle favori, par les annonces de Barnum — mon incapacité actuelle d'être superficiel à ce sujet, a en fait donné la mesure de l'intérêt que j'y portais. Ces annonces devaient être à leur manière des merveilles d'attrait dans la composition, l'affiche grouillait de haut en bas de ses analytiques "résumés de scènes et d'incidents" ; la vision synoptique tendait son filet comme un fin réseau et même la rédaction était un délice incantatoire. Il est à la fois curieux que, lorsque j'interroge ma mémoire au sujet des heures actives, celles des petites salles de spectacle combles et obscures, qui sentent la menthe et les pelures d'oranges, où le rideau se levait sur notre patience haletante mais récompensée, deux représentations seulement se détachent pour moi, même si c'est avec le plus vif soulagement. *L'Amour*, ou *la Comtesse et le*

Serf, de J. Sheridan Knowles — je vois encore cela comme la magnifique ornementation de l'une d'elles, tout comme je vois Miss Emily Mestayer, imposante, rubiconde, coiffée d'un enchevêtrement de jolies petites boucles courtes, d'aspect mouillé, et vêtue d'une tenue bleu clair bordée de cygne, hurler à pleins poumons qu'une "bour-r-r-se d'or" serait la juste récompense du mignon qui se mettrait sur l'heure à exécuter ses ordres dans quelque crise désespérée que j'ai oubliée. J'ai oublié Huon le serf, que je me souviens pourtant avoir immensément admiré pour sa noblesse ; j'ai oublié tout le monde sauf Miss Mestayer, qui matérialisait ma conception de l'actrice tragique à son plus haut degré. Elle avait un nez aquilin, un grand jeu de narines, une imposante poitrine protubérante et toujours cette "coupe de cheveux" faite de frisettes serrées et humides ; je dis toujours, car je devais la revoir souvent, au cours d'une période beaucoup plus tardive, les années centrales de ce Boston Museum qui aspirait à une distinction tellement supérieure à la salle de conférence décriée, même à une époque qui se moquait pourtant anormalement du trivial, et qui n'avait encore pas le courage de se baptiser théâtre. Elle avait dû jouer la comédie, dans laquelle elle s'exprimait aussi, j'imagine, avec profit et sans crainte, de façon assez inimaginable ; mais il n'y avait dans le Boston de l'époque personne capable de jurer comme elle contre les reines et les mères aux nez aquilins ; le Shakespeare des Booth et d'autres de ce genre, n'aurait pas pu être produit sans elle ; elle avait une "autorité" rétive, grinçante, haletante et dédaigneuse, dont j'ai encore l'âpreté dans les oreilles. Il me revient d'elle une éphémère vision extérieure en cet âge où elle avait, façon de parler, trouvé sa maturité — je l'aperçus par hasard, par une brûlante soirée d'été, alors qu'elle se rendait de ses appartements ou d'ailleurs, du côté du haut de Bowdoin Street, vers le théâtre peu distant, dont même la canicule ne l'avait pas détournée ; et je me souviens bien comment, l'étrange lumière de ma jeune impression se mettant de nouveau à jouer dans son sillage, elle me parut l'image même de la simple et douloureuse routine et de l'habitude histrioniques, elle était une *chose* de théâtre, usée et fatiguée, flétrie bien que presque sordidement lissée, tout à fait comme aurait pu l'être un vieux violoncelle d'orchestre sans cesse manipulé et poisseux. Ce n'était sans aucun doute qu'à cause de la chaleur qu'elle paraissait à peine vêtue ; faisant traîner ses mules et, bien que portant une espèce de chapeau et un vague voile ou une longue écharpe, enveloppée dans un diaphane soupçon de peignoir, elle indiquait à mon extravagante attention la morale de l'ingrat service personnel, de l'envers de la médaille, de ce qu'il en coûte "d'amuser le public" quand il s'agit de l'amuser, dirait-on, heure après heure. Et elle m'avait transporté dans son rôle de la comtesse de "*L'Amour*" — que de contrastes dans la composition ! Mais elle portait la tête très haute, comme par habitude des couronnes et des traînes et des tirades — elle avait tout à fait l'air d'une souveraine détrônée et déchue, vivant d'une maigre pension ; tant et si bien que, invisible et compatissant, je lui levai mon chapeau.

A cela je dois ajouter le second de mes deux souvenirs scéniques Barnumiens, lorsque je l'avais admirée autrefois dans le rôle d'Eliza de *La Case de l'oncle Tom*, sa poitrine débordante enfermée dans une élégante robe de coton et sa fugitive traversée de l'Ohio pris par les glaces (si j'ai bien retenu le nom de la périlleuse rivière) traversée accomplie avec grâce et intrépidité. Nous vivions à cette époque, avec grande intensité, dans le roman de Mrs. Stowe — que, au souvenir de l'empressement et de l'enchantement avec lesquels je le découvris, je devrais peut-être substituer à *The Initials*, déjà mentionné ici, comme première expérience de roman pour adultes. Cet ouvrage triomphant n'était toutefois pas réservé, je crois, à certaines catégories ; il n'était pas spécialement destiné à certains lecteurs plutôt qu'à d'autres, sauf bien sûr que ceux du Nord différaient de ceux du Sud : il connut cet immense bonheur de réunir aussi bien les petits et les simples que les grands et les cultivés, et eut surtout l'extraordinaire chance de devenir, pour un nombre immense de personnes, bien moins un livre qu'une façon de voir, de sentir et de comprendre, grâce auquel ils ne restaient pas assis à lire, à apprécier, et à passer le temps, mais marchaient, parlaient, riaient, pleuraient, et se comportaient en général d'une manière dont Mrs. Stowe était l'irrésistible cause. L'appréciation et le jugement, l'impression d'ensemble, étaient ainsi un effet qui n'était pas le résultat d'un procédé — tout procédé de cette sorte ayant, dans d'autres cas, *dû* être critique à un stade ou à un autre ; rien de l'ordre du livre écrit, donc, du livre imprimé, publié, vendu, acheté et "remarqué", n'avait probablement atteint son but, qui était d'exciter l'intérêt, sans avoir du tout recherché cet objectif *en tant* que livre, ou par la révélation d'une qualité littéraire. Les lettres, ici, languissaient inconscientes, et *l'Oncle Tom*, au lieu d'avoir recours, ne serait-ce qu'à un seul de ces faciles raccourcis qui donnent aux livres leur souffle, tout comme des poissons dans l'eau, le contourna entièrement avec joie, comme un poisson, un merveilleux poisson "volant", qui aurait tout simplement volé dans les airs. L'exploit accompli, la surprenante créature pouvait naturellement voler n'importe où, et une des premières choses qu'elle fit, fut donc d'aller se poser sur toutes les scènes, absolument sans exception, en Amérique et en Europe. Si la quantité de vie représentée dans un tel ouvrage est mesurable par l'aisance avec laquelle l'adaptation théâtrale est traitée et approfondie, même très violemment appronfondie, la destinée du tableau de Mrs. Stowe fut concluante : il s'installait tout simplement là où il tombait et faisait, pour ainsi dire, comme chez lui ; là des foules recommençaient à se rassembler et alors, à chaque fois, il atteignait encore son apogée et reprenait, avec la même vivacité et loyauté, tous ses mouvements.

Ces derniers devaient toutefois me laisser une vision encore plus attachante que celle de la version comparativement stérile de la "salle de conférences" ; car leur première production qui vint occuper le devant de la scène, fut la belle adaptation libre réalisée dans une salle de théâtre jusqu'alors ignorée de la mode et de la culture, le National Theatre, au fin fond de l'East Side, d'où de très faibles échos avaient atteint des oreilles polies, mais où une fruste et néanmoins vive sincérité était maintenant censée récompenser les curieux. Notre présence en nombre à ce spectacle envoûtant, fut ma première expérience de "sortie au théâtre" telle que nous l'avons appréciée en notre temps — dont chaque émotion et impression est aussi fraîche dans mon esprit que les plus récentes du même type. Quelle chose précieuse entre toutes certes, peut-être, que cette sensation, étrangère seulement aux sophistications plus tardives, d'avoir été encouragé si petit à fréquenter en toute liberté les théâtres — état doublement surprenant lorsque j'évoque ainsi tous les aléas de Union Square ; où, d'ailleurs, je crois, cette folle soirée avait dû être planifiée. Je suis encore éberlué de toute la complaisance qui permettait, en ces folles soirées, aux petits garçons de suivre le train avec si peu de réprimandes — puisque cet état d'absence de réprimandes est ce qui me revient presque le plus clairement. Comment sans cette satisfaction de la conscience, chaque impression ressentie pourrait-elle encore être aussi vive ? Il est vrai que dans mon impression actuelle de la question, rebuffades et tapes picoteraient encore, compteraient double ; et c'est exactement pour cette raison, pourtant, que je me mire dans ces profondeurs de circonspection. Le système social, tel que nous le connaissions, était, de par son insouciante charité, digne de l'âge d'or — mais je ne pourrai jamais assez répéter que nous le connaissions à son stade le plus favorable et le plus sûr : les fruits tombaient juste sur la table autour de laquelle nous nous rassemblions, des plus petits aux plus grands d'entre nous, avec des différences d'appétit et d'envergure, sans doute, mais sans différence de lieu ni d'égalité de parts. Mon appétit et mon envergure par rapport au bien plus corpulent Oncle Tom n'auraient certainement pu admettre aucune comparaison ; j'ai dû participer à fond au festin pour que les divers arrière-goûts restent aussi distincts et forts. C'était une chose formidable que d'avoir un critère de jugement — cela facilitait la critique délibérée, qui devait fixer des ailes (pour un définitif usage postérieur) aux épaules de l'appréciation. A la lumière de cet avantage, je pouvais être *sûr* que ma seconde Eliza était moins dramatique que ma première, et que ma première "Cassy", celle de cette grande Mrs. Bellamy, à vous figer le sang, atteignait des profondeurs dans la salle de conférences, qui rendaient l'actrice du National, prosaïque et placide (je pourrais déjà "en vouloir" à une placide Cassy) tout comme d'autre part le balancement des blocs de glace flottante de l'Ohio, et Eliza, désespérée, son enfant dans les bras, titubant pour sauter de l'un sur l'autre, laissait ici moins entendre les craquements de la menuiserie, et imitait un peu mieux, à ce que j'en percevais, l'eau véritable de la pompe de Mr. Crummles[1]. Ils n'ont pas pu, même sur ce point, l'imiter vraiment bien, et on envie presque (tout en étant bien décidé à ne pas la dénoncer) la foi simple d'un âge séduit par des arts si frustes.

Cependant, il faut bien dire que nous assistions à ce spectacle pour *ne pas* être séduits, juste pour en profiter avec un ironique détachement et, essentiellement, pour rire de notre sensibilité si jamais elle devait se laisser prendre et tomber dans le piège. Avoir pris ainsi conscience d'une attitude collective, constituait au moins pour un jeune spectateur une grande initiation ; il saisissait ainsi son premier aperçu de cette possibilité d'un "libre jeu de l'esprit" sur un sujet qui devait le jeter avec force, à un stade plus avancé de culture, alors que les sujets s'étaient considérablement multipliés, dans les bras critiques de Matthew Arnold. C'est ainsi qu'il prend au moins lui-même la peine de voir la chose — comme un progrès dans lequel le premier pas fut fait, devant ce vulgaire appel scénique, lorsqu'il se demanda, parmi ses

1. Vincent Crummles : directeur d'une troupe de théâtre dans *Nicolas Nickleby*, de Dickens. (N. d. T.)

compagnons, où finissait l'absurde, ce que *eux* trouvaient absurde, et où la distraction, la véritable distraction, qui était le sérieux, la tragédie, le comique, la beauté, bref la chose elle-même, pouvaient légitimement et selon les critères du bon goût être censées commencer. Aussi mystérieuse que puisse paraître cette remarque, je ne suis pas sûr de n'avoir pas été davantage intéressé par le pouls de notre groupe, tel que l'enregistrait mon minuscule pouce, que par la pulsation du drame et le choc de ses forces antagonistes — frappant et touchant, voilà comment était alors considéré le contraste entre la tragi-comique Topsy, la jeune esclave vêtue d'une blouse de jute et destinée à devenir pour des millions d'Anglo-Saxons le type de la parfaite ingénue, et sa petite maîtresse, la blonde Eva, personnage plutôt dans la tradition des Kenwig en caleçons et nattes, que je revois perchée et complètement suicidaire, commençant à hurler, les coudes dépassant déjà du bastingage de ce vapeur du Mississippi qui devait faciliter son immersion, qui fut tout sauf fatale, dans les flots. Pourquoi aurais-je dû justement remarquer qu'aucun petit jeu de sa part n'aurait pu sembler être ou simuler un accident, alors que j'étais aussi ému par sa réapparition, sauvée des eaux mais parfaitement sèche, dans les bras du fidèle Tom, qui avait plongé à sa rescousse, sans même mouiller ses chaussures, que si je m'étais lancé avec elle dans d'imprudents jeux turbulents ? Je pouvais compter les points de fil blanc de cet ouvrage peu serré aux pièces disparates, et pourtant j'en trouvais l'histoire riche et harmonieuse ; je savais que nous nous étions tous abaissés sur le plan intellectuel et que nous avions pourtant tous ressenti ce même frisson d'une aventure esthétique ; et ceci était un courageux début pour une conscience qui devait ne rien être sinon mixte, et une curiosité qui devait ne rien être sinon toujours en éveil.

Le principe de cet arrêt prolongé, et j'insiste pour le prolonger un peu plus, réside sans doute dans ma tendance à rechercher nos toutes premières graines esthétiques. Elles furent insouciantes et généreuses à la fois, les mains qui les semèrent, mais pratiquement destinées à faire courir ce lièvre étrangement affolé — affolé parce que sur un sol qui lui était si peu connu — quand tant d'autres restaient en arrière. Est-ce *cet* air romantique qui fait alors resplendir à mes yeux Barnum à l'arrière-plan — faisant de lui un symbole ; qui m'amène à résister, à cause d'une loyauté passionnée et adverse, à tout désir impulsif de traduire en termes sévères toutes les vieilles choses sordides et misérables ? Le Great American Museum, l'ensemble du cadre et des décors du centre ville, et même les améliorations qu'ils subirent dans les quartiers résidentiels, qui étaient alors prospères ? — Certes, ils devaient pour la plupart être de la dernière médiocrité : l'affiche de Barnum par-dessus tout, ignoble et abominable, sa criarde surface ou sa structure, hérissée d'innombrables drapeaux qui s'agitaient, pauvres étendards de taille vulgaire, au-dessus de l'effigie de fausses reliques et de monstres accrocheurs, sans parler de la promesse de voir à l'intérieur des êtres vivants encore plus monstrueux et anormaux — de l'impression générale que nous laissaient ces choses, nous cueillions en quelque sorte la fleur de l'idéal. Elle se développa, dois-je ajouter en toute justice, bien plus harmonieusement et naturellement, chez Niblo, qui représentait dans notre système la soirée idéale, alors que Barnum évoquait la journée idéale ; de sorte que je me demande, avec ces réminiscences de nos sorties là-bas à la somptueuse faveur de la nuit (ce qui était le comble du charme) comment il se fait que ce plus ample souvenir n'ait pas englouti tous les autres. Car c'est là, absolument, que la fleur *était* la plus belle et qu'elle avait poussé comme nulle part ailleurs — poussé dans le grand jardin de la famille Ravel, et s'était offerte maintes fois à notre profonde inhalation. Je revois les Ravel, des acrobates, danseurs et mimes français, véritables représentants, pour notre culture, de la grâce et du charme et du savoir-vivre à l'état pur ; si bien que l'on doute qu'il y eût communauté sincère jamais autant débitrice envers une race de saltimbanques ou qui entretînt avec eux une relation aussi heureuse et prolongée, aussi personnelle et reconnaissante. Ils ont dû former, avec leurs héritiers les Martinetti et d'autres, trois ou quatre générations, hormis le fait qu'ils étaient généralement issus d'une riche lignée théâtrale, et parmi lesquels nous avions nos amis personnels et nos préférés ; nous avions l'impression de les suivre dans chaque phase de leur carrière, d'assister à leurs premiers pas de funambules quand ils étaient de tout jeunes enfants, maintenus en équilibre par de très grands balanciers (des personnes chargées d'eux marchaient dessous en cas de chute) les saluer dans le rôle de Madame Axel, robuste matrone en costume espagnol, sautant sur cette même corde tendue, plus pesamment mais avec plus d'assurance ; et finalement connaître grâce à eux le summum de l'art dans *Raoul ou le Noctambule* et *Jocko ou le Singe brésilien* — et tout ceci au cours de la brève période de notre enfance. L'impression que j'en ai, est si remplie de souvenirs qu'il me semble que nous avons assisté à leur différentes productions avec la même régularité que celle avec laquelle nous formions de nouveaux liens éducatifs ; et ils étaient tellement notre propriété et notre fierté qu'ils nous assistaient de bonne grâce quand il s'agissait d'offrir à l'occasion une palpitante distraction aux cousins d'Albany. Je me souviens comment, une fois où un de ces visiteurs, ayant, à la gloire de New York, porté ses perceptions à leur paroxysme, sortit de ses gonds un soir tandis que nous attendions que le rideau se lève, "N'entendez-vous donc pas les cris ? Ils sont en train de *les* battre, j'en suis sûr ; est-ce qu'on ne peut pas arrêter cela ?", nous avions ressenti cette accusation comme un affront pour notre honneur ; car ce que notre romantique parent avait cru dans son emportement entendre arriver de derrière, de manière étouffée, c'était l'assistant bruiteur en train d'asséner des coups à quelque jeune acrobate qui "avait eu la frousse" de faire son petit numéro. Il était impossible que de telles horreurs puissent nous être dévoilées dans le monde de pure poésie de Niblo, le temple de l'illusion, de la tragédie et de la comédie et du pathétique qui, bien que ses *abords** du côté du Metropolitan Hotel de "brownstone", le "mauvais côté", aient dû être lugubres et vulgaires, déversait sa fascination sur tout Broadway. Qu'y avait-il de plus pathétique, par exemple, si bien que nous pleurions en public, que le sort du merveilleux Martinetti Jocko, qui, après s'être lié d'amitié avec une infortunée famille française, naufragée sur la côte brésilienne, et après avoir ramené à la vie un petit garçon sauvé des flots (je revois même maintenant dans le moindre détail, cette victime inanimée, étendue sur la grève) trouvait la mort sous la forme d'une cruelle balle dont j'ai oublié la cause déterminante, ne me souvenant que de l'agonie finale comme d'une chose presque insupportable et d'une épreuve pour notre sensibilité auxquelles nos parents ne cessaient de se demander s'il était sage de nous exposer.

Ces artistes et ces choses n'avaient en toute probabilité qu'un talent et un rayonnement médiocres — c'était l'ère d'avant le trapèze, et nous nous laissions séduire par d'anodines merveilles, même si une bienveillante bonne foi en elles, quelque chose de gentil et de sympathique, représentait après tout une certaine valeur, soit de leur propre humanité, d'une qualité particulière à eux, ou seulement de notre innocence, qui ne devait jamais se reproduire ; mais je brûle ce cierge aux initiateurs, appelons-les ainsi, que je revois, alors que nous les avions laissés derrière, comme s'ils nous avaient donné à emporter une clef d'argent afin de l'adapter, après de longues années, à d'agréables noms auxquels personne n'a jamais plus pensé jusqu'à nos jours. Le Signor Léon Javelli, chez qui le charme français et italien semblaient s'être associés, qui était-il, et que faisait-il avec brio, et pourquoi est-ce que soudain je me souviens ainsi de lui pour l'admirer ? Je crains qu'il n'ait été que funambule, la plus familière des ressources de nos amis, puisqu'elle les amenait, par le biais de cette grande longueur de corde, jusqu'au centre de la maison et contre nos cœurs, où ils sautaient, rebondissaient, chancelaient et se rétablissaient juste sous notre nez ; mais oserais-je dire que c'était lui, le brave Signor Léon qui rebondissait le plus haut de tous : que cette confuse agilité, en tout cas, le rattache à cette révélation du ballet, la pastorale sentimentale, d'autres années, qui, dans *Les Quatre Amants* par exemple, leçon de pantomime comme dans les mots d'une syllabe, mais très vive et gaie et drôle, nous aurait paru classique, j'en suis sûr, si nous avions alors eu à notre disposition ce terme d'appréciation. Quand nous lisions dans des livres anglais des histoires où il était question de pantomimes à Londres, qui revenaient d'une certaine façon si souvent, c'étaient bien les seules choses à ne pas nous faire envie ; nous avions tellement l'impression de maîtriser le genre, et avec presque tout le talent requis, qu'aller chercher un substitut à Londres fut constamment différé. Nous n'avions pas la scène de la métamorphose, c'est exact, bien qu'en réalité en guise d'aboutissement, il semblait que Pierrot et Arlequin prenaient des libertés avec les policiers — ces derniers apportaient un certain piquant dans un pittoresque que nous n'avions pas, puisque nos "agents" empotés ne nous disaient rien de semblable ; mais nous vîmes chez Niblo, Arlequin et Colombine, encore que dans une tradition moins pure, et nous savions tout sur les pierrots clownesques, car nous allions au cirque également, et si fréquemment que, lorsque je les ajoute à notre liste de divertissements, ces bons vieux cirques conventionnels sous des chapiteaux dressés dans des terrains vagues, qui semblaient alors pulluler à New York, le temps et la place ont l'air de rétrécir pour la plupart des autres activités, et entre autres pour cette activité sérieuse, l'éducation. Et le cas s'aggrave quand je me souviens de Franconi, que nous fréquentions plus ou moins et qui, cherchant à donner dans le grand style et les effets monumentaux, était resplendissant de peinture fraîche et résonnait des courses de chars romains, là-haut dans les zones désertiques de la Vingt-Neuvième Rue ou Dieu sait où ; tout à fait au sud, peut-être, mais aussi un peu à l'est, de terres encore plus désolées qui donnèrent son ampleur au Crystal Palace, deuxième du nom puisque, suivant — non pas *passibus aequis*, hélas — l'édifice londonien de 1851, cette entreprise devança d'une année ou deux, le Palais de l'Industrie parisien de1855. Tel qu'il était, je ressens encore sa majesté en ces occasions où je traînais — si je dois encore une fois ici ne parler que pour moi — derrière des cousins d'Albany, à travers des salles édifiantes : je me rappelle avoir été très fatigué, avoir eu très froid et faim là-bas, dans un terne petit et léger "talma" très luisant ou lustré, fermé sur la poitrine par d'assez incommodes boutonnières brodées ; bien qu'à la fois conscient d'être en quelque sorte en Europe, puisque tout ce qui m'entourait avait été "transporté ici", ce qui aurait dû être une consolation, et semble en fait l'avoir été à un certain degré, vu que, aussi bien ma propre douleur que la sensation de maux de tête des cousins d'Albany, disparaît presque en la présence retrouvée du grand Art Européen sous les traits de l'énorme *Christ et ses Apôtres* de Thorwaldsen, ensemble de marbres luisants rangés dans un demi-cercle de murs marron foncé. Si c'était cela l'Europe, alors l'Europe était belle, et nous nous élevions jusqu'à elle avec les ailes de l'émerveillement ; nous ne pûmes jamais plus par la suite voir d'imposantes sculptures prétentieuses, quelle que fût l'importance de l'exposition ou quelle qu'en fût la période ou l'école, sans renouer avec le charme de ce moment passé avec Thorwaldsen, sans goûter encore la saveur sucrée des bonbons ou des friandises, auxquels étaient associées pour nous les grandes images blanches sous leur éclairage au gaz d'une table de salle à manger. Le Crystal Palace était vaste, varié et dense, ce qu'allait être l'Europe ; c'était une épaisse jungle d'impressions qui étaient en quelque sorte des provocations, alors même que nous pouvions, impuissants face au défi, découvrir des coutumes et des mots étrangers ; au-dessus de lui se dressait formidable, l'Amazone à cheval de Kiss, attaquée par un léopard ou je ne sais quoi, œuvre jugée sublime à l'époque et faisant la gloire du lieu ; de sorte que je trouvais que le trajet du retour dans le crépuscule d'automne et dans les tramways de la Sixième Avenue (mis en service juste à temps) était une rechute dans une apaisante monotonie, un retour vers l'horizon de la Quatorzième Rue d'un voyage lointain et une centaine de questions indistinctes qui seraient encore, effrayante pensée, soumises à toutes les réponses personnelles dont on cultivait la graine.

XIII

Il faut que je me dépêche, cependant, de rattraper le fil que j'ai laissé pendre après avoir jeté un regard sur nos vagues petits spasmes scolaires — l'impression personnelle que j'en ai, vague et réduite, c'est-à-dire, comparée à la coupe, plus pleine et plus solide distribuée à tous les cousins d'Albany, bien plus privilégiés par le sort, sous tous points de vue, à mon avis ; ou du moins plus intéressants, bien qu'il puisse paraître cruel de dire qu'ils étaient plus heureux, du fait de ces innombrables deuils qui avaient tant égrené leur existence. J'ai déjà mentionné en particulier l'enviable conscience de notre jeune parent aux cheveux roux, Gus Barker, qui, comme avec un pressentiment aigu, saisissait ce qu'il pouvait de gaieté dans une vie qui devait être écourtée, dans une charge de cavalerie, par une des balles confédérées de 1863 : il nous envoyait, pendant les dimanches new-yorkais, de brusques bouffées de l'atmosphère de l'Institution Charlier — c'est-à-dire haute en couleurs pour nous, dont l'atmosphère de nos institutions manquait de vigueur ; mais ce fut surtout au cours d'une visite en famille que nous lui rendîmes dans un lieu encore plus vivant que je m'aperçus tout simplement que j'avais une mère et un frère. Son destin avait voulu qu'il n'eût que très peu ce dernier et absolument jamais la première — notre tante Janet n'avait pas survécu à sa naissance ; mais en ce jour de pélerinage collectif à Sing-Sing, où il était à l'école "militaire" et vêtu d'une façon qui représentait pour moi exactement la panoplie de la guerre, il resplendissait d'un rare éclat de privations. Sincère et ouvert, avec un tempérament sociable, une gaieté candide, qui s'accordaient à son activité physique — le petit athlète le mieux fait, charmant et attachant au plus haut point — non seulement il nous fit les honneurs de son éblouissante académie (éblouissante pour moi, du moins) mais il manifesta l'intention de nous faire visiter la grande prison de l'Etat qui avait été construite tout près de là et où il nous accompagna ; la composition de notre groupe me semble, rétrospectivement, quelque chose de merveilleux, les cousins de New York et d'Albany avaient convergé pour se réunir, en cette heureuse circonstance, où générations et sexes se mêlaient et se déplaçaient en une harmonieuse bande. Le groupe devait être moins important que le veut la tradition romantique ou la notation confuse de ma jeunesse, et le souvenir essentiel que j'en ai — hormis la sensation d'avoir à la fois fait partie de la suite de ma grand-mère, âgée, douce et en général tout ce qu'il y avait de moins aventureuse, et d'un chœur de curiosité et d'amusement autour du vivant Gussy — c'est l'impression collective que les prisons d'Etat étaient en somme des endroits délicieux, vastes, clairs et aérés, avec une circulation libre et gaie dans les couloirs et les escaliers, une agréable prédominance de soupe chaude, de pain frais et croustillant, dans des gamelles, que les visiteurs admiratifs partagèrent, et pour ces derniers, au hasard d'un coin ou d'un palier ensoleillé, le léger frôlement, ô combien intéressant, de courtois messieurs, remarquables sauf pour leurs crimes peu courtois — à savoir des détournements de fonds et des malversations s'élevant à d'étonnants et impressionnants montants.

Je me souviens que nous tombâmes sur un personnage de ce genre au pied d'un escalier et que son éventuelle présence nous avait été annoncée par le guide ou l'ami responsable de nous ; et quel charme ne trouvai-je pas à son uniforme ample et léger d'un blanc éclatant (comme je devais ensuite me l'imaginer) tout comme à son allure plutôt raffinée et distinguée et au fait qu'il fût occupé, alors qu'il s'offrait à notre attention, à cette louable activité qui consiste à se couper les ongles avec un élégant canif sans pour autant s'interrompre pour nous. Un de mes compagnons, j'ai oublié lequel, m'avait recommandé au cours de ces contacts avec ces illustres infortunés, de prendre garde de ne pas les dévisager ; et il me vint à l'esprit, à cet instant, de demander s'il trouverait que c'était dévisager que de remarquer que c'était *lui* qui nous dévisageait, et aussi que ses mains étaient délicates et jolies et que l'une d'elles était ornée d'une chevalière. Je devais avoir, plus tard dans mon existence, un aperçu de deux ou trois lugubres pénitentiers, des endroits qui me parurent sordides, sombres et terrifiants ; mais si la révélation de Sing-Sing devait impliquer l'idée d'un avertissement opportun pour l'esprit juvénile, ma jeune sensibilité, tout au moins, ne fut pas touchée par la leçon. J'enviais la célébrité au regard effronté dans ses atours de planteur désinvolte — nous aurions aussi bien pu être *ses* esclaves — tout autant que j'enviais Gussy ; à ce propos, je ferais bien de signaler ici que, bien qu'en ces temps reculés j'aie, semble-t-il, constamment désiré échanger mon sort contre celui de quelqu'un d'autre, persuadé d'être gagnant dans l'affaire, je ne parviens pas à me souvenir d'avoir éprouvé quelque jalousie envers ces personnes si fortunées — dans les limites offertes aux fruits de l'imagination. Je manquais plutôt, chose positive, de passion et en conséquence, je suppose, d'imagination ; puisque la jalousie porte, à mon avis, sur ce qu'on croit que nos compagnons peuvent faire — comparé à ce qui nous est interdit — l'envie, du moins pour ce que j'en savais, portait seulement sur ce qu'ils *étaient* eux, ou en d'autres termes sur une certaine forme de conscience plus riche qu'ils étaient censés, sans doute souvent trop librement, détenir. Ils étaient tellement *différents* — c'était ce que je ressentais ; et *être* différent, différent presque malgré soi, me paraissait tout aussi agréable que le goût que devait avoir le brillant mélange qui nous fait rêver devant la vitrine du confiseur ; inaccessible, impossible bien sûr, mais au sujet duquel justement cette impossibilité et cette privation entretenaient les actifs développements dans lesquels la jalousie cherche un réconfort tout à fait hors de propos. Accepter la banalité de la médiocre réalité, ne pas parvenir à voir comment la changer dans une certaine mesure, ceci combiné à une certaine satisfaction, une acuité de perception des autres choix, bien qu'on n'en ait qu'une vision à travers la dure vitre du confiseur — c'est ce que je retrouve de plus proche d'une apologie, dans le sol de ma nature, en faveur du germe de l'émulation. Je n'ai jamais rêvé de compétition — chose qui avait en soi, au mieux, pour mon tempérament, pour ne pas dire pour mon manque total de tempérament, une férocité déplaisante. Si la compétition était quelque chose de mal, le vol était donc encore pire, et la jalousie était une espèce de vol spirituel. Grâce auquel, néanmoins, pendant tout ce temps, on aurait pu être "comme" Untel, qui avait de grands projets. Certes j'entretins un incontrôlable petit amour pour de nouvelles perspectives, il m'arrivait même parfois de m'intéresser aux miennes. Cependant mes horizons se rétrécissaient en face de chaque allusion à une perspective plus lointaine ou à une nuance plus subtile dans cette ligne pourpre qui s'offrait à d'autres yeux — ce que je crois être les affres de l'envie. Ce n'était pas que je souhaitais changer avec quiconque, avec quiconque au hasard, mais je voyais des "dons" partout sauf chez moi, et je ne sais trop dire si je dois en qualifier l'effet de misérable ou de monstrueux. C'est l'effet au moins de l'abandon de soi — aux visions, je veux dire.

Il avait dû y avoir à l'occasion de cette journée à Sing-Sing — qu'il m'intéresse beaucoup de reconstituer — une forme de relation pour certains d'entre nous avec l'hospitalité de Rhinebeck, le lieu de résidence de l'aîné de mes oncles d'Albany — c'est-à-dire des trois que nous voyions le plus ; car il y en avait deux autres, l'aîné de tous qui n'était qu'un demi-oncle et formait une catégorie à lui tout seul, et le benjamin, qui, avec de vifs intérêts personnels, nous accordait encore moins d'attention qu'aucun de ses trois frères. La maison de Rhinebeck et toutes ses terres et dépendances (qui paraissaient innombrables à nos jeunes esprits) en particulier le grand promontoire au-dessus de l'Hudson, sur lequel elle se dressait, me fournit des images à peine floues, même si elles ne me font l'effet que de fragments de relations ; en tout cas la grand-mère d'Albany, celle qui se plaignait doucement — toujours si doucement et sèchement — auprès des cousins et cousines d'Albany au sujet desquels j'établis ici des distinctions, ses deux filles adoptives, les plus mûres et les plus gentilles de toute la tribu, avait dû s'y arrêter pour un séjour ; dont une caractéristique serait peut-être ses liens avec le contingent new-yorkais, relativement réussi sur le plan social, pour venir en aide au jeune Gussy. Elle se reflète là, toute cette situation, avec je ne sais trop quel degré de candeur charitable et satisfaite ; le prétexte de Gussy, pour se réunir, aussi mince et pourtant aussi important que fût son attrait, la simplicité des intérêts et des activités, les suppositions et les concessions, toutes aujourd'hui si touchantes, presque si édifiantes. Nous étions sûrement tous aimables et généreux les uns envers les autres, à évoluer dans un ordre social aussi propre, clair, harmonieux et à l'épreuve de l'ennui — à moins que ce ne soit un mauvais point, ce qui est concevable, de ne jamais, *jamais* s'ennuyer — et reconnaissants des plus petits plaisirs esthétiques et romantiques qui s'offraient. Ma vision se perd en outre dans de plus vastes considérations — surtout dans cette impression générale de la grande nouveauté qu'était alors le Chemin de Fer de l'Hudson ; du moins en ce qui concernait son achèvement jusqu'à Albany, bénédiction moderne que même les plus jeunes d'entre nous étaient en mesure d'apprécier. Le temps où le bateau à vapeur devait nous plaire, était révolu — et je ressens combien cela a dû nous satisfaire quand je revis l'excitation de l'arrivée à quai par les petits matins vagues, l'heure complète passée le long des rives d'Albany, la nuit aux énormes et étranges bruits de roues à aubes, de bavardages, de hurlements et de craquements qui s'arrêtaient d'un coup, et par contraste avec tout cela, certains longs séjours en train à un âge et dans des conditions où ni le train ni le voyageur ne s'étaient encore assagis ; séjours très animés, tels que je les reconstitue, mais en même temps avec d'intenses et mortels moments de lassitude. Les détails sont ici certes, très confus et mélangés — je n'ai dû connaître cette règle de l'intérêt trépidant et de la fatigue extravagante qu'en relation avec Rhinebeck ; *étape** sans nul doute, sur le chemin de New York, pour la famille d'Albany, mais la limite nord de nos toutes petites patiences pour un voyage terrestre. Et pourtant, je le répète, ce n'est pas le souvenir de notre jeune fatigue mais cet état d'émerveillement satisfait, qui me revient le plus : les arrêts trop répétés, mais d'une attirance perverse ; la chaleur et la luminosité trop fortes, mais le fleuve, par les vitres, qu'on suivait longtemps ou qu'on apercevait tout juste, de sorte que le grand va-et-vient des images et l'intensité de lumière et de couleur étaient eux-mêmes une aventure constante ; les oncles, surtout, trop prééminents, trop récurrents, au point de créer une irritation réelle de notre sympathie, de notre curiosité, et pourtant constituant par leur présence la moitié de l'agrandissement de l'époque. Car la présence des oncles, les incohérents oncles d'Albany, est d'une certaine manière l'empreinte qui a le plus marqué ces heures, pour la mémoire. Je ne sais guère pourquoi, ni même, je l'avoue, ne discerne les occasions — mais je vois ce que je vois : la longue voiture bringuebalante, ouverte, selon ces formes locales d'autrefois, et exposée aux rigueurs du temps selon cette rudesse locale d'autrefois ; cette impression d'arrivée toujours repoussée, atténuée pourtant aussi par celle d'avoir entre les mains un volume de M. Arsène Houssaye, *Philosophes et Comédiennes*, remarquablement soumis à mon jugement par un des membres de ma famille. Je les vois toujours, ces parents, évoluer lentement, avec une touche d'agitation, de nervosité et de désinvolture, et de sympathie tout simplement admirable, mais avec des imprécisions, des disparitions, des éclipses, qui privaient leur société d'un poids maladroit. Ils nous encourageaient à leur manière ; optimistes nés, clairement sinon logiquement déterminés, ils étaient toujours rassurants et encourageants, bien qu'avec un splendide laconisme qui devait considérer les immensités, je crois, comme allant de soi. Ils portaient des chapeaux légèrement penchés sur le nez, ils flânaient, traînaient, dressaient un bilan de la situation et de la société, ils laissaient des suggestions, de nouveaux magazines, des paquets de choses comestibles décommandées aux enfants ; ils représentaient, in fine, pour un jeune neveu, les hommes essentiels de leur temps, les plus superbes par l'aspect et la tenue, pour ce qui concernait les deux cadets et les plus familiers. Ce fut pourtant au personnage le moins brillant, sinon le moins réconfortant au demeurant, de ce trio mondain, que, si je me souviens bien, je dus mon initiation à la *chronique galante** du dix-huitième siècle.

Il s'attache en tout cas à cette impression le soupçon d'une réminiscence, d'une grimace floue pour l'un de ses bons offices (que j'associe d'une certaine manière au pont d'un vapeur) : sa présentation pour notre vague bénéfice, d'un classique de la littérature, comme il le soumit à notre attention, les *Confessions* du célèbre "Rousseau." Je perçois encore l'écho des rires que déclencha, à ma surprise, cette communication, et recouvre également ma réaction positive envers un ouvrage qui semblait si prometteur ; mais en particulier j'ai devant moi ce jeu de critiques faciles qui accompagnait le plus souvent, dans n'importe quel cercle, les remarques les plus ambitieuses de cet orateur. Malgré tout, et en dépit d'une apparence et d'un genre singuliers, c'était Augustus James qui avait le plus d'envergure, à défaut de dominer de très haut, pour ma vision nostalgique de la grande vie, et qui couvrait un terrain précis et accessible. Ce terrain, la maison et les terres de Linwood, à Rhinebeck, n'abritèrent nos tendres années, je crois, que quelques rares et brefs moments ; mais il n'en avait pas fallu beaucoup pour en faire l'image d'une libérale hospitalité puisque je supposais que les grandes situations sociales étaient libérales ; les suppositions sur ce chapitre avaient dans l'enfance (ou du moins l'avaient-elles dans la mienne) aussi peu que possible de rapport avec des données brutes. Linwood n'abondait-il pas en superbes vues et autres gloires, en jardins, en vignes et en poneys noirs, sans parler des jardiniers et des palefreniers qui étaient, chose notoire et au dire de tous, comiques ; sans parler, en particulier, de notre tante Elizabeth, qui avait été Miss Bay d'Albany, et la mère des jeunes, jolies et libres valseuses de New York, et qui me revient par le biais de l'image de Rhinebeck, aquiline mais avec aisance, dans un effet de belle désinvolture intellectuelle et hautaine, de peignoirs ou de châles flottants (le châle sans chic et délicieux de l'époque) et de pinces d'acier brillant et bienveillant qui ne cessaient de couper pour notre grand ravissement : roses, raisins, pêches et grappes de groseilles, accompagnés d'expressions et de bribes de remarques qui tombaient comme sous le même coup de sécateur. Ce ne sont que de simples restes de poussière d'or, mais mon esprit doit à cette tante une vibration, aussi minuscule qu'elle ait pu être, qui devait toutes ces années insister pour *marquer* — pour faire partie d'un ensemble d'images et de drame, dont la note la plus pure fut celle du souci et du malheur ; une crise prolongée, dans des galeries extérieures au toit bombé, par de chaudes soirées d'août, au milieu du pâle éclat des fenêtres ouvertes, dans le bourdonnement des insectes domestiques. Impossible de dire le rôle joué, dans un jeune esprit, avec naturel quoique avec perversité, et même avec excès, aménagé comme une scène pour le défilé et la présentation des apparences, par des questions ordinaires, des contacts et des impressions n'atteignant point la dignité d'un choc, mais se trouvant être au goût, pourrait-on dire, d'une petite intelligence, se trouvant être comparables à ceux que l'imagination crédule pouvait assimiler. Notre récit devient, sous l'influence de souvenirs de cet ordre — et c'est là le seul problème — une histoire de petites et belles assimilations ; et parmi leurs déchets, ce qui n'est directement intéressant que pour la victime-sujet, on peut concevoir le développement des formes de végétation les plus ramifiées. Telles sont les absurdités de la pauvre et chère vie intérieure — quand elles se traduisent, en réalité, et se traduisent peut-être sans efficacité, en termes d'extériorité et essayent en vain de s'épanouir selon les modèles de l'extériorité ; réflexion qui pourrait me laisser ici, si je ne m'étais pas senti d'une certaine manière moralement engagé, lié comme par des fibres nouées, aux éléments en question.

Un de ceux-ci fut sans le moindre doute, que mon père, de façon caractéristique, toléra une fois de plus de me traîner ; ayant été appelé à Linwood par les affreux ennuis de sa sœur, Mrs. Temple, il m'emmena avec lui de Staten Island — je situe la chose pendant l'été 54. Nous étions montés, lui et moi, à New York ; mais ce que nous fîmes là-bas, avec le voyage qui suivit, demeure obscur ; je ne recouvre que la sensation, à notre arrivée, de vivre pour la première fois une tragédie, que la brillante scène alentour, rendait encore plus sinistre — si exacerbée que je me sentais déconcerté et déplacé, et me demandais pourquoi j'étais venu. Ma tante, sous le toit de son frère, avait laissé son mari, miné par la consomption, sur le point de mourir à Albany ; gravement malade elle-même — elle avait attrapé sa maladie comme elle s'attrapait à cette époque, et ne devait en l'occurrence que lui survivre de peu — il lui avait été ordonné de s'éloigner dans son propre intérêt, ce dont elle se fichait éperdument, et mon père, la personne de toute la famille à qui elle faisait le plus légitimement appel et qu'elle était très désireuse d'écouter, avait été pressé de venir l'aider à supporter une séparation qu'elle refusait avec passion. J'entends encore très nettement sa plainte de protestation et de chagrin flotter par les vérandas jusque dans le silence des chauds après-midi ; je me souviens qu'elle m'avait effrayé et réduit au silence et que je m'étais enfui loin de sa portée. Je me souviens tout autant quelles ressources de contrôle exceptionnel toute cette situation imputait, dans mon imagination, à mon père ; et comment, me glissant jusqu'au bord du point culminant qui dominait l'Hudson, je sentis les grandes et vives harmonies de l'air et de l'espace s'unir à ma fière assurance et à ma confiance, pour la vie, pour l'intérêt général, avec ces sources de lumières. La grande impression, toutefois, celle qui m'a amené jusqu'ici, était autre chose : celle de cette suffocante soirée déjà mentionnée, baignée de la lumière des lampes, avec mon père, recueilli profondément en lui-même, mais pas au point de nous couper le souffle, qui s'opposait tendrement au projet de départ de sa sœur ; et puis il y avait la présence à mes côtés de ma jeune cousine Marie, la benjamine de la maison, exactement de mon âge, ainsi baptisée en l'honneur de sa naissance à Paris, fait dont l'influence était attestée de façon si curieuse et si extravagante presque, par ses vifs yeux noirs, sa pétulance juvénile et son teint mat, qui la différenciaient nettement de ses sœurs. Une voix venue du ciel avait laissé arriver à mes oreilles qu'elle était "gâtée," et cela la rendait intéressante au plus haut point ; nous-mêmes avions été tellement liés, à la maison, sans avoir jamais été pour le moins gâtés (je pense que cela nous a même assez manqué) si bien que je ne connaissais ces sujets de réflexions désobligeantes qu'à travers la littérature — essentiellement, sans doute, celle du jardin d'enfants — où ils formaient, à eux seuls, une catégorie romantique ; et, toujours victime de ma naïve imagination, je faisais grand cas, tout en la craignant un peu, de l'occasion que j'aurais de voir cette situation à l'œuvre. Cette occasion me fut offerte, c'était clair — bien que je risque en la rapportant de causer une déception finale — par une remarque de mon oncle Augustus à sa fille : assis, l'air morose, dans notre groupe, qui incluait deux ou trois formes dépendantes imprécises, il exprima la ferme opinion que Marie devait aller au lit — l'exprima, c'est-à-dire, avec cet humour superficiel et désinvolte qui devait me frapper comme le principal moyen d'expression de membres remarquables de la famille et qui aurait peut-être eu à l'analyse le défaut de rendre un jugement très personnel sans vraiment avoir le même effet pour ce qui était de l'autorité. D'autorité, ils n'en avaient point, en vérité, ces êtres remarquables et si humains ; ils se contentaient d'une légère critique, d'une soudaine suggestion, d'une variété particulière de remarque lancée en l'air. On avait donc fait remarquer mais "en l'air", j'en suis sûr, que Marie devait aller retrouver son lit — évidence dont je sentis avec tristesse, l'aile sombre me frôler, et les mots semblaient tomber avec le poids d'une certaine ironie. Ce que j'ai retenu de leur effet, en tout cas, c'est la vague réalité d'une objection soulevée par mon cousin et quelques propos plus acerbes à l'égard de son jugement délivrés par mon père ; se fondant promptement en une visible confusion, une agitation de ma jeune compagne qui traversa la galerie comme pour se réfugier dans les bras maternels, une protestation et une brève prière qui tirèrent de ma tante ces quelques mots qui, depuis lors, devaient si ridiculement "compter" pour moi. "Allons, ma chérie, ne fais pas de scène — *j'insiste*, ne fais pas de scène !" Ce fut le seul acte de sorcellerie auquel on eut recours en la circonstance, mais le ton devait néanmoins faire date. L'expression si vive, si solennelle, était telle une phrase que je n'avais jamais entendue — on ne nous avait jamais parlé ainsi à la maison ; et qui pourrait se permettre de dire dorénavant qu'on ne pouvait pas y découvrir immédiatement tout un univers ? Elle semblait affrétée pour naviguer jusque-là ; elle m'a tellement appris sur la vie. La vie dans ces moments d'intensité se transformait clairement en "scènes", mais la grande affaire, l'immense illumination, c'était que nous pouvions les faire ou pas, au choix. Il s'écoula une longue période avant que je ne commence à faire la distinction entre celles, dans notre entourage plus particulièrement, des enfants gâtés et celles provoquées par d'autres raisons, et qui devaient entraîner un certain détachement, une certaine présence d'esprit, les qualités justement dont la capacité de production de Marie semblait dépourvue. En conséquence, peu importait alors vraiment qu'on en *arrivât* ou non à une scène — et j'ai perdu tout le détail de ce qui se passa tout de suite après. Le signal m'avait été donné et la porte avait été grande ouverte pour moi ; le passage, rassemblant *tous* les éléments de cette époque troublée, avait été une scène à lui seul, largement suffisante d'ailleurs, et j'avais pris conscience avec lui d'accéder à de prometteuses possibilités.

XIV

Ce fut sans doute après l'épisode de Sing-Sing que Gussy vint chez nous, à New York, le dimanche et pendant les vacances, d'à peine plus loin que le coin de la rue — son institution étrangère prospérait, autant que je me souvienne, dans la Dixième Rue Ouest ou par là — et pourtant il était comme enveloppé d'airs exotiques et il traînait autour de lui des senteurs d'îles aux épices. Il était éduqué avec des Cubains et des Mexicains surtout, qui représentaient à cette époque à New York plus de la moitié des jeunes fréquentant les institutions étrangères en général, sur lesquels ses triomphes faciles, tandis qu'il hochait sa petite tête rousse devant eux, étaient largement crédibles. En outre l'impression particulière que j'avais était renforcée par la situation identique de sa sœur, plus vieille que lui mais elle aussi plongée dans ce milieu exotique et qui nous apportait aussi parfois d'étranges échos de ces langues. Je me souviens avoir été délégué par ma mère pour aller discuter avec elle, d'une visite à la maison, dans l'établissement de Madame Reichhardt (prononcé, "à la française"*, Réchard), où j'eus l'impression d'avoir vraiment franchi, pour l'heure, le seuil de "l'Europe" ; ma cousine, qui était grande, belle et heureuse, m'ayant bien fait comprendre avec un rire d'une sonorité bien plus admirable que tous les rires entendus par la suite, que nous ne pouvions parler que français en ces lieux. J'en humai l'arôme, de ce langage supérieur, dans les couloirs et les salons — il prit l'aspect d'une forte et savoureuse soupe, un *potage Réchard* * éducatif qui devait être excellent pour former le goût : cela faisait une fois encore partie, à ce que je ressentis en m'en allant, de l'enrichissante expérience d'avoir été jeté dès notre tendre enfance dans le monde. Cette plaisante jeune fille, comme son frère, se trouvait, splendide situation, sans foyer, et menait sa vie, une vie tout à fait superbe, en se rendant successivement d'un parent chez l'autre. Pourtant ni elle ni Gussy ne réussirent vraiment à avoir l'envergure de leur frère aîné, "Bob" du même nom, beau jeune homme, présence chimérique, séduisante, juste indistincte, qui planait un peu au-delà de notre portée réelle et apparemment présentait le comble du caractère peu civilisé. *Il* paraissait s'exposer, pour son plaisir — si cela était du plaisir ! — et mon émerveillement, à toute tentative expérimentale ; son nom prit, sous ces accusations, un éclat plus sombre ; il était tout à fait naturel qu'il ait dû, quelques années plus tard, après avoir "fait preuve d'un certain don pour la sculpture", suivre l'infortuné chemin de la plupart des jeunes d'Albany, être sujet à de tristes et vagues hochements de tête (affectueux et pleins de pitié dans son cas) et connaître une mort prématurée et inutile, ou en d'autres termes, et selon moi, pittoresque. Les hochements de tête furent plus lourds et les soupirs plus profonds pour un autre fantôme impalpable, un des plus jeunes et le plus infortuné, je crois, de tous ceux quc j'ai appelés les êtres remarquables ; encore une fois, lui aussi, inquiétante ombre obsédante et fugace, il avait plusieurs années de plus que nous ; lui aussi, qui avait une charmante sœur, bien qu'il n'ait eu qu'elle, et succomba précocement à quelque mal monstrueux après avoir "montré un don" pour la musique. L'impalpabilité ectoplasmique de ces manifestations esthétiques, quand j'y fais allusion, forme le plus fin éclat concevable de marbre isolé, le plus imperceptible nasillement lointain d'anciens accords ; je me demande, à cause de la curieuse obscurité de la chose, quelle inspiration ont bien pu faire tinter et briller musique et sculpture aux oreilles et aux yeux d'Albany (d'après ce que nous savions du moins de ces organes) et de quelles étranges et faibles déceptions nos amis infortunés ont pu être les jouets. Tout à fait ineffablement bizarre et *falot** que de proposer *ce* type de ressource pour le combat de la vie tel qu'il s'annonçait donc alors ; et surtout magnifiquement suggestif de notre soudaine coupure (la nôtre comme celle de toute la famille) de *la* ressource américaine de l'époque, à Albany ou ailleurs. Cette précieuse lumière était la lumière des "affaires" uniquement ; et nous, d'un commun instinct, les mains dans les mains ingénument, nous avancions dans le désert sans rien d'autre qu'une chandelle vacillante.

Notre entente, dans tout ce domaine, était surprenante — elle n'admettait aucune exception ; nous avions partout fait passer le mot que nous ne comprenions pas, ne pouvions et ne devions pas comprendre ces choses, questions d'arithmétique et de calcul naïf, questions de comptabilité et de marché ; et il apparaît que nous avons tenu notre engagement aussi loyalement et avons accepté notre destin aussi sereinement que si nous avions ensemble engagé notre parole. La rupture avec la tradition et l'attitude de mon grand-père était complète ; jamais un seul d'entre nous n'eut, je crois, pendant deux générations, le cœur aux affaires ; le mieux qu'on pût dire de nous fut que, bien que nous manquâmes à peu près tous autant de toute faculté d'acquisition, il se trouva que cette aimable faiblesse nous coûta moins dans certains domaines que dans d'autres. En fait nous transhumions de façon si bizarre et si régulière — comme c'était notre seule forme de régularité — à l'intérieur des limites de nos pâturages, ne faussant jamais compagnie pour aller brouter en des lieux inconnus ou escarpés. Ce qui importait pour nous pendant cette période, et ce que la morale aurait pu être dans notre cas, est un problème d'intérêt secondaire, après tout, compte tenu de notre durée terrestre si brève. Ce n'est qu'à un petit nombre d'entre nous que l'événement servit d'enseignement, et qu'il fut permis de se demander avec la plus grande intensité ce qui *avait* bien pu compter. C'est une chose qu'il serait intéressant de s'évertuer à résoudre, si je pouvais en prendre le temps ; car on ne raconte pas une histoire, je le conçois bien, à l'aide d'un simple petit coup d'œil attristé sur d'autres désirs avides, le goût du confort, le jeu des passions, l'appétit pour le plaisir. Ces choses ont souvent accompagné l'esprit affairiste ; de même que l'amour de la vie et l'amour d'autrui, et de nombreuses choses de ce monde, la vivacité de cœur et d'esprit ne l'ont toujours et pas encore exclu. Cependant, cet amour ne revient, comme j'y ai déjà fait allusion, qu'à la façon dont les "choses de ce monde" peuvent se présenter ; elles n'étaient pas assez nombreuses, et elles n'étaient pas assez bonnes et belles, pour retenir avec bonheur une attention aussi peu appliquée, aussi relâchée et sommaire. Nous n'avions pas du tout, c'est certain, une intelligence en pleine activité — sans aller jusqu'à faire une distinction et dire *ils* n'avaient pas ; ou bien notre manque d'instinct du marché ne valait vraiment guère d'être mentionné : d'autres curiosités, d'autres sympathies auraient pu redresser l'équilibre. Je crois bien que notre jeune cousin J. J. était vaguement conscient de cela tandis qu'il composait les mélodies légères qui préludèrent à son extinction, et que cette catastrophe tenta ainsi de nous exhorter à trouver prometteuses ; mais son image est encore plus présente en moi sous la forme de cette grande incitation, au cours des quelques années précédentes, à notre constant rêve d'assistance "éducative", ou de quelque plus subtile espèce de problème social, à travers l'Europe.

C'était à l'Europe que J. J. avait été confié ; il y était afin d'y former les petits bras apologétiques qui devaient si peu lui servir, mais il suffisait tout juste qu'il nous indiquât le chemin de la Pension Sillig, à Vevey, qui prenait pour nous, de loin, l'éclat d'une solution très personnelle. Il était exact que la Pension Sillig semblait essentiellement être la solution aux cas d'indiscipline reconnue ; longtemps entretenue chez les parents new-yorkais qui montraient une foi envers de telles solutions, parfaitement adaptée à ce mal ; et ce fut comme s'il accomplissait un acte de foi, les autres remèdes ayant échoué, que notre jeune oncle sans femme, conscient de n'avoir pas de don pour le contrôle et l'édification, avait placé son difficile fils. Il revint ravi de ce cours judicieux et l'heure arriva où nous réclamâmes, avec véhémence, un cours similaire dans notre propre intérêt, et où l'air domestique n'était guère plus que le lointain reflet du miroitement bleu des lacs suisses, l'écho du tintement des clarines dans les pâturages alpins, la généreuse *bonhomie** que M. Sillig, dispensant une éducation toute de lait et de miel[1] et d'édelweiss et de "ranz-des-vaches"*, combinée avec sa célèbre fermeté vis-à-vis des sujets durs. Le pauvre J. J. revint, je le crains, tout à fait semblable à ce qu'il était quand il partit ; mais il avait en vérité accompli sa brève mission sur terre, celle d'avoir rendu nos perspectives d'alors, nos possibilités apparentes, un peu plus accessibles. Il semble même qu'il ait été agité outre mesure même pour M. Sillig — ce qui était du plus décevant ; mais s'il se pouvait par ailleurs que nous nous exposions au reproche de manquer de mesure, il existait des établissements adaptés à chaque phase de l'état critique des Américains ; de sorte que notre orientation générale ne pouvait que gagner en vigueur. Je pense avec compassion, tout compte fait, à la relative obscurité où nous, qui réussîmes ensuite à récolter les fruits, aussi rares et peu abondants qu'ils aient pu être, reléguâmes ceux à qui il ne fut permis que de s'amuser très brièvement avec les fleurs. Ils forment ensemble un tragique trio : J. J. le père, le préféré, le plus beau, le plus sacrifié des oncles d'Albany ; J. J. le fils — ils étaient jeunes ensemble, furent malchanceux ensemble, et la combinaison fut aussi étrange que le désastre fut ample ; et leur fille et sœur, du plus grand des "naturels", de la plus tranquille des insouciances, qui survécut pour parer leur mémoire, de tous les fils et de toutes les pièces de la propre perfection de son caractère

1. Allusion au pays de Canaan : *Exode,* 3 : 8. (N. d. T.)

avant de confirmer la tradition, au bout du compte, par une fin trop précoce et douloureuse.

Si je me souviens, sous l'effet d'une peinture multipliée, que nous avions probablement réclamé "l'assistance" éducative dont je viens de parler, je devrais sans doute m'empresser aussi d'ajouter que mon propre cas devait être par essence des plus pauvres, et bien sûr faire remarquer une bonne fois pour toutes qu'il faut bien comprendre que j'ai vu et ressenti la plupart de toutes ces choses étranges au moyen de rares inaptitudes. Je me rends compte que je n'ai pu être qu'inapte pour avoir gardé de tout cela une sensation positivement triste, pour n'en percevoir l'essentiel que sous la forme d'une vague confusion, d'une déroutante angoisse. Il y avait toujours un intérêt, certes — mais il m'apparaît aujourd'hui comme un intérêt envers toute chose qui n'était pas du tout censée avoir de lien avec la question, ou reconnue comme telle, envers rien de ce qui *était* si respectablement complexe et admis. Sans une certaine finesse d'intérêt je n'aurais pas maintenant de souvenirs ; mais ils s'attachent à moi en somme, sans rien de cette colle forte des "humeurs" retrouvées, des entrains, des assurances et des succès retrouvés ; sans lesquels, d'ailleurs, de manière absurde et indicible, je vivais et m'esquivais, me débattais et échouais, perdais la clef de toute chose sauf d'un esprit lucide dans l'ensemble (lucide, pour mes tendres années) auquel je m'accrochais, conscient de sa valeur. Ce qui se produisit tout le temps, à mon avis, fut que j'imaginais les choses — et presque de façon assez systématique — tout à fait différentes de ce qu'elles étaient, et ainsi, poursuivais au cœur de la réalité, une existence qui me maintint en surface et me sauva alors même qu'elle me coupait absolument de toute forme d'intervention directe, en fait de toute forme de participation directe. C'était *là*, je présume, que résidait l'intérêt — dans l'intensité et la vraisemblance et la variété de ce qui était inconséquent : inconséquence qui, par exemple, faisait de tous les pasteurs et tuteurs, et surtout des compagnons de bancs et de pupitres, de toutes ces présences qui se manifestaient à coups de coudes, coups de pieds à portée de main ou de regard, autant de monstres et d'horreurs, autant de merveilles, de splendeurs et de mystères, mais jamais, pour autant que je puisse me souvenir, de réels parents, dispensateurs de science ou de destin, de camarades de jeu, de proches, de simples contemporains et égaux. Ils étaient quelque chose de mieux — mieux surtout que les contemporains et les égaux ; ils étaient si pleinement des personnages et des caractères, des divinités ou des démons, dotés sous ce jour d'un éclat que la simple réalité familiale, un contact direct plus ordinaire, auraient, je suppose, passablement terni. Cette nuance supérieure d'intérêt n'était pas, loin s'en faut, si trompeuse, puisque je me rappelle sans véritable horreur, ou quelque chose de très proche, un hiver passé avec mon frère à l'Institution Vergnès ; notre chagrine soumission à cette dernière plaide en faveur de ma sensation présente d'un environnement véritablement aride. Une "école française" aurait sincèrement dû avoir la vertu de nous faire patienter jusqu'à des jours plus tranquilles ; elle était infiniment touchante la vision de nos parents de ce fétiche new-yorkais de nos jeunes années, une "acquisition des langues" — une acquisition qui renforçait ces occasions qui nous étaient offertes à la maison, dans la mesure où elles s'y trouvaient, et sur lesquelles j'ai déjà jeté un rapide regard. Charmants et amusants certes furent pour moi certains échos indistincts, certaines images imprécises, de cette superstition qui croisa notre chemin : des dames et des messieurs, vaguement étrangers, dont seules les syllabes écorchées de leurs noms me reviennent, étaient là pour converser dans des idiomes étrangers et céder ensuite la place à d'autres par manque de persévérance — chez les élèves ou les précepteurs, je ne saurais dire. Même le comte Adam Gourowski hante les lieux, polonais, patriote, exilé, momentanément célèbre, avec cette vision qu'*il* fut appelé en raison de ses facilités et ensuite rejeté en raison de ses difficultés ; bien que je devine mal sur lequel de ses champs de bataille — il était si polyglotte qu'il parlait même parfaitement le new-yorkais.

XV

C'est à l'Institution Vergnès que s'attache le premier souvenir de cette sensation d'avoir été dans une certaine mesure "éduqué" avec William James, établissement qui occupait au début des années cinquante un site au cœur de Broadway, le vrai Broadway du centre, là où il vibrait de la véritable pulsation de cette circulation dont nous nous réjouissions en toute innocence — croyant, j'imagine, que c'était la plus animée que nous puissions concevoir : fait qui en soi, à la lumière du présent, comporte une curieuse connotation rococo. Le bas de Broadway — je pense à toute la Quatrième Rue et à Bond Street (où est donc passée maintenant la Bond Street de ces temps reculés ?) — était alors un lieu d'éducation, puisque nous n'en avions pas fini, comme je vais le montrer sur-le-champ, même quand nous en eûmes fini de l'Institution, prompte désillusion ; et c'est ainsi que je ressasse cette période si longue et durant laquelle mes heures personnelles d'assiduité furent en quelque sorte plus que tout des heures passées sur les trottoirs à faire du lèche-vitrine, ou un exercice contemplatif du même genre à cause de la très considérable distance, pour de petites jambes, qui s'étendait de ces régions situées à l'ouest de la Quatorzième Rue. La flânerie ayant été dans mon enfance, comme je l'ai souligné, mon occupation principale, le destin semble avoir eu la bonté d'y pourvoir, sur une échelle assez peu restreinte ; à tel point même que cela a dû vraiment être ma seule et unique forme d'athlétisme. Toute vague compétition et agitation un peu passionnée dans Union Square qui était alors clos, semblait attirer notre attention, à nous tous, sur des types de mouvements plus nobles ; mais de toute base de détente, de toute chose telles que terrain de jeu ou espace à l'air libre, l'Institution était sereinement dépourvue. Cela me paraît encore relever de traditions extraordinairement médiévales. Elle occupait le rez-de-chaussée et le premier étage, si je me souviens bien, d'une large façade qui, dominant cette interminable voie, donnait sur des "omnibus" bringuebalants et ferraillants, des charrettes péniblement tirées et le piétinement humain confus — la violence des répercussions sonores des trottoirs new-yorkais à cette époque devra être considérée plus avant ; et je la revois, de toutes parts, en dépit de ces formes de publicité tapageuse, comme une scène sombre et abominable, et en outre, tout à fait absurde. Je revois certains lieux de l'ensemble de cette période, même des lieux de réclusion, dans un rai de poussière dorée que les souvenirs particuliers des petites misères ne parviennent quasiment pas à obscurcir, et ceci s'applique à notre refuge suivant et presque voisin ; seul l'établissement de M. Vergnès s'assombrit et se rétrécit pour moi — un intérieur *noir* sordide est l'image principale que j'en ai ; uniquement atténuée par le fait que peu de temps après, telle l'épreuve subie, elle s'effaça et cessa. Dans l'obscurité, je distingue un peu M. Vergnès en personne — assez "vieux," très vieux bien sûr, à ce que je pensais, et très en colère et manifestement les nerfs à vif ; pourtant je n'ai pas le plus infime souvenir de quoi que ce soit de particulier qui me soit arrivé entre ses mains ou celles de quelqu'un d'autre. Ce qui se produisit surtout, sans aucun doute, ce fut que mon frère et moi, partîmes tous deux avec la volonté d'assimiler la chronique du *Jack* d'Alphonse Daudet, des années et des années plus tard ; faire connaissance dans cet ouvrage des "petits pays chauds"[1] parmi lesquels Jack apprit les premières leçons de la vie, c'était d'un seul coup voir revivre l'Institution Vergnès, fourmillant, comme cela était le cas, de petits Mexicains et Cubains nostalgiques ; l'absence totale de blondeur qui marque mon souvenir

1. Expression utilisée pour désigner les élèves étrangers — surtout africains — de l'institution ou "Gymnase Moronval" dans *Jack*, d'Alphonse Daudet. (N. d. T.)

tient sans doute à l'effet cumulatif produit par la présence de tant de "petits pays chauds"* new-yorkais, en majorité bruns et noirs qui drainaient avec eux une sombre mélancolie. Je crains de voir toutes les choses se perdre ensemble dans cette mélancolie sauf un détail saillant, le fait que tout le "personnel" ait semblé être constamment en colère ; d'où résultait naturellement cet accent strident (le seul accent que nous pouvions prendre, bien que nous fussions censés apprendre, pour l'extrême importance que cela représentait, des quantités de français) et le son de puissantes vociférations. Je me souviens de portiers furieux, de discours en langue étrangère et de visages empourprés — de mauvais "exercices" et *dictées** déchirés, de volumes lancés à travers les airs que nous évitions ; mais jamais, malgré tout cela, ils n'en vinrent à nous frapper. Il ne peut y avoir eu à l'Institution de coups donnés à des fins éducatives — de tels échos ne me viennent pas davantage de nos heures de détente. Les petits Cubains et Mexicains, me semble-t-il, ne devaient pas recevoir de vulgaire fessée — par respect, je suppose, pour quelque résidu latent ou quelque survivance inculquée de fierté castillane ; ce qui inspirerait, en outre, des considérations de prudence d'ordre tout à fait pratique. Nourriture à réflexion et à comparaison, qui aurait bien pu être ainsi suggérée ; enfin, il est intéressant l'élément de contraste entre des conceptions de ton, de caractère et de manières, aussi opposées que cette passion sans coups, ou seulement de coups sur des objets inanimés, qui dominait la scène que j'ai décrite, et les coups sans passion, ce sévère et impersonnel usage des verges, strictement punitif, qui représentait alors la tradition anglaise. C'étaient les deux théories de la sensibilité et de la dignité personnelle, qui divergeaient ainsi ; mais avec tellement d'autres divergences maintenant par ailleurs, que l'ancienne comparaison devient caduque. Dorénavant nous ne recevons plus du tout de correction — même si cela résulte d'une fierté autre que castillane : du moins il est difficile de dire quel idéal a ainsi triomphé. Dans l'air

Vergnès, il me semble en tout cas, n'avoir connu ni corrections ni terreur — pas même l'inquiétude d'avoir jusqu'à aller au tableau ; seulement protégé par mon insignifiance, qui cachait déjà cette conscience de notre sombre misère. A nos yeux toute cette affaire était bizarre, assurément ; mais combien plus étrange pour les pauvres garçons des "petits pays chauds"* qui étaient venus jusque-là pour leur privilège. *Nous*, en comparaison, n'étions venus que du coin de la rue — et cela suffisait déjà à rendre "la situation de l'éducation" et l'éventail de sélection qui prévalaient, assez étranges. Que pouvaient donc bien donner ces choses sous les divers climats des "petits pays chauds"* ?

Ce fut à la suite d'une violente vague de réactions, cela est clair, que nous échouâmes ensuite dans le très calme havre de Mr. Richard Pulling Jenks — où des eaux plus limpides, dont je ressens encore la fraîcheur, ont dû emplir un abreuvoir plus propre bien que, certes, légèrement plus étroit. Pourtant l'éventail de sélection n'avait pas, même à ce niveau plus élevé, été démontré de façon très remarquable ; notre saut fut de faible portée — nous fouinions toujours dans Broadway en toute bonne conscience et passions furtivement dans la Quatrième Rue. Mais je pense que c'est là, pour diverses raisons, que l'éducation supérieure commença d'émettre pour nous ses premières lueurs. Un éclat diffus, une sorte de faux jour issu de hautes fenêtres opposées, se répand en tout cas pour moi sur le petit royaume de Mr. Pulling Jenks comme s'il était baigné de limites indéniablement agréables. Limité, certes, il devait l'être, je pense, nous avions deux salles médiocres, celle de devant et celle de derrière, nous étions entassés, nous avions un grand poêle peu commode, une toile cirée grise et granuleuse, et encore notre importune Broadway ; de l'agrégat de tous ces éléments il se distille, sans que je parvienne à expliquer pourquoi, une forme perverse de romantisme. Je parle, bien sûr ici, pour moi surtout, et je dois admettre qu'en de telles conditions je devais être avide de romantisme ; puisque la sensation de sa présence s'était même immiscée jusque dans un désert de distractions aussi absolu que celui de l'Institution Vergnès. De Broadway, nous grimpions toujours — je sens encore l'odeur de l'escalier raide, froid et poussiéreux ; ou bien nous retombions directement dans Broadway — je revois encore la lumière éblouissante de cette libération ; et je ne sais guère quelle ténuité d'esprit aurait reflété le fait que je n'aie profité, ni ressenti l'absence (je ne parle encore que pour moi) d'un espace plus vaste que le sol de la classe pour mes ébats et mes flâneries. J'en conclus bel et bien que nous avons dû flâner dans Broadway, et seulement dans Broadway, comme de vrais petits hommes d'expérience ; on a dû nous y laisser nous dégourdir les jambes et emplir nos poumons, sans préjuger de nos allées et venues en liberté du matin au soir. Ce dont je déduis tout aussi rigoureusement, par ailleurs, que Broadway devait ressembler alors à un des chemins de l'Eden, en dépit de tout contact ou conséquence sinistre où nous aurions été impliqués ; circonstance qui n'entamait en rien, non plus, comme je l'ai remarqué, le séduisant attrait qui nous était offert. L'intérêt, en vérité, aurait pu être aussi une chose *calculée* tant de la part de nos chers parents que de la part de Mr. Jenks lui-même. Toutefois, notons bien, circonstance des plus étranges, que nous acceptâmes tous cette absence de paysage, cette insuffisance de sport. Je crois que la véritable profondeur du problème tenait au fait que nous avions des heures si courtes, quand bien même elles aient pu paraître longues à l'époque, que la journée laissait de la marge au pire pour les inventions personnelles. Je crois que nous découvrîmes le paysage, tout seuls — et partout où je découvrais au moins un espace de vision, je découvrais le sport que je pouvais pratiquer — même entre les pièces de devant et de derrière et les fenêtres opposées ; même près du poêle qui en somme brûlait sans vous chauffer, et pourtant autour duquel Mr. Coe et Mr. Dolmidge, le professeur de dessin et le professeur d'écriture, ce qui arrivait les jours d'hiver, avaient l'habitude notoire, et dans le cas de

Mr. Coe, en se lamentant, de prolonger leurs séjours. Est-ce que le rai de poussière dorée rétrospectif émane à ce propos, de Mr. Dolmidge et de Mr. Coe, dont les soins me reviennent comme les seuls vraiment désirés ou recherchés que je devais connaître au cours de mes années d'élève ?

Je les revois en tout cas comme les images d'un monde ancien, les figurines d'un sceau antique ; les produits, n'était-ce pas ce qu'ils avaient dû être, d'un ordre dans lequel une relativité sociale ou un ajustement naturel, une forme et une pression transmises, étaient encore à l'œuvre ? Mr. Dolmidge, maigre à l'excès, rasé de frais, ce qui était relativement peu courant alors, en queue-de-pie, et, je crois, en foulard de satin noir, était, sans nul doute, parfait dans sa manière purement fonctionnelle, un authentique porte-plume d'homme, mélancolique et doux, qui enseignait les fioritures les plus compliquées — de grandes volutes en forme de vagues et d'aigles aux becs crochus et aux yeux en forme de billes, l'aigle est un oiseau si calligraphique — alors qu'en fait il n'enseignait peut-être que la résignation. Il n'avait rien du tout de drôle — personne hors de notre cercle familial immédiat, en fait je crois que presque personne sauf William James lui-même, qui prospérait dans tout ce qui était superflu, ne m'a paru drôle durant ces années ; mais il devait rester pour moi l'image d'un personnage de Dickens, une des images de Phiz, sinon de Cruikshank. Mr. Coe était une autre affaire, épineuse quand il était question d'être "dur", mais un peu aussi quand il s'agissait de se montrer doux, et profondément attachant ; un notable d'immense stature et présence, couronné de la chevelure blanche et épaisse du génie, portant une grande cape froncée ou plissée, avec un large col de velours, et ressemblant, tel qu'il me revient, au général Winfield Scott qui était alors si vivant à nos yeux. Il se peut bien que j'aie déjà trouvé curieux qu'une personne si imposante produise d'aussi petits "dessins cartonnés" ; c'était comme si un gigantesque oiseau avait pondu des œufs minuscules. Mr. Coe, à dire vrai, pondait les siens partout, et bien qu'ils ne fussent pas plus grands qu'une main — de tout petits garçons pouvaient les installer avec cérémonie sur de tout petits bureaux — ils offraient, sans nul doute, une grande variété par leur nombre et leur effet. Ils étaient disséminés au loin à l'étranger et, je suppose, célèbres ; ils représentaient de petites chaumières tarabiscotées, des arbres diaphanes, des bêtes sauvages en train de paître ou bien sur la défensive et d'autres objets ruraux ; tous rendus, d'après mon souvenir, en petits pointillés qui ressemblaient à des histoires contées en mots d'une syllabe, ou bien peut-être en brefs soupirs de plaisir. Il devait s'agir d'un art bègue, mais j'en admirais la fluidité, qui se mêle en outre pour moi à des associations plus riches bien que légèrement imprécises. Mr. Coe travaillait à grande échelle, aquarelles, huiles, réalisant de merveilleusement jolis petits panneaux dont l'image et l'odeur me reviennent aujourd'hui encore, lorsque j'entends parler d'une peinture "sur bois" : ils étaient empreints de la fascination de la grandeur quand William James les rapportait à la maison de l'atelier où le maître dispensait son enseignement dans ce vieux bâtiment universitaire qui occupait en partie le côté est de Washington Square et qui semble dans ma mémoire, ou pour ma tendre imagination, vibrer de plus de charges et de fonctions, clair obscur plus dense que n'importe quelle immensité érigée d'aujourd'hui, où le caractère se perd tellement avec le nombre. Existe-t-il à présent une structure qui joue un rôle pareil en proportion de sa taille ? — Alors même que je me pose la question je sens que rien sur terre n'est en proportion avec les tailles actuelles. Elles seules sont proportionnées — et à un simple espace céleste et à une simple quantité, quantité d'acier et de pierre ; ce qui est relativement inintéressant. Peut-être nos besoins et nos éléments étaient-ils alors d'une absurde rareté, d'une provinciale rareté, et que les bribes de caractère dans ce petit condensé de granite gris étaient tout ce que nous avions en général à exposer. Il faut que j'ajoute en tout cas que certains d'entre eux étaient exposables — je veux dire, même dans ma tendre jeunesse ; puisque je réagis même déjà au privilège d'avoir été présent à quelque cérémonie de remise de diplômes ou commémoration, ce qui devait être le propre, sans doute, de chaque "université," où, comme sous un toit riche et élevé, devant un chancelier en toge et au milieu d'admirateurs serrés et d'applaudissements impressionnants, étaient prononcés des "discours", dans le meilleur langage, et où en plus, je reçus, comme un exemple éblouissant, la rare assurance du jeune Winthrop Quelque chose ou Quelque chose Winthrop, qui, bien qu'encore en veste, nous laissa sous le charme de son interprétation de Maître Buzfuz dans son réquisitoire contre Mr. Pickwick. Longtemps, je devais rester émerveillé par la superbe suffisance du jeune Winthrop Quelque chose ou Quelque chose Winthrop — c'est peut-être après tout dans cette impression romantique (avec même, en plus, la consécration d'un ou deux romans du jadis admiré Theodore du même nom, qui se poursuit de façon très remarquable) que l'esprit du lieu est embaumé.

Je ne dois certes pas oublier que j'ai aussi ajouté Mr. Coe — même si ce fut d'une main moins assurée ; après avoir pris note de ces importantes poussées de talent et d'espoir, je commençai, à cette époque, à les voir s'établir définitivement chez mon frère. Lorsque je remonte loin en arrière et que j'appréhende l'image de William James, sous sa forme la plus caractéristique, je le vois assis à dessiner et dessiner, toujours dessiner, en particulier à la lumière de la lampe du petit salon de la Quatorzième Rue ; et pas avec cette patience besogneuse, qui, je pense, m'aurait moins touché, mais avec aisance, spontanéité et, comment dire, infaillibilité : toujours au stade des finitions, sa tête dodelinait de droite à gauche et il léchait sa lèvre supérieure. Je recouvre une période au cours de laquelle le voir revenait à le voir ainsi — les autres élans et facultés l'éloignaient de ma vue. Tout cela allait de soi — il réapparaissait, passait plus près, sauf dans ses moments d'insouciance, et il était clair que j'acceptais tout à fait l'insouciance de ses disparitions. Ne les illuminait-il pas toujours, quand il était sous mes yeux, et ne les justifiait-il pas par une vivacité accrue et amplifiée ? De sorte que de le sentir fait pour des assimilations à peine concevables, rendait nos absences de contact si naturelles pour moi qu'elles n'en étaient même pas des leçons d'humilité. L'humilité n'avait rien à voir — aussi peu que l'envie, par exemple ; j'étais en dessous de l'humilité, de même que nous étions ensemble en dehors de la compétition, mutuellement "hors concours"*. *Ses* compétitions, il les disputait avec les autres — et comment n'était-il pas, comment ne pouvait-il pas, en être le vainqueur ? alors que les miennes ne se disputaient avec personne, ou personne ne les disputait avec moi, ce qui revenait au même, et Dieu sait bien que je ne les ai ni provoquées ni évitées. Cet hiver-là, d'après mes souvenirs, le situe suffisamment dans les limites de mon horizon pour pouvoir assurer que sa position et sa situation dans les hauteurs de l'esprit étaient bien établies — auparavant j'avais dû considérer cela comme allant de soi, mais j'arrivais maintenant, d'une certaine manière, à en prendre la mesure ; et la fraîcheur de cette sensation, élément de sérénité dans ma satisfaction, était liée, je le pressens, à l'effet de nos évolutions avec le reste de notre groupe — qui n'était pas grand en nombre mais, chose notable et appréciable, "choisi" — à un plan plus élevé et plus noble que jamais jusqu'alors. Nous devions surtout bien sûr ce bénéfice à Richard Pulling lui-même, dont j'entends encore mon frère me dire, beaucoup plus tard, et avec une autorité qui me parut indiscutable, que de tous nos maîtres c'était lui qui avait le plus grand génie, le seul en fait à qui l'on pouvait absolument reconnaître l'art de susciter un intérêt ou d'éveiller une sympathie. Tout ceci pour dire qu'il aurait pu orner une sphère supérieure — et il est bien probable, pour expliquer qu'il ait si tôt délaissé nos compétences, qu'il se soit rapidement élevé vers des sphères supérieures ; je ne peux du moins expliquer que nous l'ayons déserté l'année suivante et que nous ayons décliné vers des choses bien moins nobles et une civilisation inférieure que par l'éventualité de ce départ, effectué juste après, à une distance plus importante, pour un de ces lieux de très haute envergure de la ville. Quelques années avaient dû passer et il avait dû recevoir quelques distinctions lorsque, étant pour très peu de temps ensemble à New York, William James et moi lui rendîmes visite un dimanche après-midi, pour découvrir — chose dont je n'étais nullement sûr — qu'il se souvenait encore parfaitement de nous, ou du moins il le prétendit avec une certaine élégance ; avec élégance, en dépit de sa ressemblance tout à fait frappante avec le Punch, le mari de Judy, des journaux humoristiques et des spectacles de rue. Chauve, replet, rougeaud, avec son nez, son menton, ses sourcils arqués, son ventre et sa *barbiche**, sans parler de la férule qu'il berçait dans ses bras et de laquelle, dans le spectacle, on se gausse à loisir, Mr. Jenks semble toutefois avoir conservé sa dignité et renvoyé une image flatteuse, et il avait fait d'autres choses de surcroît. Il nous frappait parfois — ce fut sans doute un des derniers à le faire ; mais je ne m'en souviens pas comme d'une chose affreuse ou atroce ou drôle — je n'ai pas le souvenir, à vrai dire, de l'avoir directement senti ou d'y avoir indirectement pris plaisir : ceci ne réussit pas cependant à rompre le charme de notre civilisation où ma participation était essentiellement contemplative. Il est certes étrange que tout ce que j'associe à mes "études", aussi bien d'enfant que d'adolescent, se rattache à presque tout sauf à l'action d'apprendre — à savoir apprendre ce que j'étais censé apprendre. Je n'ai pu qu'être occupé à d'autres activités — qui devaient avoir quelque ressemblance, superficielle du moins, avec l'acquisition de connaissances faciles et peu sérieuses ; puisque j'ai peu de souvenirs des angoisses intérieures ou des souffrances physiques d'une situation humiliante. Je reconnais en même temps qu'il était peut-être fâcheux de s'intéresser à n'importe quoi. Tels sont, pour le pire ou le meilleur, certains des aspects de cette période où domine l'image de Mr. Jenks ; à la lumière desquels je *peux* peut-être encore plutôt me demander pourquoi j'attribue à l'image d'ensemble autant d'aménité. Il est clair que ce brave homme était un civilisateur — avec les coups et le reste ; et par quelque artifice on n'en saura rien maintenant. C'était un humaniste satisfait — voilà, si j'ose dire, ce qu'il était essentiellement aux yeux de mon frère ; bien que cela passât au-dessus de ma tête de dix ans. Ce fut un bon point pour lui dans ce domaine qu'il déplorât la facilité des livres de lecture du docteur Anthon de Columbia College, dans lesquels il y avait plus de plagiat que de texte, et qu'il s'accrochât à la plus rigoureuse discipline d'Andrews and Stoddard et de cet autre commentateur encore plus conservateur (lui aussi, sans doute dépassé depuis longtemps) dont je rougis d'avoir oublié le nom. Pour finir, je considère la modeste mais sincère institution de Richard Pulling comme une sérieuse petite forme de protestation contre sa grande et facile et très éminente rivale, l'école de Columbia College, à laquelle, à cette époque, la chance semblait être tout à fait favorable.

XVI

Je dois avoir, à un certain degré, considéré comme un attrait le fait que nous n'ayons pas été, sous son joug, immodérément préparés au monde des "affaircs", mais nous devions par contre nous rappeler que le goût de Cornelius Nepos qui régnait, tout aussi rance qu'il ait pu être, avait manqué de la noire amertume qui marqua notre épreuve suivante et qui, à mon avis, a découlé de la prédominance abusive de la théorie et de la pratique de la comptabilité. Ce à quoi il faut ajouter en parallèle que nous nous retrouvâmes, par je ne sais quelle inconséquence, à faire tous les deux partie "des biens" d'une société ; Mr. Forest et Mr. Quackenboss, qui dirigeaient leur entreprise à l'angle nord-ouest de la Quatorzième Rue et de la Sixième Avenue, ayant pris en main notre éducation pendant l'hiver 1854-55. Comme leur établissement en avait le style, j'avais ainsi l'impression à l'époque qu'il avait la marque et l'allure générales d'une boutique — une boutique fondée de longue date, avec de nombreux clients, et une animation vive et affairée. La structure elle-même, je la reconnus récemment, était encore là et plus que jamais une boutique, rénovée et agrandie, mais proposant d'autres marchandises que celles d'autrefois, et je suppose qu'alors l'approvisionnement était assez frais ; d'autant, du moins, que la notion de fraîcheur pouvait s'appliquer au membre le plus âgé de la firme, qui était descendu jusqu'à notre génération, d'un passé légendaire et avec une ressemblance frappante de visage et d'apparence générale à Benjamin Franklin. Mr. Forest, sous l'attention plus particulière duquel je languissais, venait d'une période moins sophistiquée et, ayant formé, d'après la légende, dans leur jeunesse, le goût de deux ou trois de mes oncles new-yorkais — bien qu'on puisse se demander en quoi cela avait bien pu consister — était toujours d'une *trempe** à infliger des corrections, selon les bonnes vieilles méthodes, à leurs neveux et fils. Je le revois nous dominer de haut, bienveillant et dur, doucement massif, vêtu d'un frac et d'un pantalon noirs et d'un foulard blanc qui aurait dû représenter, si ce n'était le cas, un jabot, et sur la plus haute tribune de notre expérience, d'où je le revois comme le plus aride de tous nos puits de connaissance, mais aussi comme le représentant d'un lien avec des manières et des formes d'autrefois et comme la figure la plus "historique" à laquelle nous ayons jamais eu affaire. William James, d'après ce que je perçois, avait en vérité à peine affaire à lui — William James de nouveau perdu dans les étages supérieurs, dans de plus grandes classes, dans de réelles activités, et m'associant, de façon indirecte et presque désapprobatrice, à un étrange, bouclé, lustré, consacré et barbu Mr. Quackenboss, le jeune associé, qui dirigeait le département d'études classiques et ne donnait jamais de corrections — il se contentait seulement d'envoyer ses sujets, en toute confiance, à son ami. Je me souviens avec précision que Mr. Forest était abominable et ennuyeux, et pourtant que d'une certaine manière, du même coup, nous ne ressentions pas sous sa domination la terreur, nous ressentions seulement un terrible manque ; même s'il s'agissait bien sûr d'un manque (parlant pour moi) d'on ne savait trop quoi, puisque je me serais peut-être contenté, dans une atmosphère aussi retentissante, de m'en tirer sans rien d'autre qu'une carence d'émotions. Si je ne ressentais pas cet intérêt, il est clair que je n'ai pas dû l'inspirer, et je m'émerveille de nouveau, à ces souvenirs, que les quelques points que je semble avoir abordés, aient pu constituer la réalité. Cela, cependant, se rattache en somme à une association différente, et je relis dans celle que je viens de mentionner une bonne part de la froideur, ou du moins de l'indifférence, d'un détachement prévisible et voué à l'échec : ce fut au cours de cet hiver que je commençai à vivre par anticipation dans un autre monde et sentir notre difficile relation à New York se relâcher irrémédiablement. Je me souviens depuis combien de mois, lorsque la rupture se produisit, nous étions dans ma conscience personnelle quasiment en mouvement ; bien que je retrouve en même temps l'impression d'une plus grande expérience en cet endroit que celle qui avait marqué notre petite histoire antérieure : ceci, toutefois, est un aspect du sujet que je dois laisser de côté pour l'instant. Car il aurait été tout à fait curieux en même temps, de nous maintenir à l'arrêt un moment — qualité de notre situation qui pouvait permettre à des éléments semblables à ceux sur lesquels je viens de porter un regard de prendre de façon si considérable la place de l'éducation telle qu'elle est le plus communément et conventionnellement comprise, et grâce à cette compréhension, élaborée avec plus de conviction ; voici une faille, dans tout le système, que je ne parviens absolument pas, en toute logique, à déplorer, cependant — marqué comme je le suis par cette rare coutume selon laquelle, dans toute jeune victime de la vie, la perversité intérieure peut jouer.

Elle joue en convertissant à ses habitudes des choses

futiles et imprévues, à la grande confusion de leurs contraires attendus, qu'elle réduit du même coup si souvent à néant ; avec pour résultat, bien sûr qu'on peut surtout la voir, cette petite vie — c'est du moins très exclusivement ainsi que je l'ai vue, cette petite vie, chercher sa chance — procédant à l'aide de la pratique obstinée de la transformation. Lorsque je réfléchis à mes jeunes débuts et à ceux de mon frère — même les siens d'ailleurs, accomplis avec des élans plus forts — c'est tout à fait comme si les auteurs de notre existence et les gardiens de notre jeunesse ne nous avaient en fait dit qu'une seule chose, n'avaient dirigé nos pas que par un mot, constamment répété toutefois : transformez, transformez, transformez ! Lequel ne me donne même pas l'impression d'avoir provoqué chez nous l'attrait nécessaire pour découvrir plus avant ce métal précieux et particulier que notre chimie devait avoir en vue. Je sens, encore dans cet air pur, l'absence du moindre soupçon d'une allusion, par exemple, au fait que ce métal précieux était l'or raffiné du "succès" — récompense de l'effort pour lequel je me souviens n'avoir, jamais dans le moindre souffle, entendu à la maison aucun mot bienveillant, ni aucun mot du tout. Il était en vérité prévu que nous devions entendre des mots en quantité suffisamment abondante ailleurs ; de sorte que toute dignité à laquelle pouvait prétendre cette idée ne valait pas, en premier lieu, que l'on s'y attarde, et ensuite pouvait bien être exagérée. Nous devions transformer et transformer, avec succès — au sens alors accepté — ou sans succès ; et simplement tout ce qui devait nous arriver, tout contact, toute impression et toute expérience que nous devions connaître, devait former la matière soluble de notre être ; nous serions les seuls à blâmer, si nous devions continuer à ignorer, à l'âge où nos perceptions seraient correctement développées, la substance enfin projetée et très désirable. Il se pourrait que cette substance soit tout juste La Vertu, en tant que grâce et valeur sociale — et en tant que matière par ailleurs, sur laquelle tout prétexte à l'ambiguïté de point de vue et d'évaluation était aussi peu que possible appelé à se développer. Ce dernier luxe pourtant nous fit tout à fait défaut, et nous ne comprîmes vraiment pas moins ce qui était suggéré et attendu à cause de la manière extrêmement libérale dont la pilule, si je peux me permettre de l'appeler ainsi, était dorée : elle avait été conçue — pour mettre en valeur mon image — dans une si brillante atmosphère d'humanité et de gaieté, de charité et d'humour. Ce dont je parle c'est du milieu lui-même, évidemment, dans lequel nous fûmes d'emblée plongés — je ne porte maintenant mon regard sur aucun tour particulier que prit notre jeune attitude, et c'est tout juste si je parviens à exprimer combien il risquait peu de conduire à la formation de petits êtres infatués. Ce que notre père avait avant tout en horreur, c'était bien eux — seule la vertu, plus ou moins honteuse d'elle-même, l'intéressait ; et rien n'aurait pu paraître d'une plus heureuse fantaisie que le mélange en lui, dans sa démarche et sa conversation, d'un très fort instinct pour l'humain et d'une très vive réaction au prosaïque. Le prosaïque joua dans notre éducation un rôle plus petit qu'il n'en joua peut-être jamais dans aucune autre, et nous respirions l'air salutaire de l'illogisme et dégustions des contradictions. La présence du paradoxe était si éclatante parmi nous — bien qu'il voletât toujours d'une aile aussi légère et d'un vol aussi court que nécessaire — que nous prîmes assez l'habitude de faire la part, très tôt déjà, des si nombreuses et curieuses déclarations que nous entendions, au point de nous obliger à "ne pas en tenir compte" ; la morale de tout ceci étant que nous n'eûmes jamais à craindre d'être assez gentils tant que nous étions assez sociables : ce dernier terme prenant bien sûr une splendide signification.

Ainsi avions-nous toujours cette distraction, puisque je ne peux vraiment pas l'appeler autrement, d'entendre la morale, ou le moralisme, comme elle était plus désobligeamment nommée, démolie dans l'intérêt même du caractère et de la conduite ; ces choses souffraient beaucoup, semble-t-il, de leur association à la conscience

— à savoir, la conscience *consciente* — le siège même du prosaïque, le repaire de tant de pédantismes. Le pédantisme, pour toutes ces raisons, était frappé d'anathème ; et si notre cher père s'était quelque peu soucié de ne pas être cohérent, et qu'il ait, nous concernant, entretenu un optimisme dans l'ensemble moins ardent (état non pas désinvolte mais acharné d'ailleurs, chez lui) il aurait peut-être trouvé difficile d'appliquer à la promotion de nos études une suspicion si nette à l'égard de l'inhumanité de la Méthode. La Méthode n'avait certes jamais vraiment sévi parmi nous ; mais nous eûmes néanmoins le bonheur de voir toutes choses évoluer, et de telles indifférences cesser d'être plus pédantes que certaines rigueurs avaient peut-être pu l'être ; sur toutes ces curieuses remarques sur notre situation il y aurait, et il y aura peut-être, davantage à dire — mon objectif actuel n'étant que de témoigner de ce qui me revient le mieux aujourd'hui dans le bizarre air éducatif où j'essaie de respirer à nouveau. Cette réflexion précise c'est que si nous n'avions pas eu, dans une certaine mesure, la racine de la matière en nous, aucune méthode, aussi ouvertement et agressivement "pédante" qu'elle ait été, ne nous aurait vraiment servi ; et puisque nous semblions l'avoir, bien enfouie et inerte dans nos petits lopins de terre vierge, la façon dont elle luttait pour se développer, était une expérience tout aussi intense que toute autre et un exploit d'aussi grande valeur. On pourrait me demander, je l'avoue, de la racine de "quelle" matière je parle avec autant de suffisance, et si je dis "Eh bien, grâce à cette matière avec laquelle, avec une considérable intensité, nous avons *prouvé* que nous étions sensibles, ou, si vous préférez, aptes à l'éducation, c'est-à-dire, réceptifs à l'expérience," on pourrait alors me rétorquer : "Cela ne peut convenir à l'acceptable récit d'une jeune conscience ; car pensez à toutes les choses que cette absence de méthode, dont vous faites si peu cas, n'a pas inculquées à la vôtre ; pensez à cette splendide économie d'une éducation réelle — ou du moins, d'un essai et d'un plan d'éducation, d'un "programme régulier d'instruction" — et pensez ensuite au gâchis qu'entraîne le substitut si inférieur dont vous fûtes tous deux, de toute évidence, les victimes." Il s'agit bien là d'une admonestation qui me laisse songeur, moins, toutefois, que cette autre sensation, émanant de cette entière rétrospection, de me sentir dorénavant sûr d'avoir saisi l'histoire relative à ce gâchis — au point qu'il en vient à me paraître resplendissant d'intérêt, au point même de m'amener à me demander comment diable, s'il s'agit d'injecter plus de choses dans la conscience (ce qui semblerait être le cas) la mienne aurait pu en "supporter" davantage : grâce à son petit artifice, pervers peut-être, je l'admets, qui consistait à se sentir très tôt gavé de manière presque inconfortable. Je vois mon critique, par quoi je désigne le représentant de la méthode à tout prix, n'accepter cette allégation que pour l'écraser de toute son assurance — sans les insignes effets de la méthode, il a fallu, inexorable loi, avoir recours à des expédients et des astuces, et on n'a donc pu être qu'un fin matois réussissant plus ou moins bien ses finesses. Je prends bonne note de la respectabilité du préjugé à l'encontre d'une ou deux des utilisations auxquelles l'intelligence peut être à la limite soumise — cette utilisation criminelle, en particulier, qui consiste pour elle à falsifier son histoire, à contrefaire son passé même, et à apparaître plus noble que ne l'attestent les preuves qui peuvent être retrouvées. On ne peut que s'appuyer, néanmoins, sur l'*im*possibilité de retrouver des preuves — quand on en est à ce stade : aux cas si nombreux où, avec les preuves à l'appui, les renseignements eux-mêmes ne peuvent être identifiés. Je ne défends rien, du reste, que le vif intérêt du spectacle, et surtout la mesure, de presque toute histoire mentale basée sur des faits. D'un intérêt moindre, relativement, est cette conception de l'esprit *avant* — à savoir, avant la démonstration de la réalité, et alors qu'il est encore étouffé par des théories et des présomptions (linge cramoisi et fin, et pour aussi merveilleusement seyantes que ces choses puissent être) de ce qu'il pourrait y avoir de meilleur pour lui.

Ces remarques sans doute trop nombreuses ont été déterminées par ma conscience de la ténuité de certains de mes indices : j'avais commencé à compter nos pas hésitants en remontant si loin en arrière, et avec un tel entrain, je le confesse, pour que même le plus vague ne m'échappe pas. Je ne peux guère exagérer le vague qui *devait* vraiment présider à un grand nombre d'entre eux, compte tenu du fait que notre père, bien davantage préoccupé par l'honnêteté de notre esprit que par autre chose, toute autre chose qui pourrait nous être ou nous devenir propre, semblait considérer que cultiver cela nous aurait suffi comme profession et comme carrière, eût-il seulement trahi plus d'intérêt pour notre maîtrise de toute forme de création ou technique artistique. Ce n'était certes pas que professer la vertu ait pu être autrement qu'odieux pour lui, or, pour singulière que fût la situation, certaines fois, il aurait pu nous surprendre car après tout, il faisait preuve à cet égard de bien plus de patience qu'envers ceci, ou cela, ou envers tout autre projet plus pratique et prospère. Il va, toutefois, se présenter d'autres exemples de la façon admirable dont il dissimula son inquiétude et sa tendresse sur ces chapitres et une variété d'autres du même ordre ; car maintenant je vois qu'il craignait plutôt d'avouer certaines de ses inquiétudes, qu'il refusait plutôt de donner dans la sévérité des précautions et des punitions appliquées. Son attitude, si peu considérée comme habile ou vulgairement providentielle, mais malgré cela, si bien fondée d'un point de vue social et affectif, ne pouvait avoir pour effet que de nous rendre la vie intéressante au pire, à défaut de nous la rendre extrêmement "payante". Il avait pour théorie que de toute façon elle paierait toujours assez — et ceci bien moins d'après une piètre conception de nos lacunes que d'après une heureuse et amicale, bien que légèrement nébuleuse, conception de nos ressources (car il se délectait de nos lacunes et avait de façon si bienveillante, si superficielle et si sommaire des lacunes *à* notre place). Se délectant toujours de la vérité tandis qu'il éprouvait un généreux mépris des faits, pour autant que nous puissions faire la différence — les faits ayant cette manie d'être nombreux et la vérité d'être unique — il prétendait qu'il y en aurait toujours assez ; puisque la vérité, la vérité vraie, n'était jamais laide ni effrayante, et que nous ne nous en éloignions et ne nous en éloignerions jamais, ni par cruauté ni par imbécillité (car il ne voulait pas nous prendre pour des imbéciles) et que donc nous pourrions avoir à en dépendre pour l'abondance requise, même de viande et de boisson et de vêtement, même de sagesse et d'esprit et d'honneur. Ce serait aller trop loin que de dire que si l'humanisation et la socialisation de notre adolescence furent si prépondérantes, c'était pour nous préparer à nous méfier de ces choses par un biais subtil ; mais je reviens à ma proposition qu'il peut encore exister un attrait à voir de tels risques à l'œuvre dans un cas précis, même s'il n'est pas systématisé. Mes cas sont bien sûr précis, de sorte que l'économie d'observation d'après la réalité, comme j'ai appelé cela, suscite l'inspiration, pas moins que l'amusement, ou tout ce que cela peut être, sur la question de ce qui pourrait arriver, ce qui en fait arriva, à plusieurs petites personnes très citadines et civilisées, dont l'urbanité était entendue et la sensibilité assez riche, au lieu d'être jetées dans une mêlée ou d'être abandonnées sur des hauteurs balayées par le vent sous la louve de la compétition et de la discipline. Peut-être que le succès qui accompagna cette expérience — qui n'était absolument pas du tout, comme j'y ai fait allusion, une chose arrangée, mais seulement l'accident par excellence — découlait du fait que les petits sujets, un Romulus vaincu, un Rémus sacrifié prématurément, avaient dans leur sensibilité même un capital, comme nous avons été amené à le dire, un principe de vie et même "d'amusement." Peut-être, par ailleurs, que le succès aurait été plus grand en diminuant cette complication ou cette facilité précises et en augmentant une autre que je serais bien en peine d'identifier. Il se trouve que ce que je découvre sur mon chemin est le fait de la sensibilité, et dans la lumière qu'elle répand, les choses curieuses ou ordinaires, qui de temps à autre y jouent, semblent toutes y puiser un éclat individuel et vivifiant.

Comme à l'institution Vergnès et chez Mr. Pulling Jenks, quoi qu'il en soit, ainsi que chez "Forest," ou en d'autres termes dans les plus nombreux établissements de Mr. Forest et Mr. Quackenboss, où nous passâmes l'hiver 1854, la réalité, sous la forme d'innombrables compagnons, n'avait dû cesser de grouiller autour de moi : chez Forest, l'appel prolongé du matin, alors que je suis assis dans l'immense pièce lumineuse, enfumée et malodorante, dans laquelle les tuyaux de poêle noirs et rouillés étaient les plus proches soupçons d'architecture, pullule de noms, les Hoe et les Havemeyer, les Stokes, Phelps, Colgate et autres, qui allaient compter parmi les notables new-yorkais. C'était amical et gai c'était sordidement spectaculaire, on était alors un garçon d'un pouce ou deux plus grand — bien qu'avec des supériorités écrasantes dans ce domaine, et quand je me demande pourquoi cette scène était stérile (ce pour quoi je la considérai au pire) la sombre raison réapparaît sous la forme du terrible fléau de l'arithmétique, qui me donnait l'impression à cette époque de saturer entièrement l'air. La quantité imposée n'était peut-être pas en fait absolument énorme, pourtant c'est ce dont je me souviens le mieux, c'est indéniable — je ne veux pas dire par là que j'ai gardé la plus vague notion de cette science, mais seulement l'affreuse image que nous étions d'une façon ou d'une autre toujours soi-disant occupés par elle. Je me rappelle d'étranges voisins et camarades de pupitre, par ailleurs guère désagréables, qui étaient inquiétants et monstrueux dans leur manière de posséder, de tenir, d'imiter des livres de comptes, mains courantes, digraphies, grandes pages de chiffres, espacements barrés de lignes obliques tirées à la règle qui "équilibraient" bizarrement, quelle qu'ait pu en être la signification, et d'autres horreurs du même style. Rien, en vérité, n'est plus précis à mes yeux que cet accord avec lequel ils étaient, sans exception, à leur aise dans ce domaine — à moins que je ne me sois senti dans l'ensemble ébloui, humilié, au cours de toutes ces années, par cette maîtrise courante, déconcertante tout autour de moi, par une centaine d'artifices et de stratagèmes commodes. Tout le monde faisait des expériences et avait des expériences — tout le monde était au courant, même lorsqu'il s'agissait de petits animaux, de loirs ou de sauterelles, des réserves de nourriture ou de papeterie qu'ils gardaient dans leurs pupitres, tout comme ils gardaient dans leurs têtes ces secrets sur la façon de faire les additions — ces secrets que j'aurais dû même alors pressentir, je ne devais, même à un point aussi avancé que cela de ma vie, jamais parvenir à les découvrir. J'aurais pu connaître des choses, en avoir appris quelques-unes à cette époque, tout seul, mais je ne savais pas *cela* — et cela je le savais vraiment ; tandis que ceux qui m'entouraient étaient tous en émoi, à mes yeux, par l'intérêt de leur connaissance. Je les vois, sous cet éclairage, à travers les ans, plutôt en rire d'un air narquois et affecté ; et la probable vulgarité de certains d'entre eux, quelques ombres éparses de bassesse encore perceptibles, ne me revient que sous une des formes d'un riche tour de génie. Qui donc ai-je trouvé stupide ? — même quand je savais, ou du moins sentais, que les diverses expressions de vie ou de force, pour lesquelles je n'avais pas encore trouvé de nom, représentaient d'une certaine manière l'art sans la grâce, ou (ce qui, si l'on peut dire, revenait au même) la présence sans le caractère. Toutes choses qui, devrais-je ajouter, ne m'empêchaient nullement de me déplacer au niveau du remarquable ; si bien que si, comme je l'ai noté, le vide général de la conscience, dans les conditions de cet hiver-là, tendaient plutôt à s'étendre, la meilleure raison en avait peut-être été que j'étais plutôt rassasié de prodiges. Ils étaient trop du même ordre ; avec, en fait, pour résultat, que tout le monde semblait savoir tout — un peu au point que tout en souffrait. Il y avait un garçon nommé Simpson auprès duquel je me rappelle m'être placé en permanence, et dont l'origine ne pouvait qu'être, je crois, irlandaise, et en ligne directe — Simpson, j'en suis convaincu, était un personnage gentil et serviable. Pourtant même lui, à mon sens, exhalait d'étranges talents — sans qu'une seule démonstration ne fût accompagnée chez lui d'une élégante saillie de la lèvre inférieure, fruste suffisance de la puissance, qui m'accablait presque de tristesse. C'est comme si j'avais passé dans cet état de tristesse la plupart de ces mois ostensiblement animés ; effet découlant toutefois sans aucun doute, dans une certaine mesure, en l'appréciant avec le recul, de la proximité la plus intelligible du temps — ceci m'avait amené à la fin de ma douzième année ; ce qui m'aide beaucoup à le mettre en prose. Comment ai-je donné à cet état, en tout cas, cet air d'activité qui ne trompa pas que moi-même mais aussi mes professeurs — ce que je déduis du fait qu'ils me laissaient si infiniment seul — je suis assez embarrassé de le dire ; j'ai, en vérité, surtout le souvenir d'*avoir été* immanquablement soit ignoré ou excessivement considéré (je ne sais lequel des termes choisir) même sans croire, ce qui l'expliquerait, que je passais plutôt pour quelqu'un qui n'avait pas "besoin" de plus que pour quelqu'un de détestable par nature. C'était étrange, de toutes façons — ça ne pouvait que l'avoir été — d'être si bête sans être davantage brutal et si fin sans être davantage enthousiaste. Il s'agissait là d'un cas et d'un problème auquel aucun maître honnête, qui avait d'autres cas plus intéressants, ne pouvait trouver légitime de consacrer du temps ; il aurait fallu au moins qu'il montrât une morbide curiosité, et je n'ai, de cette sphère d'autorité, absolument aucun souvenir d'exemple de ce raffinement qu'est la demande de renseignement. Un de ces très flatteurs soupçons d'attention m'aurait même sûrement manqué, si toute forme d'attention avait dû me manquer ; mais je crois que je n'ai jamais pleinement compris combien j'en recevais peu ou combien je savais m'en passer. Je lis certes en revenant sur tous ces rapprochements la froideur, ou au moins l'indifférence, d'un détachement prévu et condamné d'avance : j'ai noté comment dans cette circonstance désespérée les tendres forces qui œuvraient au soulagement de notre conscience et ouvraient définitivement la porte de l'Europe, commencèrent enfin à être efficaces. Rien d'autre ne semblait plus du tout compter que d'avoir une connaissance personnelle et incomparable de Piccadilly, Richmond Park et Ham Common. Je retrouve en même temps l'impression d'une plus grande expérience dans cet endroit que ce qui avait pu marquer notre petite histoire auparavant.

Tout pitoyable qu'il paraisse en ces jours plus amples, le seul petit fait qu'une étroite cour de récréation fût attenante à notre établissement, ajoutait une espèce de charme à la vie. Nous nous relayions pour descendre, pour "l'inter-classe", dans un espace pavé entouré de murs, d'une taille très exiguë, seule disposition prévue pour ce privilège dont je me souviens — sans compter la rue, où, dans les pires circonstances, nous avions libre accès. Le terrain est maintenant bâti mais je parvenais encore à me remémorer, récemment, cet étroit endroit où nous pouvions souffler ; avec même cette petite sensation alors abjecte qu'il suffisait amplement — ou plutôt, de manière plus positive, que rien n'aurait pu être plus romantique. Car dans la limite de nos moyens nous conversions en toute liberté, et je ne participais à rien d'autre avec plus d'intérêt qu'à une libre conversation. Certains garçons flottent devant moi, les plus forts, les plus beaux, les plus dignes de liberté, dominant la scène et diffusant sur cinquante sujets les lumières les plus surprenantes. Un de ces héros, dont la stature et le teint s'offrent encore à mon admiration, faisait des tours de prestidigitation, avec un équipement réduit à un mouchoir, une clef et un canif — à la suite de quoi, je le revois comme si c'était hier, je l'invitai naïvement à me montrer comment le réaliser, et puis, devant son dédain, je renouvelai, sans aucune dignité, ma pressante requête. Encore plus proche qu'hier, tout à fait vivace à cette heure, la remarque caustique que fit à ce sujet un autre garçon, qui n'était sûrement pas Simpson et dont l'identité se perd pour moi dans la seule autorité qu'il inspirait : "Oh, oh, oh, il me semble que tu en serais trop fier !" Je n'avais été ni trop fier, ni n'avais seulement imaginé que quelqu'un pût l'être, mais je me souviens bien comment ceci me fit comprendre tout d'un coup que j'avais, de ce fait, perdu un luxe ou un privilège suprême — que l'avenir, toutefois, pourrait m'aider à compenser. Dans quelle mesure cela m'*a*-t-il aidé, c'est une autre affaire, mais la force de suggestion fut si subtile que je crois que jamais, durant toutes ces années, je n'ai réfléchi à mon tempérament sans sentir de nouveau le serrement de cœur provoqué par la froide petite voix de la cour de la Quatorzième Rue. Tel était l'exercice moral pour lequel elle nous ménageait de l'espace. Elle nous ménageait aussi de l'espace, soyons juste, pour une consommation immodérée de gaufres chaudes vendues par une gentille "tantine" noire qui régnait, avec l'aide de son mari, si je me souviens, sur un poêle portatif installé dans un couloir ou un recoin donnant sur la cour ; nous nous pressions et nous attroupions, dans une bousculade sans merci, avec tous nos sous, et le produit, ce composé oblong et farineux, légèrement mais richement doré, à l'empreinte du moule et fumant, ni croustillant ni friable, mais absorbant doucement le sirop étalé dessus en une touche finale, se révéla être pour moi, pendant longtemps, même très longtemps, je suppose, le plaisir suprême des sens. Nous marchions de long en large, conversions à loisir, mangions des gaufres collantes par centaines — je ne me rappelle pas de pires actes de violence à moins de compter nos courses précipitées pendant les pauses, chez Pynsent, sur l'Avenue, quelques maisons plus loin, pour chercher une friandise qui suivait de très près la gaufre, comme le veut l'expression, pour la popularité, et la surpassait même pour son aspect collant. Pynsent se trouvait plus haut dans le même pâté de maisons que celui sur lequel Forest donnait — d'autres noms plus chers m'ont échappé, mais celui de Pynsent continue d'adhérer avec toute la force des puissantes choses sucrées. Ce principe, à son comble, à ce que nous concevions, se matérialisait sous la forme de petits monticules de noix de coco râpée, ou d'une autre substance, en eût-il existé une plus raffinée, dans un enrobage appétissant et abondant, et répartis sur de petits plateaux de fer blanc à la manière de meules de foin dans un champ. Nous les achetions, nous nous les approprions, nous les transportions et nous en délections, ils devaient peut-être nous apporter, après tout, notre plus grand plaisir ; mais avec pour nos poches certaines conséquences — et je parle de conséquences autres que financières, avec une intimité, une réciprocité de contact à tel point, ou à tout point, personnelles, que je me perds tout entier dans cette pensée.

XVII

Je me perds, à dire vrai, sous la pression de cette poussée de mémoire, due aux récents retours en arrière et reconnaissances — action de ce fait que le temps, naguère encore, avait épargné les environs, et peut toujours épargner, chose tout à fait exceptionnelle, résultat d'une anomalie ou d'une pitié des plus rares à New York, tout un ensemble de points de repère, me permettant de "localiser" et de vérifier, à droite et à gauche, les moindres détails préservés. Ces choses, sous la pression, se regroupent de nouveau, entremêlent leurs figures et me la jettent presque au visage, cette absurde petite fusion d'images, pour retracer une histoire ou un tableau de l'époque — dont le cadre, après tout, m'apparaît bien moins sous ce désagréable angle de la Sixième Rue que sous bien d'autres formes. Ces rares ombres ne nous sollicitaient que brièvement et superficiellement, et je me souviens que, assez curieusement, à la lumière des après-midi d'automne, nos condisciples, ces petits personnages les plus animés ou pour le moins les mieux "intégrés" à notre paysage, n'étaient pas nos assez obscurs camarades de classe, qui semblent pour la plupart avoir disparu de notre horizon du jour au lendemain. Nos autres compagnons, ceux que pratiquement nous connaissions "à la maison", dédaignaient notre école, ayant mieux ou pire à leur service, mais peuplaient d'une certaine manière à nos yeux, la scène sociale, qui, figurant là pour moi avec l'intensité d'un document, grouille de Van Buren, Van Winkle, De Peyster, Coster, Senter, Norcom, Robinson (ces derniers se disposant autour d'un "Eugène" jeteur-de-pierres) Ward, Hunt et *tutti quanti* — aux rangs desquels je dois ajouter notre inévitable Albert, déjà mentionné, et qui se pressent de tous les côtés, d'est et d'ouest, et formaient sûrement une société riche et variée. Notre salon, il est vrai, fut essentiellement la rue, en ces temps-là, sans règles, violente et grossière au mieux — toutefois, les détails qui l'amendèrent furent en augmentation rapide, dans la mesure où la prolifération des pierres brunes piquées de mica pouvaient l'amender : comme celles, exhibées sur l'ample façade de l'église presbytérienne écossaise qui fut promptement érigée dans le pâté de maisons juste en face de chez nous et qui représente maintenant pour moi de façon quelque peu lugubre une tranche de vie que j'ai vu se dresser laborieusement, prospérer régulièrement avant de disparaître. Durant sa construction, elle était tout juste moins intéressante que l'académie de danse de Mr. Edward Ferrero, légèrement à l'ouest de l'église, et formant avec elle, à leur stade embryonnaire, un grand, délicieux et dangereux espace qui s'ajoutait à notre aire de jeux, avec pourtant ce mérite de la surpasser de beaucoup en intérêt dans sa phase finale. Tandis que nous grimpions aux échelles en ignorant le danger de l'abîme, tandis que nous nous introduisions dans ces territoires pour fureter et nous insinuer, saisissant une maigre impression d'un bien misérable matériau, il est clair que l'édifice sacré jouissait d'un crédit bien supérieur à celui du profane ; mais lorsque les deux furent achevés et ouverts, nous répondîmes plus volontiers à l'appel du violon, inutile de dire, qu'à celui des psaumes. "Volontiers" certes, dans notre cas précis, exprime à peine cette dernière relation, puisque notre jeune liberté pour ce qui était de la fréquentation de l'église, était absolue et nous avions le loisir de passer, dans la grande ville, d'un lieu de culte à un autre, et d'une foi à une autre, ou nous pouvions à l'occasion, aussi bien les ignorer tous, ce que nous fîmes essentiellement — alors que nous rejoignions sans interruption les salons de Ferrero, dont une vision des fresques murales aux couleurs criardes, que je trouvais éblouissantes, de l'économie interne, de la grande aménité, de l'esthétique générale et de l'attrait social, demeure encore dans toute sa splendeur devant moi. Le Dr. McElroy, soulevant des paupières hermétiquement closes, d'étranges accents prolongés et un menton maigre et décharné, se tortillant, se dandinant et laissant entendre le bruit sourd des genoux sur les coussins dans *son* temple décoré de façon plus simple, est également assez distinct — d'ailleurs nous goûtions cette lugubre intensité d'autant mieux, d'après ma vision personnelle, grâce à cette vague légende (et aucune légende n'était à mes yeux trop vague pour être ignorée) qui voulait qu'il fût le successeur du pasteur devant lequel notre mère allait "s'asseoir" avant son mariage, sous la conduite de notre brave arrière grand-père, Alexander Robertson, déjà cité, qui n'était rien sinon écossais, presbytérien et autoritaire, comme l'atteste le bon vieux portrait de Jarves l'aîné ; le mariage éloigna ma mère si lamentablement certes de cette tradition que, pour marquer la triste rupture, ce mariage, un soir, à l'aide d'une mousseline indienne et d'une coiffure composée d'un merveilleux bandeau d'or, dans les "salons" maternels de Washington Square, n'avait évoqué que la consécration nuptiale laïque du maire de la ville de cette époque — Mr. Varick, je crois.

Nous, les enfants, après ce léger bouleversement, n'étions bien sûr absolument pas dans le sein de l'Eglise ; pourtant il me revient ce détail heureux d'un âge simple, que nous avions pu en fait, le dimanche du moins, aller où nous avions choisi d'entrer : puisque, main dans la main, marchant sous le soleil, (et ici, c'est avec mon frère cadet que je me revois, pas avec l'aîné, dont l'orbite était bien plus vaste et tout autre) nous choisissions, au sens moderne du terme, tels de jeunes curieux dépourvus de parti pris et guidés par leur inspiration, n'importe quel lieu de réunion de n'importe quelle congrégation que nous avions repéré ; et nous le faisions, si je me rappelle bien, avec le sentiment de lancer un véritable défi à nos contemporains. "A quelle église allez-vous ?" — le défi prenait cette forme inquisitrice dans les cercles enfantins ; quant à la forme qu'il prenait chez nos aînés, mon impression est plus vague. Ce à quoi je dois également ajouter que le fait de nous "débrouiller" ainsi tout seuls ne nous préparait donc pas aux remarques désobligeantes — à savoir, ces remarques sur notre vie, privée de bancs d'église, ce qui impliquait, dans mon imagination, tout à fait le même discrédit que si nous avions été privés de maison ou de cuisinière — au point de faire taire dans mon cœur le désir de supplier nos parents de nous donner, non pas une instruction religieuse (que nous avions en abondance, et des plus charmantes et familières) mais simplement une instruction (chose très différente) qui nous valait, dans notre milieu, des regards froids ou des commentaires railleurs. Ce qui était plus froid que toute critique, je me rappelle, c'était d'entendre notre père répliquer que nous pouvions alléguer rien moins que l'immense privilège de la Chrétienté, et qu'il n'était nulle confession, même celle des catholiques, des juifs, ou celle des swedenborgiens, dont nous ne devions nous sentir exclus. Compte tenu de la liberté dont nous jouissions, notre dilemme l'amusait vraiment : il était impossible, affirmait-il, d'être théologiquement plus *en règle*.* Comment nous, de simples enfants indépendants, nous jouissions d'un tel champ d'action aussi impunément et d'un accueil aussi confiant ne peut s'expliquer pour moi qu'à la lumière de modes et de circonstances passées, de la vieille "bonhomie"* locale, d'une innocence relativement primitive, de l'absence de complications ; et mon souvenir s'illumine assurément des diverses notes de cette dernière béatitude. Selon la théorie en vigueur à l'époque et dans ces lieux, la vie publique ne pouvait nuire aux jeunes, pourvu qu'ils fussent assez jeunes ; ce à quoi s'ajoute en outre, et de façon assez touchante, tout ce qui diffère des anciennes valeurs. Le problème n'était pas que l'enfant eût une position sociale, ou disons, humaine, plus élevée que de nos jours — telle situation était inconcevable ; cela tenait uniquement au fait que les autres dignités, valeurs et prérogatives, les autres positions sociales et humaines, étaient moins définies et établies, moins entrées dans les usages et donc moins absolues. Une riche sophistication est après tout un développement progressif, et il eût été trop subtil de craindre pour nous, face à des perspectives aussi brillantes et vides, les dangers de la route ou bien de nous voir reçus n'importe où, même avec l'ironie des encouragements. Nous n'avions pas, en fait, de places d'honneur, mais qu'il nous fût fait justice — c'est-à-dire que nous ayons été placés à notre avantage — je le déduis de ce que j'ai tant aimé "m'en aller", même si mes raisons n'avaient pu être que l'amour de la *représentation* en général, grâce à quoi personnages, visages, meubles, sons, odeurs et couleurs devinrent pour moi, partout où je les appréciais, (et je les appréciais surtout là où ils s'assemblaient en plus grand nombre) une petite orgie positive des sens et une débauche de l'esprit. Il faut que je précise en parallèle que — tel peut-être le snobisme de la prime jeunesse — je n'ai non seulement pas réussi à m'élever vraiment au niveau de la dialectique parentale, mais j'en ai tiré une certaine sophistique ; un raisonnement captieux de ce type par exemple : si nous avions dit par habitude que nous avions une voiture que de toute évidence nous n'avions pas, nous l'avions parce que lorsque nous en voulions une nous la faisions venir de University Place, où Mr. Hathorn avait ses écuries : cette dernière relation fut favorisée par le fréquent besoin de mon père d'une aide pour ses déplacements (ses marches étaient limitées à cause d'une blessure reçue dans sa jeunesse) et favorisa à son tour et d'emblée, dans ma conscience, l'émoi des petites, très petites choses remémorées. Je me rappelle l'aventure, assez fréquente, d'être envoyé chez Mr. Hathorn pour réserver un véhicule, et cet air, cette odeur, cette chaleur aimable, au souffle d'un beau timbre irlandais, des écuries, et des bêtes qui piaffaient et reculaient, résonnant du bruit de leurs pensionnaires, de leurs chaises renversées selon un angle adéquat pour poser les talons, dont une paire, à mon appel, comme ceux du gros et barbu Mr. Hathorn en personne, cherchait à retrouver le sol : impression enrichie par le retour à la maison passé à me prélasser et à cahoter dans la grande voiture, et associée par ailleurs aux dimanches après-midi de printemps, à la question du lointain Harlem et de l'encore plus distant Bloomingdale, et à l'expérience, à l'une de ces occasions, d'être allé bien plus loin, à Hoboken, si ce n'était Williamsburg, qui se situe quelque part dans ma mémoire ; lorsque le bac fut associé à la voiture et le bac à quelque chose, quelque chose de très flou et de très poussiéreux, de très archaïque si je me souviens bien à présent, quelque chose de plutôt misérable et disgracieux, comme ces jardins publics où l'on sert du thé et des glaces. Le meilleur lien ici, cependant, se fait, pour quelque raison, avec le *New York Hotel*, et donc avec les oncles d'Albany ; également donc avec Mr. Hathorn en personne qui attendait et attendait sur son siège devant la maison et paraissait d'une certaine manière en accord avec les oncles d'Albany aussi bien que Mrs. Cannon m'avait subtilement semblé l'être.

Plus intense encore que ces ombres indécises dans l'intervalle, est ma vision des salons de Ferrero — où l'orgie des sens et même la débauche de l'esprit, dont je viens juste de parler, ont dû littéralement me faire encore plus danser que partout ailleurs. Cette esquisse d'un ordre révolu doit en outre faire remarquer qu'étant donné l'insuffisance de dispositions générales pour l'exercice des enfants, à la différence du confort des enfants, nos sauts et glissades en mesure durent prendre un caractère d'urgence. C'était ce sentiment vis-à-vis de cette forme d'agrément qui était de toute évidence général, remplaçant comme le fit la vaste scène de Ferrero, des manifestations antérieures restreintes ; même celles d'ailleurs, qui me reviennent sous la forme du vieux M. Charriau — je le devine en écrivant son nom — que je n'introduis assez confusément que comme visiteur professionnel, sujet observé avec stupéfaction à travers un gouffre de crainte, dans une des écoles où nous étions entassés ; d'autant plus que dans mon souvenir il ressemble à s'y méprendre, à une différence ou deux près, aux portraits de Voltaire âgé, et qu'il avait, le violon à la main et le *jarret tendu**, entraîné la jeune agilité de notre mère et de notre tante. Edward Ferrero était une autre affaire ; dans la fleur de l'âge, bel homme, romantique et moustachu, il devait soudain devenir, au début de la Guerre Civile, un général de volontaires — comme s'il avait été un des jeunes maréchaux improvisés de Bonaparte ; dans l'attente de quoi, pourtant, il n'était nullement violent ou suffisant, à ce que je me rappelle, mais très doux envers les bambins, un charmant homme d'expérience, et comme s'il ne *nous* manquait qu'une petite touche pour devenir nous aussi des hommes d'expérience. Il était vraiment très bel homme, ai-je dit, selon les canons de l'époque, et extraordinairement agile — il sautait et bondissait avec tant de grâce que son bond sur la selle militairc, l'occasion venue, offrit, n'eût été l'absence des collants roses, toute la félicité du cirque — il était encore plus admiré par les mères, avec lesquelles il entretenait à mes yeux une relation tout à fait élégante, que par les élèves ; parmi ces derniers, au cours des fréquentes et délicieuses "soirées"*, il ne cessait de faire circuler des plateaux couverts de sirops translucides. L'importance de ces divertissements, comme je me l'imaginais, et les fresques fleuries, encore dans la fraîcheur du neuf, l'abondance de limonade, la liberté d'expression, également grande, avec les mères, formaient la note généreuse qui le caractérisait — tout comme le fait qu'il ne jouât jamais lui-même du violon, mais qu'il fût suivi, sur le parquet luisant, par des violonistes qui l'accompagnaient, portait indubitablement une ombre infime sur cette dernière dignité d'autant que cette dignité était limitée. Dignité qui prenait toute sa mesure lors de la présence de sa sœur, Madame Dubreuil, une jolie personne autoritaire qui nous donnait également des cours, de manière prépondérante, en fait, et qui, bien que relativement peu sympathique, suscitait tellement par sa physionomie, mon intérêt émerveillé, que j'entends encore à ce jour le ton perçant de son accent franco-américain : "Mon petit garçon, ce n'est pas *moi* qu'il faut regarder — ce sont mes pieds." Je les vois maintenant, ces membres un peu épais, sous la jupe qu'elle relevait, enfermés dans des chaussons "mordorés", sans talons mais attachés, à l'aide d'élégants rubans par-dessus ses bas blancs, à ses solides chevilles — signe emphatique du temps ; tout autant que je retrouve mon sentiment de surprise de constater qu'ils la supportaient sans qu'elle perdît son équilibre, imposante comme elle était, en "première position" ; qu'elle contrôlait, les chevilles serrées l'une contre l'autre et le corps très droit, si parfaitement que, même les orteils, droits et gauches, légèrement tournés vers l'extérieur, elle ne s'affala jamais à plat ventre par terre.

Les ressources infinies qu'elle avait en elle se révélaient en fait lorsqu'elle apparaissait aux "soirées"*, ou du moins lorsqu'elle apparut à la grande soirée* costumée dans laquelle la vérité historique de mon expérience, limonade à gogo et tout, doit sans nul doute se réfugier, apparition en "génie de la Californie", vision éblouissante de satin blanc et de volants dorés — tandis que son frère perpétuait cette couleur plus distinctement européenne qui, me semble-t-il, avait été pour ma jeune présomption l'essence profonde de la scène, sous les traits d'un "mousquetaire de Louis Quinze"*, tout à fait en harmonie avec son style. Flottait en arrière-plan un M. Dubreuil rubicond, à la large poitrine et à la courte barbe fauve, qui, en tant que chanteur de rôles tragiques, à l'Opéra, nous transporta vers des choses encore plus ambitieuses — l'Opéra ayant, à cette époque, après s'être produit pendant des années en centre ville, dans des tentes et des temples de fortune, enfin dressé son vaste pavillon et pris le nom orgueilleux d'Académie de Musique : tout cela au bout, ou à ce qui servait de bout, de notre rue justement, où, bien que ce ne fût pas exactement à proximité et que Union Square se hérissât entre nous, je pouvais toutefois à l'occasion contempler, béat, les grandes affiches à côté du portail, sur lesquelles M. Dubreuil, toujours si obligeant, apparaissait en bas de distribution. Artiste subalterne, d'une "grande utilité" au mieux, je crois, et qui devait bientôt devenir, sur cette scène un peu délabrée, je le crains, même dans sa fraîcheur, le régisseur attitré, ou comme nous dirions actuellement, le metteur en scène, il avait pourtant, par excellence, dans mon imagination, cette très riche valeur "européenne" ; surtout par exemple lorsque notre air vibrait, au sens où nos parents attentifs s'en faisaient l'écho, de la visite de la grande Grisi et du grand Mario, et j'avais l'impression, bien que l'art de la publicité fût alors relativement récent et discret, de voir cette personne de notre connaissance, comme nous pouvions presque l'appeler, serrée étroitement entre eux. Telle était l'étrange sensation éprouvée envers tous ces rappels que faisaient revivre les salons de Ferrero à tel point que Norma et Lucrèce Borgia semblaient presque y résonner, comme s'ils avaient donné directement sur la scène, et que l'Europe, du coup, nous arrivait avec une force telle que nous ne pouvions qu'en jouir immédiatement. Cela n'aurait jamais pu tomber mieux à propos qu'à l'occasion de ce fameux bal costumé — non pas à l'Académie d'opéra, mais à l'école de danse, ce qui revenait vraiment presque à la même chose — où je portais un déguisement de "débardeur"*, quoi que cela ait pu être, dont les godets d'un vert sombre rehaussé d'écarlate et d'argent dégageaient un tel parfum d'exotisme, et dont tout le caractère légendaire me ravissait. La légende était arrivée jusqu'à nous, il est vrai, par Albany, d'où nous apprîmes au moment où nous en avions besoin, que l'une des aventures, une des moins lamentables, de notre cousin

Johnny avait consisté à tenir le rôle d'un "débardeur"* au cours d'une de ces festivités parisiennes ; dont l'élégante preuve, soigneusement empaquetée, même si ce ne fut qu'avec de vagues instructions d'utilisation, nous fut aimablement envoyée. Les instructions d'utilisation étaient en fait si vagues que je devais ensuite, un peu chagrin, prendre conscience d'avoir tristement déshonoré, ou du moins, déprécié mon modèle. Il manquait, debout c'est-à-dire, à ma personne pas moins d'une demi-jambe ; l'essence du "débardeur"* étant, semble-t-il, d'émerger aux genoux, avec des bas de soie blanche, et des mollets parfaits, sous des pantalons enrubannés que je sentais flotter sans grâce sur mes chevilles. La découverte, après coup, était déconcertante — pourtant c'était trop tard ; car il m'eût semblé, je crois, moins monstrueux d'essayer de me rallonger les jambes que de raccourcir la *culotte** de Johnny. Le problème tenait au fait que nous ne savions pas vraiment ce qu'était un "débardeur"*, et je ne suis pas sûr, il est vrai, de le savoir à présent. Il était encore plus désastreux que même notre chère Albany n'ait pu nous le dire.

XVIII

J'ai toutefois gardé de toute cette période le souvenir d'un goût d'agitation — je veux parler de ces derniers mois à New York, même avec un si maigre témoignage de succès positifs pour me consoler. Je n'eus qu'un seul succès, toujours — celui de ne cesser de supposer, de m'émerveiller, d'admirer : j'étais plongé dans ce luxe, qui n'avait encore jamais été aussi grand, et il pouvait fort bien tout compenser. Il compensait parfaitement, comme le substitut que j'ai déjà défini, la pauvreté de la période qui nous entourait ; comment aurais-je pu en vouloir de plus riches quand les limites de la réalité, à mesure que je m'en rapprochais, semblaient s'éloigner toujours plus ? Il est vrai, ne serait-ce que l'autre jour, à propos de la scène qui me revint, que je devais plutôt être frappé par leur singulière immobilité : là, au nord, toujours inhabité depuis soixante ans, durée considérable dans la vie de New York, se trouvait ce terrain vague, aux dimensions inchangées, où avaient l'habitude de paître une ou deux braves chèvres, que nous nourrissions avec perversité de morceaux de papier, appréciés bien sûr avec tout autant de perversité, à travers les palissades de bois disjointes. Je revois l'image des toitures vitrées d'un fleuriste, occupant illégal toléré un temps ; mais les fleuristes et les chèvres ont, les uns comme les autres, disparu et la désolation du lieu est aussi sordide que peuvent l'être tous les espaces à l'abandon des grandes villes. D'une de ses limites, toutefois, émanent encore des associations — la maison des Ward, située alors le plus à l'est d'un groupe de deux maisons et encore isolée, a toujours traversé, inchangée, les vicissitudes ; maintenant, dans sa maturité, elle a pris une allure quelque peu décrépite, et comme tout le reste, elle est bien plus petite que dans mon souvenir ; ceci pourtant ne porte pas atteinte au considérable et magnifique rôle que cette intéressante famille a joué pour notre avenir. Je gratifie leur tendre souvenir, peut-être un peu "subjectivement", du fardeau de cette caractéristique — déduisant qu'ils étaient intéressants réellement malgré eux, et avec la même naïveté que M. Jourdain lorsqu'il s'exprimait en prose ; ils devaient leur extravagante saveur à cette profonde empreinte que la Nouvelle-Angleterre, nous semblait-il, avait laissée en eux, et dont nous n'avions encore rencontré aucun autre exemple. Cela les rendait différents, et leur conférait, avec leur charme simple, un romantisme plutôt stérile : à cette époque j'étais plongé dans la fraîcheur des *Franconia Stories* des frères Abbott, alors immédiatement consécutives à l'agréable série des Rollon et encore même plus admirées ; on retrouvait chez les Ward, à mon avis, cette atmosphère de pommes, de noix, de fromages et de tourtes, de canifs et "d'écureuils", de lecture domestique de la Bible, et de présence à la "semonce du soir," de crainte de la discipline parentale et d'art consommé de l'éviter, associés à une grande opiniâtreté et une effronterie personnelles, une tendance presque enviée, à avoir des mains calleuses et brunes couvertes de verrues, une familiarité acquise avec les vêtements réalisés à la maison, en bref une bonhomie rustique qui n'avait pas encore empêché l'annexion de zones entières de vie urbaine que nous n'avions pas explorées nous-mêmes et que ces frères avaient réussi à acquérir depuis leur relativement récente migration du Connecticut — Etat qui, dans l'ensemble, et la ville de Hartford en particulier, formaient à l'arrière-plan de leur discours, ce décor de brumes, de fruits et de rivières, l'essence même de l'été indien. Trois en nombre, Johnny, Charley et Freddy, avec des parents sévères, même en remontant à la seconde ou troisième génération, qu'on apercevait indistinctement derrière des fenêtres closes, qui ne fréquentaient pas du tout les salons de Ferrero — que cela fût hors de question pour eux, faisait partie de leur charme simple et de leur style mondain, sinon de l'absence de ce dernier ; par ailleurs, ils allaient, Charley et Freddy du moins, à l'école publique qui se trouvait au coin de la Treizième Rue — Johnny, l'aîné, était entré au lycée public, institution qui s'imposait à nous et que je revois avec ses tours ou ses créneaux, ornée par ailleurs, de façon impressionnante, d'illustrations en dégradé, aux portraits diffus, peut-être seulement de l'ordre du manuel scolaire, qui sont encore associées pour moi à ces délicieuses images de ravissantes femmes, "peintes à la main", décorant chaque extrémité de l'intérieur des omnibus. Nous n'avons pas dû être en contact avec d'autres personnes qui allaient boire à la fontaine publique du savoir — je ne peux expliquer autrement cette fascination que par le privilège envié et l'étrange expérience qui entouraient les Ward ; ils participaient, pour affiner le fil de leur esprit, à la folle vie du peuple, à côté de quoi la vie chez Mr. Pulling Jenks et même à l'Institution Vergnès était fade et banale. D'une certaine manière, ils *faisaient partie* du peuple, et pourtant ils respectaient tous les rituels de la famille — qui semblaient, à ce qu'on apercevait vaguement à travers les fausses perspectives de tous les cousins, être le signe distinctif le plus fort et le plus évident de la Nouvelle-Angleterre ; ce signe avait déjà suscité un timide désir à la lecture des chroniques de Rollon et de Franconia. La marque distinctive de ces amis était peut-être cependant leur relative jeunesse dans les affaires du monde comparée à leur âge avancé ; le jeune Freddy en particulier, très petit, très aguerri et populaire, bien que curieusement moins ridé autour des yeux et de la bouche que Charley, avouait un nombre colossal d'anniversaires alors qu'il s'accroupissait ou sautait à cloche-pied, courait à toute allure ou poussait de grands cris, comme le recommandait toute nette supériorité dans les jeux de la rue. Je devais plus tard être surpris, lors de lectures ou de conversations concernant de jeunes Américains originaires de ces régions, qui étaient devenus des "vauriens" ou des aventuriers en réaction à une discipline excessive, d'ordre théologique ou économique, et avaient pris la mer, puis étaient partis en Californie ou bien avaient "mal" tourné, j'étais surpris donc de constater que Freddy et Charley étaient typiquement représentatifs de cette espèce, même si leurs destins avaient pris, comme je l'espérais, un tour plus heureux. Cela, me dis-je par pur intérêt pour la chose, *cela*, l'étoffe des Ward, leur charme simple, était tout à fait caractéristique de la Nouvelle-Angleterre — pour autant du moins, que la Nouvelle-Angleterre n'impliquât point Emerson, Margaret Fuller, Mr. Channing et les "meilleures familles" de Boston. Telle est, dans les jeunes esprits très malléables, l'intensité, sinon la valeur, des premiers souvenirs.

Et pourtant, comment de telles visions n'ont-elles pu pâlir face au rougeoiement méridional des Norcom, qui étaient récemment arrivés *en masse** de Louisville et avaient improvisé une ravissante vieille demeure familiale du Kentucky dans la dernière maison de notre rue — celle qui devait être si différemment occupée, après leur curieuse fuite précipitée, d'après ce que je retrouve de façon assez floue, par les Dames du Sacré Cœur ; celles qui au bout d'un certain temps, si je ne me méprends point, partirent pour Bloomingdale, à moins qu'elles n'y fussent déjà en partie établies. Nos voisins à l'ouest, étaient les Ogden, trois sœurs blondes et minces, qui nous dépassaient très largement en âge et pour ce qui était de l'amabilité ; venaient ensuite les Van Winkle, deux sœurs, je crois, et un frère — lui, de loin le plus sérieux et judicieux, et le plus éduqué aussi, de nos amis ; et donc enfin les Norcom, durant leur règne bref mais concentré, tout à fait éclatant et capital, affaire, si je me souviens bien, de deux hivers enfiévrés. Leur présence nous fournissait un repoussoir contre ces simples et pince-sans-rire de Ward aussi réussi que nous aurions pu le souhaiter ; ce charme simple qui leur était tout à fait propre, était également incarné par trois frères, Eugène, Reginald et Albert, dont les âges devaient correspondre, je suppose, à ceux de Johnny, Charley et Freddy si ces derniers n'avaient pas, à leur manière, comme j'y ai fait allusion, résisté à toute notation précise. Les fils aînés — il n'y avait pas, autant que je me souvienne, de filles — semblaient également être dans la lune ; particulièrement "guindé", le plus vieux, que nous trouvions formidable, qui nous paraissait sublime et inabordable et à qui nous appliquions donc ce terme en usage entre nous avant de connaître, pour évoquer des caractères de ce type, la notion de *nuance**, le dandy, le poseur, le bellâtre. (J'étais partagé, je me rappelle, entre la crainte et l'honneur d'être salué de cette façon : "Alors, guindé !" comme une conséquence de la moindre tentative d'intérêt portée à sa propre toilette.) La plus forte intensité de notre perception des Norcom provenait de la facilité et de la générosité avec lesquelles ils prodiguaient leur hospitalité ; tandis que nos rapports avec les Ward se limitaient essentiellement à la rue ou tout au plus à la "cour" — et que l'intimité *ait pu* à un tel degré s'accommoder de la vie publique restait un sujet d'étonnement. Une galerie vitrée au sud, que ses occupants appelaient la "vé'anda"[1] et à l'observation de laquelle leur plus secret saint des saints semblait toujours rester ouvert, cerne mes autres souvenirs. Tout se passait dans la "véranda", y compris la consommation abondante, très généreuse, de gâteaux chauds et de sucre de canne, la fabrication domestique de saucisses, comme en témoignait un étrange appareil qui était actionné comme un orgue manuel et quelquefois des moitiés de porcs tout roides, quand il ne s'agissait pas de l'animal entier, en provenance directe des magasins du Kentucky. Nous avons dû, pendant un temps, être constamment en compagnie de cet agréable groupe, qui ne cessait jamais de nous recevoir avec plaisir ou de nous nourrir, et pourtant je ne garde pas le souvenir de la présence de leur membres sous d'autres toits que le leur, en retour de l'hospitalité reçue. Ils ne comptaient pas et n'étaient pas mesquins — la machine à saucisses continuait à tourner et la mélasse coulait à flot pour tout visiteur ; c'était là l'expression de leur charme méridional, surtout incarné par Albert, mon contemporain exact et mon préféré (Reggie ne fit que m'écraser les doigts dans la charnière d'une porte, je devais garder toute ma vie la marque de cet acte commis par inadvertance) ; il avait des cheveux épais et tout crépus, et la morale de ses curieuses petites dents brunes et triangulaires, projetant en vérité une ombre sur l'attachement que j'avais pour lui, m'était signalée, non pas par lui-même, comme l'erreur d'un régime alimentaire kentuckien.

La grande erreur kentuckienne, toutefois, avait été d'introduire dans un état non esclavagiste, deux éléments de propriété que nos amis n'allaient pas réussir à préserver, ce couple d'affectueux serviteurs noirs dont la présence ajoutait beaucoup à leur note d'exotisme. Nous

1. Prononciation déformée de *porch* en « poo'ch » dans le texte. (N. d. T.)

nous réjouissions surtout du fait que Davy et Tante Sylvia (prononcé Tan'silvy) un garçon au teint clair avec des yeux extraordinairement brillants et sa mère, plus foncée, loyale et grave, qui ne rayonnait que par son turban éclatant, étaient nés et vivaient en esclavage selon le schéma tout à fait reconnu, de sorte que l'intensité de leur condition faisait que c'était une joie, une joie pour l'esprit curieux de les fréquenter. Davy participait à nos activités sportives et à nos conversations, il les enrichissait, les rehaussait d'un éclat personnel et pictural qu'aucun de nous ne pouvait imiter, et la servitude dans l'absolu faisait plus pour lui socialement que nous ne l'avions jamais observé, dans les appartements des maîtres ou à l'office, pour les victimes de ses formes les plus douces. Quel ne fut pas notre désarroi lorsque nous apprîmes soudain — la nouvelle avait dû se répandre sur toute la longueur de la rue — que la mère et le fils avaient fui, au plus profond de la nuit, l'asservissement ? Ils avaient profité de leur voyage dans le Nord pour quitter la maison et ne pas y revenir, cachant leurs traces et parvenant à disparaître. Ils ne furent jamais pour nous d'aussi magnifiques esclaves que lorsqu'ils réussirent ainsi à gagner leur liberté ; car ils y réussirent vraiment brillamment — ils gagnèrent le territoire nordiste, sans qu'il y eût espoir de les récupérer ou de les retrouver. Je crois que nous eûmes déjà alors, en cette circonstance, le sentiment d'assister dans une certaine mesure à l'accomplissement de l'Histoire ; se demander ce que les personnes de couleur et dans leur condition pourraient ou ne pourraient pas faire, était absolument d'actualité ; c'était précisément la période où le grand roman de Mrs. Stowe venait de paraître. Il avait dû sortir au moment de nos relations les plus intimes avec nos voisins, bien que je ne me souvienne pas du tout les avoir entendus faire des commentaires — tout commentaire qu'ils auraient pu faire eût été très virulent. Je les soupçonne de ne pas l'avoir lu, puisqu'ils n'auraient certainement pas toléré sa présence dans la maison ; pas davantage d'ailleurs qu'ils n'avaient dû lire ou étaient susceptibles de lire toute autre forme de littérature romanesque ; je doute que la maison ait contenu un volume imprimé, à moins que le chef de famille n'ait eu en main un ouvrage juridique ou quelque chose de ce genre ; je revois, dans une certaine mesure, Mr. Norcom comme homme de loi venu dans le nord pour une affaire importante et difficile, avec des raisons litigieuses et précaires — fort et chauve, aux allures d'homme politique, très dégingandé et indolent, tandis que son épouse était une femme desséchée et déprimée, qui me laissait perplexe car elle était toujours coiffée de son bonnet de nuit, à petits volants mais noué serré, ce ne pouvait être que cela, et dont l'ampleur de la silhouette maternelle sous une grande et longue cape ou pèlerine sans col définissait imparfaitement bien sûr pour moi, son lien avec l'augmentation supplémentaire du nombre des petits frères et sœurs d'Albert ; il y en avait déjà, me semblait-il, deux ou trois en arrière-plan. Davy et Tan'silvy avaient-ils au moins lu l'*Oncle Tom* ? — cette question pourrait bien nous être soumise, avec la certitude de toute façon qu'ils feignaient moins de ne pas le connaître que ne le faisaient leurs propriétaires. Ces braves gens en question, qui avaient été si attachés à ces humbles personnes à leur dépendance et qui supposaient que cette affection leur était rendue, furent choqués d'une telle ingratitude, bien que je me rappelle avoir trouvé un vague petit réconfort intérieur de nordiste dans leur impuissance, dans leur discrète décision de ne pas manifester leur indignation à cor et à cri. N'était-on pas, ne serait-ce qu'un peu, conscient du lourd silence qui, dans la galerie vitrée, parmi les saucisses et les galettes de maïs, avait suivi le premier sursaut de colère ? Je pense que les honnêtes Norcom étaient en tout cas étonnés, sans dire qu'ils étaient très gênés ; tout comme *nous* le fûmes, d'ailleurs, quand cette sympathique famille, si riche, disparut de notre entourage de manière précipitée, et cessa tout simplement d'être là. Je ne me souviens pas de leur départ, ni d'aucun des déchirements de la séparation ; je me rappelle seulement avoir appris avec surprise qu'ils étaient partis, que l'obscurité les avait en somme, engloutis ; et comment ensuite, à la lumière de choses ultérieures, la mémoire et l'imagination les accompagnèrent, et représentèrent leur histoire à mesure que les complications publiques augmentèrent et que la grande intrigue entre les régions se nouait, avec l'impression absurde et disproportionnée qu'ils nous avaient aidés à "connaître les Sudistes". Le mince, le cireux Eugène aux cheveux raides et au regard sombre, en particulier, hantait mon imagination ; il n'avait pas été mon camarade préféré — il était de bien trop mon aîné ; mais je chérissais la pensée du jeune et bel intrépide sudiste belliqueux qu'il serait devenu et, une fois que la guerre aurait éclaté, je ne sais quelle sombre mais pitoyable vision de lui, étendu raide après une bataille.

Tout ceci laisse entendre certes que nous avions un maigre champ d'action — ce qui était bien le cas, fichtre ; mais avec le recours de plusieurs greniers, déjà entr'aperçus, et ce positif domaine esthétique qui parvenait jusqu'à nous à travers ces lieux obscurs, en valait la peine. Ils étaient éparpillés et constituaient de la part de ceux de nos amis qui avaient l'autorisation de nous y conduire un fondement d'autorité et de gloire en proportion exacte à la taille du terrain. Cette étendue se trouvait chez notre cousine Helen, dans une grande maison avec peu d'occupants, vaste et libre, si bien qu'il n'était pas d'hospitalité, sous les combles, qui eût pu égaler celle que nous offrait le jeune Albert — cet héritier de toutes les époques, eût-il eu un peu plus d'imagination. Il en avait, je crois, aussi peu que possible — ce qui aurait pu être considéré en fait comme un vide total si William James n'avait, parmi nous, en ce lieu et ailleurs, fourni cette force de motivation en toute quantité nécessaire. Il imaginait — justement — les comédies complètes et détaillées que nous devions préparer et jouer ; complètes et détaillées du fait que chacun de nous, y compris les Ward, très croyants mais sournoisement transgresseurs de la loi, étaient équitablement autorisés à participer. Pas un d'entre nous n'était, d'une certaine manière, dépourvu de rôle, bien que je me rappelle que mon frère ait constamment été la vedette comique. Les greniers étaient donc en un mot, les temples respectifs de nos entreprises dramatiques — temples dans lesquels la scène, le foyer des artistes et les costumes, toutefois, me semblent avoir épuisé presque toutes nos marges de manœuvre. Je me souviens, tout le long de la rue, en fait — et cette association est surtout en relation avec son extrémité occidentale — de bien plus de temps passé en préparatifs qu'en représentations, de bien plus de temps consacré aux discussions et aux costumes qu'à des répétitions actives, et, de la part de certains d'entre nous, spécialement de la mienne sans aucun doute, d'un bien plus grand empressement à dévoiler nos corps et nos esprits, que nos rôles les plus courants ou les plus attirants. Nous grelottions, dévêtus et impatients, tant pour nos personnes que pour nos objectifs, attendant tout autant l'inspiration que les culottes ; nous n'étions pas moins censés créer nos vêtements que nos personnages, et notre matière avait tendance, dans tous les domaines, à manquer. Je me souviens combien mon frère semblait se tenir loin devant nous, annonçant un "motif", figurant un personnage, concrétisant dans l'espace des conceptions que j'observais à distance mais que je ne pouvais m'approprier ; si bien que je ne le vois pas tant dans ces circonstances s'approcher de moi, ou d'aucun d'entre nous, que s'éloigner rapidement dans des tenues fantastiques et le dos tourné, comme s'il jouait pour un public plus sûr. Il y avait, certes, d'autres publics, les publics d'en bas, qui se dessinent devant moi sur leurs sièges dans l'embrasure des portes ouvertes entre les anciens salons, mais tous du point de vue du véritable figurant, plus ou moins écrasé dans les coulisses mais n'entrant jamais en scène. Qui étaient ces nombreux Hunt ? — dont la vaste maison, sur le trottoir nord, vers la Septième Avenue, se trouve toujours, à côté ou près de celle des De Peyster, de sorte que je confonds peut-être certains de leurs attributs respectifs, bien qu'il n'y ait pas plus de malentendu concernant le blond Beekman, ou "Beek", de cette dernière lignée, que pour le robuste George et le corpulent, le très corpulent Henry de la précédente lignée, que je revois bondir devant un groupe de spectateurs pour exécuter un pas *seul**, vêtu d'un costume en "andrinople", élaboré de ses propres mains et lâchant aux coutures, sur une absence complète de *dessous**, sous la tension d'une coupe trop ajustée : ceci pourtant, alors que j'aperçois dans ces situations, dans la pénombre des greniers des Hunt et des De Peyster, que nous avions à notre disposition tout un fatras d'étoffes ; ce qui fait que j'en suis réduit à supposer que Henry avait bien des formes.

Je me souviens, en outre, un peu, de ces étages élevés chez les Van Winkle, mais quand j'y repense, ils étaient pour nous le domaine de l'air supérieur des richesses (de richesses tellement abondantes, semblait-il, une fois qu'on en avait eu un mince aperçu), plutôt que celui des fruits verts de la jeune improvisation. Il était clair qu'il avait dû être merveilleux pourtant de ressentir au cœur de ces négligences et de ces imprécisions une telle différence de *milieux**, et, comme ils disaient, d'atmosphères. C'était un mot à la mode — les atmosphères étaient une chose qu'il fallait reconnaître et cultiver, car c'était vraiment ce que les gens voulaient et recherchaient ; ce qui expliquait pourquoi ils les acceptaient, dans l'ensemble, favorablement, ne les exposant jamais, sous l'apparence d'une impulsion, à une dernière analyse. Avons-nous, en tout cas, réellement vibré pour chaque nuance du "monde", ou bien ces aventures ne sont-elles plus pour moi, maintenant, que de délicieuses vues de l'esprit ? Non, nous avons vibré — ou alors je veux bien être pendu, si je puis dire, si *moi*, je ne vibrais pas ; si peu même que je puisse le dire ou le savoir, si peu même que quiconque ait pu le savoir. Il y avait des ombres, après tout, dans notre ordre démocratique ; en fait quand j'y réfléchis de nouveau, je retrouve des oppositions des plus aiguës, des contrastes des plus intenses. Il ne nous était pas donné à tous d'avoir un style mondain, mais les Coster en avaient un, c'est sûr, et ils le maintenaient en état d'utilisation permanente ; alors que les Ward, leurs voisins, n'en n'avaient pas le moindre soupçon, et certes, la situation eût-elle été autre, en eussent-ils eu conscience, qu'ils ne l'auraient jamais employé, qu'ils l'auraient posé à l'écart sur une étagère élevée, tout comme ils posaient la tourte fraîchement cuite, hors d'atteinte de Freddy et de Charley — Dieu sait ce que *ces* deux-là en auraient fait. Les Van Winkle, par contre, en étaient, sans équivoque, gratifiés, mais avec cette distinction particulière que leur gratification ne faisait qu'un, pour l'exprimer ainsi, avec leur style d'éducation et de connaissances, voire professionnel : Mr. Van Winkle, si je ne me méprends point, était un éminent juriste, et notre maison se distinguait par l'absence de toute carrière libérale, ce qui exacerbait notre sensibilité générale, qu'il fallait différencier de notre sensibilité intime. Il n'y avait pas du tout d'andrinople chez ces voisins précis, et s'il y en avait eu, elle aurait lâché aux coutures. Je ne le savais pas alors, mais je m'abreuvais à petites gorgées à une fontaine de culture ; au sens où, en fait, notre relation à cette maison passait par l'intermédiaire d'Edgar, qui savait des choses — énormément, à ma grande surprise. Ainsi, d'ailleurs, que le petit Freddy Ward, de l'école publique ; mais les choses que l'un savait, étaient tout le contraire des objets de connaissance de l'autre : toute cette connaissance était magnifique pour vous donner une juste notion des choses. Elle suggérait de plus en plus combien il y en aurait au total. Et une partie de l'intérêt tenait au fait que, tandis que Freddy accumulait les siennes au cœur des étendues incultes des terrains vagues, Edgar évoluait dans un véritable labyrinthe culturel. Je ne connaissais rien à la culture alors, mais Edgar avait vite dû savoir. Cette impression fut favorisée par sa fréquentation d'une distante et plus haute sphère d'études, au milieu de scènes imprécises pour moi ; je le vois indistinctement apparaître chez Jenks, puis disparaître, comme si même cela n'avait pas été assez bien — même si je me trompe peut-être ici, et bien sûr, je ne peux guère dire sur quelles éminences escarpées je supposais, qu'en tant qu'externe, il résidait. Je prenais toujours aisément l'inconnu pour le magnifique et n'étais certain que des limites de ce que je voyais. Ce n'était pas que les garçons qui fourmillaient autour de nous à l'école ne fussent pas souvent, à mes yeux, en nombre illimité, mais que ceux qui peuplaient nos heures de loisirs, comme je l'ai déjà remarqué, le fussent presque immanquablement — ils semblaient toujours décrire, hors de ma vue, des cercles tellement plus larges. Si je m'attarde ainsi sur Edgar, c'est qu'il nous avait semblé, d'une certaine manière, être — était-ce chez le Docteur Anthon ? — le plus grand de tous. S'il y avait une demeure plus grande que celle du Docteur Anthon, alors c'était là qu'il était. J'abandonne, pour ce qui est du détail de l'affaire, tout effort vers de plus amples hypothèses. Mais il faut que je cesse de remuer cette poussière impondérable.

XIX

J'essaie au moins de retrouver ici, cependant, une description plus précise des diverses facettes de William James — mais seulement avec pour curieuse conséquence de le perdre complètement ou de ne l'appréhender de nouveau qu'assis en train de jouer avec son crayon sous la lampe. Quand je le vois, il dessine, quoique par traits sommaires et rapides, la tête dans un équilibre critique, les sourcils en pleine activité, et lorsque je ne le vois pas, c'est que je me suis résigné à le laisser tranquille. Je n'ai pas pu être à ses yeux celui dont les requêtes étaient désapprouvées, encore moins activement rejetées, car, je le répète de nouveau, de telles agressions étaient fort peu dans mon caractère ; mais je me souviens qu'une fois où je lui avais proposé ma compagnie, qui n'était pas désirée, lors d'une excursion organisée, il avait réglé le problème de notre différend, avec un minimum d'explications, par cette remarque :

"*Moi*, je joue avec des garçons qui jurent et qui blasphèment ! " Je dus tristement reconnaître que je ne faisais pas cela, que je ne pouvais pas prétendre en être déjà arrivé là — et, en vérité, quand j'y repense, ou bien l'imprudence et l'inexpérience de mes jeunes contemporains dans tout ce domaine devaient être totales (détail intéressant quant à nos manières générales, après tout), ou bien c'est mon incapacité personnelle à comprendre qui devait l'être. Sans compter que je me demande à peine moins maintenant que je ne le faisais alors, en compagnie de qui s'exerçait le privilège de mon frère ; d'ailleurs s'il avait joliment souhaité être décourageant, il avait tout à fait réussi. Je n'aurais pas pu être attiré par les garçons en question, je n'avais simplement pas les qualités requises. Je trouvais plutôt qu'il était difficile de jouer avec tous les garçons — à moins que ce ne fût eux qui aient pensé cela de moi ; mais qui aurait été aussi difficile qu'eux ? Ils ne justifient que peu, en outre, me semble-t-il, les éclipses de William James, pour que je me réfugie assez aisément dans le souvenir de mes propres recherches, bien assez absorbantes parfois pour avoir exclu d'autres perspectives. Je maniais aussi le crayon, ou pour être plus exact, la plume — même si ce ne fut pour aucun de ces instruments, d'un trait critique, rapide ou sommaire. J'étais si souvent occupé, à cette période, cela me surprend, à des compositions littéraires — ou, pour être plus précis, à des travaux dramatiques, ainsi que picturaux — qu'une fois encore, j'ai dû délicieusement m'égarer. Je n'avais en aucune occasion personnellement réussi, au milieu de nos querelles théâtrales, à atteindre les feux de la rampe ; mais comment aurais-je pu douter, cependant, avec notre vaste expérience du théâtre, de la nature, et de ma compréhension, de la forme dramatique ? J'y sacrifiai avec dévotion — à l'aide de feuillets spéciaux in-quarto de papier réglé acheté dans la Sixième Avenue pour l'occasion (le magasin de mon père, bien que je le prisse pour un grand amateur de cet article en général, ne vendait que de l'uni) ; et j'étais reconnaissant en particulier de cette heureuse disposition selon laquelle la quatrième page de cette feuille pliée était blanche. Lorsque le drame lui-même avait couvert trois pages, la dernière, sur laquelle je travaillais le plus laborieusement, servait d'illustration à ce que j'avais verbalement présenté. Chaque scène avait donc son illustration explicative, tout comme chaque acte — bien que je ne sois pas entièrement certain d'en être arrivé à des actes — avait une éclatante apothéose. Avec un tel penchant pour l'évocation fictive, je ne me souviens néanmoins, de mon côté, d'aucun exercice de prose narrative ou de poésie d'aucune sorte. J'aimais la "scène" — comme j'avais tant vibré à l'idée de cette soirée à Linwood ; je pensais, zézayais, en tout cas, et composais des scènes ; même si le développement ou l'achèvement auxquels "arrivaient" les scènes, était une autre affaire. Les entrées, les sorties, l'indication des "jeux de scène", l'animation du dialogue, la multiplication de protagonistes déterminés, étaient des choses délicieuses en elles-mêmes — tandis que je brûlais d'arriver à la toile sur laquelle je devais projeter mes héros ; il me fallait plus de temps pour la couvrir qu'il ne m'en avait fallu pour écrire le texte d'accompagnement, mais on y trouvait, par ailleurs, ce même intérêt que celui du dramaturge distribuant ses *personnages*, et elle devait m'aider à croire à la validité de mon sujet.

D'où, en ces circonstances, j'ai bien pu sortir ce sujet, je suis en peine de le dire, et évidemment, j'ai la très nette impression que je n'ai vraiment su, à aucun moment, sur quoi j'écrivais : je suis convaincu que je n'aurais pas tant écrit autrement. Avec des scènes, quand j'y repense, quelle autre certitude aurais-je pu vouloir ? — les scènes constituant le fondement même des choses, surtout lorsqu'elles fourmillaient de noms propres et d'indications scéniques ; surtout, précisément, quand elles s'épanouissaient, à chaque prétexte, sous la forme et la perspective de l'espace scénique, où les planches divergeaient exactement à partir d'un point de vue central, tout droit jusqu'à la rampe, comme les cils d'une paupière. Cette réminiscence nous rappelle combien il était rare en ce temps-là, que la scène véritable fût recouverte d'un tapis. La difficulté de composition n'était rien ; la vraie difficulté consistait à placer les personnages sur la quatrième page pour que ces rayonnements apparaissent sans que des traits ne les barrent. Détail des plus bizarres entre tous, tandis que je continuais à cultiver l'art pictural, ma pratique du théâtre, mon goût pour les scènes s'estompèrent bientôt complètement. J'étais capable d'apprendre, bien qu'avec une lenteur excessive, à exprimer des idées dans des scènes, mais j'étais incapable, quel que fût mon degré de patience, de réaliser des dessins corrects ; pourtant j'ambitionnais de parvenir à cette forme d'expression au détriment de toute autre, et après ces débuts primitifs je continuais encore à perdre du temps à m'y essayer. Je ne m'intéressais absolument à rien d'autre, et cela compensait vaguement, jusqu'à un certain point, mon manque général de perspicacité. Je nourrissais la conviction (ou du moins j'essayais) que si un jour la manière de tenir mon crayon ou mon pinceau à aquarelle devenait assez intense, cela annulerait d'autres faiblesses de préhension — pour autant que cela suffirait. C'était une fausse intuition, qui avait toutefois l'excuse que l'exemple de mon frère ne pouvait qu'avoir une influence sur moi — intuition qui apparemment se vérifiait tout à fait chez *lui* ; à partir du moment où mon petit "intérêt pour l'art", c'est-à-dire ma tendance à rester ébaubi devant les illustrations et dans les expositions, devint absorbant et sincère. Il y avait des éléments dans cette affaire qui la rendaient naturelle : tout tableau et tout dessin réaliste me plaisaient immédiatement et beaucoup, et devaient me plaire toute ma vie ; j'étais seulement lent à reconnaître le *genre*, dans cette catégorie, qui me plaisait le plus. Mon visage se tourna d'emblée vers l'idée de la représentation — celle qui gagne en charme, en intérêt, en mystère, en dignité, en distinction, en importance enfin, pour la chose représentée (par rapport à la chose accidentelle, purement réelle, encore inutilisée) ; mais dans la maison de la représentation il y avait de nombreuses chambres, chacune pourvue de son propre verrou, le travail de tri et d'essai des clefs allait être long. Quand enfin, je découvris tout au fond de ma poche celle qui pourrait à peu près convenir, ce fut pour sentir, avec réconfort, que le tableau était encore après tout essentiellement notre objectif. Il y avait donc eu une sorte de continuité, et non pas une perte de temps, comme on l'avait craint ; tant de gaspillages sont adoucis dans le souvenir comme par le goût de l'économie auquel ils ont conduit ou qu'ils ont imposé, et avec cet avantage qu'ils ne pourraient guère avoir meilleure allure s'il s'était agi d'un profit ordinaire et éhonté. Le dénuement même de l'espace n'était-il pas du reste un défi au dessin, à un certain degré ? — je ne veux pas dire que pour nos yeux d'enfants il semblait y avoir trop peu de choses à peindre : de ce point de vue, il y en avait toujours assez — mais pour la simple raison qu'il y en avait plus que quiconque ne pouvait le remarquer, et qu'ainsi naissait une faim qu'on cherchait à satisfaire. La satisfaction le plus à notre portée, donc à la mienne, serait dans la reproduction, l'imitation ; William James, je le sais, n'avait nul besoin d'autre raison que celle d'avoir des capacités. Aussi dessinait-il parce qu'il savait, tandis que, dans l'ensemble, je le faisais uniquement parce qu'il le faisait ; même si je crois que nous cherchions, comme je l'ai dit, autant l'un que l'autre, à profiter au mieux de chaque image que nous voyions. Je doute qu'il en ait profité davantage même que moi à l'époque, bien qu'il fût plus tôt en mesure d'expliquer ce qu'il faisait. Ensuite, dans d'autres contrées et dans un air plus riche, je l'admets, le défi tenait à l'abondance et non au dénuement des perspectives, avec un apaisement de la faim pour résultat naturel ; expositions et illustrations abondaient à Paris et à Londres — partout l'image réfléchie y était accrochée ; si donc nous reprîmes là-bas, et avec plus d'assurance, nos barbouillages, ce n'était pas parce que personne ne le faisait, mais parce que tout le monde le faisait. En fait lorsque je dis que notre appétit était apaisé, je parle moins de ce que nous dévorions des yeux, vision bridée et insatiable, que du sentiment que la nature de nos activités était tout à fait normale. En Europe, nous savions que l'Art existait, au même titre que les soldats, les meublés, les concierges et les petits garçons dans les rues qui nous dévisageaient — surtout nos chapeaux et nos bottines — comme des objets de dérision — tout comme, pour l'exprimer de façon négative, il n'y avait pratiquement pas de petits pains chauds ni d'eau glacée. Peut-être aussi, devrais-je ajouter, que nous n'avons pas apprécié les œuvres de Mr. Benjamin Haydon, alors rassemblées au Pantheon dans Oxford Street, qui devint à la longue notre lieu de visite favori, vraiment infiniment plus, après tout, que nous n'avions apprécié les œuvres présentées dans le cadre de la collection de Düsseldorf dans Broadway, où je revois en fait l'immense toile du martyre de Jean Huss comme une révélation de l'éclat et du charme de la représentation qui déterminèrent une fois pour toutes dans ce domaine ma jeune impression de ce que cet idéal devait être.

Ineffables et insurpassables, ces heures d'initiation que le Broadway des années cinquante, tout compte fait, nous avait procurées. Si l'on voulait des tableaux, il y en *avait* des tableaux, aussi grands, autant que je me souvienne, qu'une façade de maison, et d'une hardiesse de couleurs et d'un vernis au brillant que je ne devais jamais voir surpassés par la suite. On nous montrait, sans aucun doute, ici aussi dans le cadre de notre bienveillante loi, tout ce qu'il y avait, et quand j'additionne les pièces, je me demande, je l'avoue, quelle meilleure occasion nous aurions pu avoir. L'école de Düsseldorf dominait le marché, et je pense que son exposition était bien établie, se répétant d'année en année — New York, dont le jugement a désormais tellement changé de ton, avait dû être un courageux protecteur de cet atelier ; je crois que même le scandale n'était pas parfois évité, et était plutôt audacieusement évoqué, bien qu'il n'y ait pas de trace de sacrifices précis à la pure plastique ou de nus choquants aux yeux des préjugés bourgeois qui aient pu être caractéristiques du conventionnel génie allemand de l'époque. De nouvelles acquisitions, en tout cas nouvelles par leur éclat, dans lesquelles la fraîcheur et la vivacité de la peinture, particulièrement brillante sous notre abondante lumière, agrémentaient de temps en temps l'exposition, que j'ai l'impression d'avoir visitée avec zèle et régularité et que je revois avec un certain flou, installée dans une église désaffectée, où des excroissances gothiques et un baldaquin ecclésiastique assez ordinaire ajoutaient à la grandeur. Aucune sensation ne fut ici, toutefois, vraiment aussi capitale que celle provoquée par le chef-d'œuvre important pour l'époque, de Mr. Leutze, qui nous présentait Washington traversant le Delaware dans un merveilleux flamboiement de reflets de lumière de gaz et qui fut une révélation, pour mon jeune regard, de la capacité qu'ont les accessoires de "ressortir". Je revis l'exaltation de cette soirée — qui était bien sûr d'autant plus grande que je la ressentais en compagnie de mes parents, alors que j'aurais dû être au lit. Nous descendîmes, après le dîner, sur la scène de la Quatorzième Rue, un peu comme si nous allions au théâtre ; l'exposition se tenait près de l'Institut Stuyvesant (détail qui éveille d'une certaine manière une foule d'associations, probablement des échos de conférences discutées à la maison, pourtant auxquelles ma présence avait, sans doute par commodité, échappé) mais le drame de Mr. Leutze laissait loin derrière les scènes plus pâles. Nous restions béats d'admiration devant chaque pièce, éperdus d'émerveillement devant la lumière hivernale, la raideur anguleuse des blocs de glace, la maladie du soldat malade, le relief des objets secondaires, celle des torons de corde et des clous des bottes, celle, en fait, de leur intention précise de se détacher ; mais celle, par-dessus tout, du profil du héros national et de son désir, pourrait-on dire, de se *redresser*, le plus possible, au point même de le faire presque sur une seule jambe, face à de telles difficultés, tout en réussissant à conserver son équilibre.

Si mémorable devait rester pour moi cette soirée que rien ne put être plus étrange, en rapport avec elle, que l'illustration par l'œuvre admirée, lorsque, des années plus tard, elle se retrouva devant moi, de la froide cruauté avec laquelle le temps pouvait transformer et dévorer ses enfants. Le tableau, plus ou moins enseveli dans l'oubli, avait la lividité d'un mort — et c'était déjà bien assez désagréable. Mais la moitié de la substance de notre jeunesse semblait y être enterrée. Il y eut d'autres soirées picturales, dois-je ajouter, et toutes ne furent pas exaltantes. Quelle profonde déception, pour moi, je me souviens, à la Galerie Bryan d'Art Chrétien, pour laquelle aussi, parlant de grandes émotions, nous avions pris l'omnibus après dîner. Elle donnait le frisson, cette collection de diptyques et de triptyques vermoulus, de saints et de séraphins anguleux, de Madones noires et de sombres Enfants Jésus, de "primitifs" reconnus et approuvés comme on n'en avait encore jamais expédié sur nos côtes. La cargaison de Mr. Bryan devait aussitôt, je crois, tomber sous le coup de graves soupçons, elle devait en fait être en butte à un scandale fatal ; mais sur le moment elle exerça son attrait en toute bonne foi, semblait-il, et je n'ai pas oublié comment, sachant qu'elle était toute fraîche arrivée d'Europe — "toute fraîche" convenait magnifiquement à la circonstance ! — je sentais qu'il me fallait faire preuve du plus ardent désir de la voir. Confronté à ce manque de logique, je ne crois pas avoir déclaré qu'elle me parut ennuyeuse — de même que je n'ai pas davantage remarqué jusqu'à présent qu'elle fut responsable de mes mauvais premiers contacts avec l'art chrétien. Je suis heureux de savoir que la collection était constituée sans doute, de copies et de "faux" et que s'il n'y avait eu que d'honnêtes objets, ma perception ne se serait pas endormie autant ; toujours est-il que le principe même de l'intérêt avait été quelque peu compromis, et je pense que depuis lors je ne me suis jamais retrouvé devant un véritable Primitif, un primitif de primitifs, sans avoir à me débarrasser du manteau gris de cette nuit-là. Le plus déconcertant fut cette affreuse déformation du nom d'Italie, déjà doux à mes oreilles en dépit de toute son imprécision — sans compter que l'imprécision avait pu dominer la sensation que je percevais du témoignage pictural de la maison, témoignage qui nous venait de la vaste toile de Mr. Cole, "le Turner américain", qui couvrait la moitié d'un mur de notre grand salon, et dans laquelle, même si aucun des objets reproduits ne commençait à se détacher à la manière de ceux de Mr. Leutze, je pouvais toujours me perdre dès que je commençais à la regarder. Elle représentait Florence vue d'une des collines voisines — je me suis souvent demandé laquelle depuis, car il y a bien longtemps que le tableau a été soustrait à nos regards ; Florence et ses coupoles, ses tours, ses vieilles murailles, les vieilles murailles dans lesquelles Mr. Cole s'était investi, mais que je devais malheureusement rater lorsqu'il me fut donné de connaître et d'aimer ce lieu des années après. C'est alors que je ressentis que mon attachement avait commencé il y avait bien longtemps déjà — cette vision plus intime n'était pas un début, elle ne faisait que reprendre l'histoire ; tout comme je me souviens aujourd'hui, à la fin de ma vie, que la terrasse du premier plan, où était assis un moine en contemplation, ami permanent de mon enfance, devait être celle du couvent de San Miniato, donc le site à partir duquel le peintre travailla. Nous avions encore l'Italie dans la même pièce de derrière — quelle abondance d'Italie, étais-je amené à penser, tandis que je me tournais vers un autre grand paysage au-dessus du canapé, ou vers le buste classique en marbre sur un piédestal entre les deux fenêtres de derrière, cette statue, une partie de la statue en pied, d'une femme, la tête couronnée de feuilles de vigne et les cheveux disposés avec une négligence qui rivalisait avec le devant de sa robe, ce que mon frère cadet appelait, s'exposant ainsi à ma dérision, le morceau de brocard (simulé au ciseau) qui, soutenu par une seule bretelle, la couvrait si imparfaitement. Cette sculpture était connue et admirée parmi nous sous le nom de Bacchante ; elle était arrivée jusqu'à nous tout droit d'un atelier américain de Rome, et je vois encore mon horizon s'éclairer de la première aube indistincte d'une appréciation consciente, ou en d'autres termes d'esprit critique, alors que deux ou trois des amis les plus intimes de la maison trouvaient notre dame de marbre très "froide" pour une Bacchante. Froide, certes, elle devait l'être — plutôt dans le genre pierre tombale ; mais cette objection disparaissait si on voyait tout simplement en elle une nymphe, puisque les nymphes étaient douces et tendres, et puisque discuter d'une œuvre d'art relevait essentiellement à cette époque d'un problème de *vocabulaire*. Je me souviens avec tendresse, également, d'un jour où une objection critique faite au paysage par-dessus le canapé, arriva jusqu'à mon oreille complaisante, et m'offrit ce qui fut probablement ma toute première chance, dans ce domaine, d'une participation active. Le tableau, de la main d'un artiste français, M. Lefèvre, et d'une surface à peine plus réduite que l'œuvre de Mr. Cole, représentait en couleurs riches et franches un prétendu "paysage de Toscane", une scène rurale quelque peu exubérante, un décor accidenté et escarpé, au milieu de forêts et de montagnes, où deux ou trois paysans ou bûcherons aux jambes nues, dans des positions très marquées, étaient occupés à abattre un chêne majestueux couvert de vilaines entailles, à l'aide d'une corde tendue attachée à une haute branche et sur laquelle ils tiraient tous ensemble. "La Toscane ? — vous êtes sûr qu'il s'agit de la Toscane ?" dit la voix de l'objection critique, celle de l'ami de la maison qui, à l'âge d'or des précurseurs, bien que nous fassions encore partie des précurseurs, avait vécu très longtemps en Italie. Et puis au défi adressé à mon père par cette objection : "En fait, en Toscane, les couleurs sont bien plus douces — il y aurait comme un voile de brume dans l'atmosphère." "Oui, bien sûr", je m'entends intervenir alors en rougissant mais triomphant — "la douceur et la brume de notre Florence, là-derrière : Florence est bien en Toscane, n'est-ce-pas ?" Il dut être admis par mon père que Florence était bien en Toscane — d'autant que notre ami y avait été et le savait ; de sorte qu'ensuite, entre nos murs régna un certain *malaise**, car si le tableau de Florence "y ressemblait", le Lefèvre ne pouvait donc pas y ressembler, et si le Lefèvre y ressemblait, c'était Florence qui ne le pouvait pas : absence de respect des anciennes convenances — à partir du moment où nous ne pouvions plus citer le Lefèvre, où étions-nous ? Tout ceci, j'aurais bien pu être libre de penser que c'était moi qui l'avais mystérieusement provoqué.

XX

Ma perception personnelle de cette importante affaire — à savoir l'éventualité, encore plus que la réalité, de notre voyage en Italie, en général, et à Florence en particulier — était cette subtile conscience que je retrouve parfaitement, me semble-t-il, de certains souffles délicats, doux et irréguliers par conséquent, d'un couple absent auquel nos parents s'intéressaient de très près et dont les communications, les lettres romaines, sorrentines et florentines, les lettres des Thermes de Lucques en particulier, laissaient ouverte, dans notre ciel, plus que toute autre agréable irritation, cette "question de l'Europe", qui devait connaître après tout, les années suivantes, une solution si limitée et si raccourcie. Mary Temple l'aînée, au début de la période où nous habitions dans la Quatorzième Rue, avait épousé Edmund Tweedy, un de ceux qui fréquentèrent ces lieux et notre maison entre autres, dès le début, mais jamais plus que la durée d'un hiver passé là avec nous par ce quasi-parent, qui, grâce à un surplus d'intérêt et d'admiration — elle était à cette époque on ne peut plus ravissante — fut pour nous assimilée aux tantes d'Albany, ajoutant de la sorte une entorse, pour ainsi dire, à notre relation avec les cousins et cousines Temple, dans sa famille. Ce couple, qui mettait les véritables membres de la famille à l'écart, avait dû être les meilleurs amis de mes parents en

Europe, tirant ainsi encore d'un coup très sec le fin et ferme fil fixé à une extrémité du désir que nous éprouvions dans l'ensemble, et de l'autre, à leur prétendu bonheur. La vraie famille, ceux qui étaient transplantés dans les mêmes pays, forme un chapitre à elle seule, dont j'aimerais retrouver l'effet sur nous et la place dans notre vision des choses : celle des King, par exemple, du côté de ma mère, celle des Mason, du côté de mon père — les King qui exploitèrent, pendant des années, les plus grandes possibilités scolaires, sociales et morales de Genève, les Mason, surtout, moins énergiques mais plus sympathiques, qui nous donnèrent de leurs nouvelles, durant une période considérable, nous faisant savoir qu'ils profitaient de chaque *agrément** possible de Tours, ou de Trouville qui n'était alors pas développé, même du Trouville d'hiver, pour les sommes les plus modiques qu'on puisse imaginer. J'aimerais bien, comme "pour le plaisir", poussé par la tentation de dépeindre, réunir dans mon filet aux mailles un peu lâches l'image singulièrement aiguë et harmonieuse de notre cousine Charlotte de la première des deux familles, qui représentait pour nous, sur le champ européen, où que nous tournions le regard, et tout le reste du temps, un personnage idéal et une merveille de cohérence sereine ; à travers le vague souvenir de son retour de Chine à la fin d'une carrière commerciale poursuivie là-bas, à la suite de la mort de son mari dans la Mer Rouge — qui évoquait, d'une certaine manière, une forme de mort horrible, et mes réminiscences à peine moins indistinctes de quelque cadeau de Noël de notre enfance sous son toit à Gramercy Park, au milieu d'obscures chinoiseries, et en ce crépuscule des temps, d'une plus obscure progéniture, Vernon, Anne et Arthur, qui nous étaient toujours donnés en exemple dans les années plus nettes, parce qu'ils étaient nos parents les plus finement éduqués et les plus notablement corrects — la mort de son mari avait donc précédé son départ définitif et détestable de notre pays. Je l'ai gardée dans mon champ visuel au cours de la période genevoise et jusqu'à la crise de la Guerre de

Sécession, au cours de laquelle Vernon, à qui, dans son conservatisme rigide, elle ne pardonna pas sa loyauté nordiste, laissa devant Petersburg une jeune vie de compréhension et de douleur, à la bravoure finale de laquelle il ne fut pas rendu hommage — il avait insisté pour retourner au front, après s'être remis de premières blessures, comme sous la malédiction de sa mère — sur la pierre tombale du vieux cimetière de Newport, le berceau de la famille paternelle. Je poursuivrais mon sujet plus avant en d'autres périodes et d'autres lieux, à l'aide d'autres démonstrations toujours "sobres" mais animées, jusqu'à l'ultime fin de cette histoire — qui m'offrit d'abord l'image d'une petite dame seule, aimable, impitoyable et à la voix douce, dans un triste jardin du Surrey par un après-midi d'été, plus qu'à moitié aveugle, et totalement dépendante de la *dame de compagnie** qui lui lisait à haute voix cette *Saturday Review* qui avait toujours étayé et reflété ses opinions et à laquelle elle demeurait fidèle, ses enfants étant devenus étrangers et éprouvés par l'âge, morts ou ignorés ; et la vision, la seconde, tenant lieu d'apogée, d'un "rez-de-chaussée"* du vieux monde à Versailles, but de mon pélerinage final, presque vers la fin (fin de sa carrière personnelle, je veux dire, mais non de son esprit ferme ou de sa manière exquise et suave de parler).

Je m'avoue embarrassé par la facilité que j'ai à retrouver mes jeunes sensations ; si bien que je m'efforce d'essayer d'encourager les trous de mémoire et de freiner ma prolixité. La place pour les trous de mémoire a du mal à s'accommoder, toutefois, avec *n'importe* quel point précis du passé pour lequel je me surprends (je m'y surprends si facilement) à observer mon entourage ; ceci n'a certainement rien de commun avec cette position avantageuse dont je jouis un après-midi de juin 1855, où je partageai une maigre portion du siège du cocher de la voiture qui nous faisait traverser, pour la première fois depuis notre petite enfance, celle de William James et la mienne, une très immense partie d'un Londres extraordinaire. J'étais un élément de la surcharge d'un véhicule entièrement occupé, et j'étais enivré par l'ample spectacle que ma position à côté du cocher offrait — sans savoir sur le moment pourquoi c'était moi, entre autres, qui avais été choisi pour occuper cette éminente place. Je justifie mon privilège au moins pour encore ressentir cette impression initiale, d'extrême intensité, et la voir supporter, au fond de moi, toute la masse des observations futures. Il y a des aspects de Londres qui, pour autant qu'ils m'émeuvent encore, après toutes ces années, m'émeuvent comme des rappels précisément sensibles de ce moment de prime appréhension, si profond qu'il a conservé en moi une marque indélébile. Car nous étions enfin venus en Europe — nous n'avions débarqué à Liverpool que deux jours plus tôt, du paquebot *Atlantic*, de la compagnie Collins, alors en pleine activité mais qui devait très bientôt être complètement détruit, et dont j'avais conservé une image romantique lors d'une soirée de l'un des deux hivers précédents. J'avais à cette occasion assisté avec mes parents à une représentation de saynètes théâtrales — le théâtre en question se distingue pour moi comme étant celui de Brougham — parmi lesquelles figurait l'alors florissante farce de Betsy Baker, peinture de la fâcheuse et soi-disant comique situation dc son héros, Mr. Mouser, dont l'épouse, si je ne me trompe pas, tient une blanchisserie et dirige comme elle peut une équipe de jeunes employées. Un des détails de la pièce me revient : Mr. Mouser poursuivi sans interruption tout autour des locaux par une troupe de blanchisseuses criant son nom en chœur, répugné à l'idée qu'elles le capturent, soit par crainte de leurs marques d'affection ou de leur plus rude violence, je ne me souviens plus. La tension du public avait déjà été bien assez mise à l'épreuve alors par le retard de plusieurs jours de l'*Atlantic*, et poussée même au paroxysme de l'angoisse, si bien qu'après la tombée du rideau sur la farce, Mr. Mouser, éperdu, le souffle encore court, réapparut à la rampe, où je le revois maintenant, sans avoir perdu une once de dignité du fait de sa délicate situation avant de déclarer : "Mesdames et messieurs, j'ai le plaisir de vous annoncer que notre brave paquebot l'*Atlantic* est arrivé à bon port !" La maison vibra d'applaudissements et d'un hurlement de soulagement puissant et prolongé, comme je n'en avais jamais entendu et qui me fit prendre la mesure pour la première fois d'une grande émotion publique spontanée — même si l'incident me rappelle aujourd'hui la petitesse des soirées familiales du vieux New York, qu'il y avait ces heureuses limites pour lesquelles nous pouvions tous nous sentir concernés, et concernés au point de vociférer de bonheur, tous ensemble pour la même chose. C'était une fraction d'âge d'or — ne représentant d'ailleurs qu'un fragment d'allégresse, puisque le malheureux *Artic* avait coulé, emportant dans son sillage mort et affliction, et que, de son compagnon, le *Pacific*, qui quitta l'Angleterre quelques mois plus tard, et sous les yeux intéressés de notre famille, provisoirement installée à Londres, on n'entendit plus jamais parler. Tout ceci montre de nouveau quels pièges sont tendus autour de moi et de mes souvenirs imprudents.

J'en rencontre un autre, bien que je cherche absolument à l'éviter, sous la forme d'une journée passée dans un imposant et vieillot lit à rideaux, un lit médiéval à baldaquin comme je n'en avais jamais vu, de l'hôtel de la gare de Londres et du Nord-Ouest, où l'on s'aperçut, à notre grand embarras que, durant les mois précédents, j'avais malheureusement absorbé quelque part (probablement sur Staten Island plus d'un an auparavant) le germe, resté latent, de la malaria, qui déclenchait maintenant fièvre et frissons. Cet état, de caractère intermittent, entravait nos mouvements mais alternait avec des jours pendant lesquels nous pouvions voyager ; elle demeure très présente à mon esprit, la perception que j'avais de l'intérêt de cette importante et déterminante situation qui était la mienne ainsi que la complexité de nos perspectives tandis que j'étais allongé, tout à mon aise — car je me souviens en particulier de brefs et agréables moments au cours desquels on pouvait me laisser seul — dans cette chambre londonienne surchargée d'évocations, dont l'odeur même avait quelque chose d'ancien, d'étrange et d'impressionnant, une révélation nouvelle somme toute, avec la fenêtre ouverte sur ce mois de juin anglais, et le très distant bourdonnement riche d'un millier de possibilités. Je les laissais immédiatement entrer, ces possibilités, et j'ai dû alors, je crois, éprouver pour la première fois le plus grand plaisir que je devais peut-être jamais connaître — celui de presque retenir son souffle en présence de certains détails pour mieux les laisser entrer. C'était comme si durant ces heures l'art si précieux m'avait été révélé — si peu de nature à l'encourager que ce piètre lieu et cette occasion insignifiante aient pu paraître. Nous accaparons nos biens avec une avidité instinctive là où nous les trouvons, et je n'ai cessé d'acquérir des biens au taux le plus ridiculement bas, et au moyen de ce procédé profondément discret qui consiste à les laisser entrer, comme au cours de cette longue succession de jours d'été. L'application suivante qui se détache dans mon esprit, ou celle à laquelle je fais ensuite place ici, puisque je note après tout tellement moins que je ne me souviens, est l'intensité de l'agréable appréhension que j'eus de Paris, quelques jours plus tard, du balcon d'un hôtel qui surplombait, par cette douce nuit d'été, la rue de la Paix. J'étais penché au balcon, avec mes frères et ma sœur aussi sans doute, bien que mes sensations ne me reviennent qu'en relation et en réponse absolues au grand, très grand attrait, de ce parfait parisianisme que mon esprit m'avait toujours semblé posséder — même si j'avais tout juste douze ans ! — et qui maintenant remplissait son cadre ou son écrin pour moi au détour de chaque fenêtre éclairée, à droite comme à gauche, comme si chacune d'elles avait été, pour en renforcer le sens, un des mots d'une citation immortelle, ce souffle qu'exhalent des lèvres civilisées. Comment avais-je autrefois accumulé de telles préconceptions dépasse ce que je cherche à rapporter — bien que je me sache capable de parvenir à en retrouver une ; il est en tout cas certain que la moitié de la beauté de tout ce deuxième étage qui m'était offert, occupé par la *modiste** d'en face, par exemple, avec ces silhouettes fugitives, tout comme ces immobilités délibérées, de jeunes femmes actives aperçues à travers de franches, et, pour ainsi dire, bénignes ouvertures, animées d'une belle ardeur qui faisait qu'elles n'avaient pas à travailler tard le soir, venait de l'impression que ces choses renforçaient et confortaient exactement je ne sais trop quel jeune rêve capital. Peut-être avais-je voulu me prouver que j'avais *raison* — comme pour éviter de risquer d'avoir tort, et si j'avais prononcé mon principal commentaire sur tout cela il aurait certainement pris cette tournure : "Je vous l'avais bien dit, je vous l'avais bien dit !" Ce que je m'étais dit, c'était bien sûr que l'impression serait des plus riches et en même temps des plus allusives, et ce qui n'était pas, ma foi, très proche ; mais j'avais devant les yeux depuis fort longtemps une image (elle avait flotté peut-être même dans le ciel) et elle se répétait ici dans le moindre détail avec envoûtement. Avais-je jamais jusqu'alors *vraiment* su ce qu'était l'envoûtement ? — un envoûtement mondain, avec la dimension de la couleur locale, laissant de côté celui qu'exercent quelques individus. C'était, de toute manière, ce mystère, notre propriété — celle de notre esprit ; et donc, une fois pour toutes, je le prenais du haut de mon balcon et le mettais de côté. Tout ceci apportait énormément à cette pratique qui consiste à laisser les choses venir à soi.

Je profitai encore de cette expérience, sans nul doute, quelques jours plus tard, à un moment de ma vie qui n'a jamais cessé de sembler crucial et tout à fait déterminant. Le coche s'était arrêté dans un village sur la route de Lyon à Genève, villes entre lesquelles, à l'époque, il n'y avait pas de chemin de fer ; ce village auquel je serais bien incapable de donner aujourd'hui un nom, n'était pas encore Nantua, dans le Jura, où nous devions passer la nuit. J'étais étendu à mon aise sur une couche composée d'une planche posée entre deux banquettes et recouverte d'un petit matelas et d'autres draperies ; gâterie suscitée par mes poussées de fièvre, qui, même si elles n'entravaient pas véritablement nos déplacements, m'assuraient, au sein de notre petit groupe, l'injustice de pareils luxes. Il est probable que, mon corps se trouvant ainsi dorloté, j'étais conduit à dorloter mon esprit pareillement, car mon instinct d'appropriation n'avait négligé aucun élément de notre cas depuis le début — je veux dire par là, depuis le moment de notre départ, ce matin-là, avec maintes préparations, dans la cour du vieil hôtel de l'Univers à Lyon, où nous étions arrivés deux jours auparavant et nous avions attendu selon mon bon plaisir pendant quarante-huit heures qui furent peut-être un peu moins chargées pour nous que n'importe quelle autre paire de journées jusqu'alors, mais au sujet desquelles, telle était ensuite la théorie dans laquelle je me complus, mon repos contemplatif dans l'ancienne auberge, pleine des voix et des charmes du passé, de la cour, de tout ce savoir-vivre à la française en général, et des anciennes auberges, aussi, en particulier, ne m'avait pas qu'un peu préparé, quand je devais le temps venu en entendre parler, et apprendre ce que l'expression *vie de province** signifiait — expression qui devait plus tard être si *harmonieuse*, tout comme s'harmonisent une belle couleur d'autrefois et une belle opinion d'autrefois. C'était le romantisme du voyage, et le romantisme suggéré, exalté par les suppositions et les échos, les implications et les souvenirs, souvenirs de "lectures", passez-moi le mot ! d'autant plus que la disposition que nous avions adoptée nécessitait deux voitures, dans lesquelles nous devions "faire des étapes", pensée ineffable, et où étaient présentes toutes les contradictions possibles de l'expérience commune. Le postillon, vêtu d'une tenue qui n'était pas sans rappeler, écho des salons de Ferrero, celle de mon "débardeur"*, sautillait dans les airs, le valet de place italien, Jean Nadali, aux favoris noirs, engagé à Londres, s'asseyait sur le siège de derrière avec Anette Godefroi, de Metz, au teint frais, au visage large et aux nattes blondes, la "bonne Lorraine"* telle qu'on l'imaginait, engagée à New York : l'écho de leurs noms, sans précédent et impossible à reproduire, me réjouit, et pourtant ils se confondent à mes yeux, pour intensifier la chose, avec tout le reste ; avec l'instant retrouvé, surtout, de notre pause, à la porte de l'auberge dans un frais rayon de soleil — nous n'avions pas cessé de monter — pause au cours de laquelle, dans mon état absurde, au milieu de mes coussins, je laissai entrer, comme j'y ai déjà fait allusion, en une longue et lente goulée qui prouvait que j'avais une certaine force dans le coude, une rasade de perception plus grande qu'aucune de celles ressenties auparavant et dues à la seule pulsation de cette faculté. La rue du village, qui n'était pas comme les rues de village que j'avais connues jusqu'ici, donnait, après une trouée, sur une hauteur où était perché un objet, révélation toute neuve aussi, et où je vis immédiatement à ma plus grande joie un château et une ruine — bien qu'il s'agît d'une joie qui tenait sans doute en partie à une sensation de bien-être fantastique, de rémission de la maladie et de poulet froid. Le seul château de mon horizon avait été, d'après mon souvenir, la villa à mâchicoulis au-dessus de chez nous à New Brighton l'été précédent, et de même que je n'avais vu aucun édifice la dépasser en majesté, je n'en n'avais vu aucun réduit à la dignité de ruine. Les planches disjointes n'étaient nullement caractéristiques de cette dernière phase, et j'étais déjà quelque peu conscient que ce château écroulé avait quelque chose de plus profond que n'avait eu le bâtiment lorsqu'il était debout — pour maigre que fût mon expérience en matière de solidité d'ailleurs. A un point précis dans cet espace, en tout cas, au pied de la pente de laquelle s'élevait ce rappel du passé, se trouvait une femme vêtue d'un corselet noir, d'un chemisier blanc et d'une jupe rouge, occupée à quelque activité des champs, dont l'intervention à ce moment précis eut pour moi un effet que je ne saurais presque exprimer. Je savais que c'était une paysanne en "sabots"* — la toute première que je voyais, ou du moins que je voyais sous un jour aussi avantageux. Toute sa personne était empreinte d'une valeur énorme, la force tonique de sa jupe soulignait la vérité qui me pénétrait, là sur ma couche — cette vérité qui faisait que l'on comprenait alors, dans tout le caractère offert par la scène, une richesse de caractère qu'aucune scène ne m'avait offerte, pas même celle aperçue depuis l'hôtel Westminster ; le genre de chose qui, ne serait-ce que par son ampleur et son poids, tenait une place toute douillette dans l'esprit. Par-dessus tout, ce que cette vision extatique représentait, c'était "l'Europe", synthèse sublime, qui m'était exprimée et garantie — comme par un gage mystique, et flottait dans l'air estival, de manière à ce que dorénavant, dorénavant seulement, je ne la perde plus jamais, pour en conserver toute la cohérence : jusqu'à cette époque où elle ne serait peut-être que dérisoirement agitée sous mes yeux. L'Europe n'aurait peut-être pas été flattée de se voir ainsi pleinement résumée et représentée par une vieille femme sordide occupée à gagner son misérable pain, et par une tour inhabitable abandonnée aux chouettes ; ce n'était pourtant là que l'impression momentanée d'un petit garçon malade, et la vertu de l'impression était proportionnelle à mes capacités. Elle ouvrait une communication vers plus de choses que je n'en connaissais alors.

XXI

Comment rendrai-je certaines impressions qui me reviennent de cet été-là, sans doute liées au fait que je dus encore pour un temps, un jour sur deux, lorsque mon affection se manifestait, rester allongé sur diverses couches et, pour mon plus grand confort, examiner la situation ? Je l'examinais pour le mieux, je pense, en rassemblant les fruits d'une sensibilité exacerbée, dans des appartements ombragés où mes parents s'étaient installés près de Genève ; une vieille maison, sur de vastes terres et au milieu d'immenses arbres majestueux qui balayaient agréablement nos fenêtres dans l'air et la chaleur de l'été, connue, si je ne m'abuse, sous le nom de

Campagne Gerebsoff — que sa propriétaire, une Russe invalide, avait partiellement mise à notre disposition tandis qu'elle se reposait dans sa portion de jardin, sur une "chaise longue"*; elle portait une capeline avec une voilette verte, et moi, au cours des agréables promenades auxquelles j'étais limité, je l'examinais de loin, elle et son identité, son histoire, ses habitudes et ses manières, à la lumière des légendes qui m'étaient rapportées par mon jeune frère Wilky, qui, de par sa nature, ou devrais-je dire son génie, avait fait sans perdre de temps, de grands progrès dans sa relation avec elle, et avait ainsi exacerbé en moi cette sensation d'un talent supérieur pour la vie. Wilky me suivait de près en âge, et à partir de cette époque nous partageâmes activités et conversations, même s'il y eut quelques défaillances et quelques écarts ; j'étais, moi, dans l'ensemble, durant toutes ces années, dans cette agréable et très favorable position de n'être exposé que sur une face, plutôt au nord, en somme, à la vue de William James, et de l'autre, la surface peut-être la plus immédiatement ensoleillée, à la chaleur cordiale de mon cadet. Là-dessus, j'aurai davantage à dire, mais rencontrer dans ma mémoire en attendant, ne serait-ce que la lueur de sa jeune personne revient à éprouver de nouveau un peu cette sensation que j'associai durant toute notre enfance à ses succès en société, son instinct des relations, le génie (mot que j'ai déjà utilisé) qu'il avait de se faire des amis. C'était là son seul génie, qui se déclara dès ses plus tendres années, ne connaissant jamais l'ombre d'une défaite, et me donnant, par-dessus tout, aussi loin que je remonte et par le rayonnement même de la chose, matière à infinie réflexion. Car j'en recevais d'une certaine façon, grâce à ce rayonnement, la plupart du bénéfice ; sa cordialité était si absolue que les amis qu'il se faisait, il se les faisait presque moins pour lui, pour ainsi dire, que pour d'autres amis — dont, nous, bien sûr, ses associés directs, n'avions pas de difficulté à être les premiers — pour autant du moins qu'il établît une distinction. La nuit tous les chats sont gris, et dans l'optique généreuse de ce frère, toutes ses relations comptaient pour la famille. La trace de sa sociabilité agissait de la même façon sur nous tous — bien qu'ici elle ne me concernât que dans la mesure où, telle que je la revois, elle exerçait un poids sur cette très indirecte aptitude que j'avais pour ce qu'on appelle la compréhension de la vie. J'avais déjà dû à Campagne Gerebsoff commencer à le voir aborder la vie avec toute sa spontanéité — commencer en fait à être un peu tourmenté de découvrir que, bien qu'il pût y avoir divers moyens d'y parvenir, nous sommes pratiquement condamnés à faire un choix, car nous n'avons pas accès à tous ; nous sommes réduits à l'utilisation d'un seul, au mieux, dont il est de notre intérêt de tirer le meilleur parti, puisque nous pouvons être bien sûr amenés parfois à en tirer grand parti. Il y avait un petit charme triste, devrais-je sans doute ajouter, dans ce contraste qu'opérait avec mon propre cas, celui qui était devant moi ; c'était assurément comme si l'exemple de Wilky m'offrait à l'occasion le sujet de comparaison le plus proche du mien. Cela fut particulièrement notable après qu'il eut, avec notre frère aîné, été inscrit à l'école, au "Pensionnat Roediger", à Châtelaine, alors très réputé et où j'étais censé les rejoindre une fois complètement remis. Je revois leur précipitation à tous les deux, hors de l'école, comme de mondaines, d'irrésistiblement mondaines *sorties**, tout comme je nous revois, le reste de la famille, rendre des visites d'après midi dans cet établissement : ce fut la première pension de mes frères, mais comme nous avions, dans les conditions new-yorkaises, pris l'habitude de rejoindre ponctuellement notre famille, celle-ci, dans les agréables conditions genevoises, nous retournait l'attention. J'en dirai davantage tout à l'heure ; je voudrais juste préciser ici l'ampleur de la contribution de Wilky à ma riche conscience actuelle — cette conscience qui *s'enrichit* vraiment lorsque je laissais venir les choses à moi, comme je l'ai déjà dit, au cours de ces heures de réflexion, ces heures pendant lesquelles j'étais en quelque sorte seul avec lui, notre vaste intérieur rempli d'ombres et presque hanté.

Admirable, l'échelle et la solidité, en général, des anciennes villas plantées autour de Genève, et notre maison me paraissait si massive et spacieuse que même la moitié que nous occupions me semblait vaste. Je n'avais jamais auparavant vécu si longtemps dans quelque chose d'aussi vieux et, comme il m'arrivait parfois de le ressentir, d'aussi profond ; la profondeur, cette accumulation de profondeur, c'était ce qui ressortait certaines fois de mon attente en haut, dans mon immense chambre aux profondes embrasures et plutôt prompte à s'obscurcir, alors que déclinait l'après-midi estival et que mes compagnons, souvent en bas en train de dîner, prenaient leur temps et m'abandonnaient peut-être juste un peu à mon accablement. C'était l'impression que j'en avais — ce *caractère*, partout ici, me narcelait avec une force que je n'avais pas encore rencontrée et qui échappait à mon analyse — ce qui n'est qu'une autre façon de dire à quel point je percevais ceci comme un avertissement direct que les conditions matérielles que j'*avais* connues jusqu'alors avaient été dénuées de toute profondeur. Ma profondeur était une mesure bien imprécise, sans doute, mais elle laissait de l'espace dans la pénombre, pour le son lointain, de temps à autre, d'une voix ou d'un pas, montant du jardin ou des pièces dont les grands volets verts, opaques et rassurants, s'ouvraient alors doucement pour en renvoyer l'écho — mêlé à des réverbérations plus subtiles et plus fondamentales, personnelles et expérimentales, si on pouvait les qualifier ainsi, que j'encourageais beaucoup (elles empruntaient ce ton à notre nouveau milieu ambiant) et dont la moitié pouvait se réduire aux personnalités de Wilky et à l'expérience de Wilky : ces dernières, irrésistiblement communiquées, relevaient toujours, de manière enviable, bien qu'un peu déconcertante et même formidable, *des* personnalités. Il y avait cette différence et cette opposition, je crois réellement que j'en étais déjà conscient, qui voulait qu'une façon de prendre la vie consistât à s'intéresser à tout et à tout le monde, ce qui vous occupait pleinement, l'autre façon consistant à être aussi occupé, tout aussi occupé, rien que par la sensation et l'image de tout ceci, et qui ne représente qu'un cinquième de la véritable immersion : situation extrêmement étrange. On profitait presque autant de la vie de l'une ou l'autre façon — c'était là, à mon avis, le curieux de la chose ; à l'état brut, quantité et nombre étaient bien plus infimes dans un cas que dans l'autre. C'était à cela que j'aurais *aimé* m'intéresser, si j'en avais eu les qualités requises ; c'était ce qui m'assaillait plus que jamais en ces moments où, comme je pouvais aller plus loin et rester dehors plus longtemps, j'accompagnais mes parents l'après-midi au cours de leurs promenades à Châtelaine et à Campagne Roediger, qui m'a laissé l'image d'un lieu à la noblesse placide et pastorale. Les grands arbres qui s'y élevaient, projetaient leurs ombres d'après-midi ; la vieille villa aux murs épais, aux volets verts, et ses "dépendances"* avaient l'air du plus heureux des foyers ; la "bonhomie"*, forte et barbue, de M. Roediger au milieu de ses petites responsabilités polyglottes — pas de "petits pays chauds" ici — semblait justifier, et même plus, cette théorie de l'éducation suisse chère aux New-Yorkais, celle qui était *à la portée** des jeunes New-Yorkais, présentée comme une chose magnifiquement cordialisée, humanisée, civilisée et même romantisée, où au cœur des alpages, "les langues" se déversaient chez de si nombreux bénéficiaires rayonnants comme un flot de lait et de miel, et "la relation", par-dessus tout, la relation de maître à élève et vice versa, était d'une aménité qui n'aurait pu appartenir à ce monde, n'eût été l'organisation providentielle d'une Suisse à la pédagogie parfaite. "Avez-vous remarqué la relation — comme elle était charmante ?" disaient nos parents au cours de leurs conversations après ces visites, faisant référence à quelque marque de confiance entre enseignant et enseigné ; tandis que moi, j'étais éperdu d'étonnement face à *toutes* les relations — mon jeune frère semblait vivre, et s'en délecter d'ailleurs sincèrement, dans un si heureux bourdonnement de relations. Les langues avaient de bonnes raisons de prospérer — elles étaient représentées avec une telle profusion : l'anglais bousculait l'américain, le russe l'allemand, et il réussissait même à suinter quelques gouttes d'un drôle de français.

Une des grandes écoles genevoises de l'époque était l'institution Haccius, à laquelle des générations de nos jeunes concitoyens avaient été vouées et vers laquelle nos jeunes visages se tournèrent en premier — avec cette nuance, toutefois, vérité d'évidence, que si l'on *considérait* la question des langues, l'américain y régnait presque en maître. L'établissement choisi pour notre expérience a dû séduire par un côté intime et engageant, et par le fait qu'il fut moins fréquenté par les riches et les élégants — car même à cette époque, quelques Américains étaient riches et plusieurs, élégants ; pour minime certes, qu'ait pu être l'importance de tout ceci, car cette expérience ne devait connaître qu'une bien brève durée. Ce qu'il m'en revient essentiellement, c'est l'agréable candeur et singularité d'antan de l'esprit new-yorkais, reproduites fort bien ma foi, je crois, sous notre propre toit, par la simple lecture enchanteresse des *Voyages en zigzag** de Rodolphe Toeppfer, œuvre délicieuse dont les deux beaux volumes in-octavo, un ouvrage adorable, avec ses illustrations, étaient sortis au début des années cinquante et avaient suscité notre plus fervente attention. C'est la chronique prolixe, par un maître d'école d'un humour et d'une gentillesse infinis — de quel degré et de quelle forme "d'autorité", il n'est jamais venu à l'idée de personne de le demander — des excursions qu'il accomplit avec ses élèves pendant les vacances, essentiellement à pied, bâton à la main et sac au dos, à travers l'incomparable Suisse d'avant les chemins de fer et la "ruée", d'avant les hôtels titanesques, les sommets profanés, les vallées popularisées, les circuits touristiques, les poinçonneuses, les funiculaires, les hordes, les horreurs. Revenir aujourd'hui aux pages de Toeppfer équivaut à éprouver la sensation d'un paradis perdu, et j'ai l'impression, même après les avoir longuement observées dans ma jeunesse, de plonger dans le doucereux et le pittoresque certaines des images — ses propres illustrations sont du plus agréable et du plus drôle, et l'association fait bien de ce pâle maître suisse du paysage, Calame, des soi-disant calamités*, un égal de Ruysdael. Il avait dû ainsi être imaginé que nous mènerions dans ces conditions — avec toujours une éducation pour objectif — une vie assez peu différente de celle des exilés de l'histoire dans la forêt d'Arden[1] ; même si on voulait volontiers ne pas hâter, après tout, les idéaux d'une culture si peu organisée, si peu consciente, jusqu'alors, de nos ardeurs pour la comparaison et la compétition, et la préparation imposée. Ce vague idéal-là sortait du désert — ou ce qui aurait pu passer pour tel en période de découragement ; il évoquait la lumière, mais une simplicité de vision, qui formait d'une certaine manière un tout avec la beauté d'autres convictions, accompagnait son effort ; et bien qu'un regard sur la "psychologie" sociale de certaines de ses joyeuses estimations, de ses importances relatives, présumées ou exécutées, puisse paraître indiqué ici, il y a des profondeurs de l'ancienne sérénité que rien ne m'inciterait à sonder.

J'ai d'autant moins besoin de m'y attarder, cependant, que, aussi bizarre que cela semble, nous nous y sommes peu attardés ; vraiment si peu que, pour des raisons qui nous étaient sans doute tout à fait entendues à ce moment-là mais qu'à présent je ne parviens pas à retrouver, ce qui me revient ensuite très clairement c'est notre nouveau passage par Paris lors de notre retour à Londres pour l'hiver ; notre situation prit alors un tour qui n'avait rien de bien merveilleux, qui pourtant m'amènerait encore presque à reprendre mes sondages, ne dussé-je y reconnaître cette marque du fantasque, cet accent d'improvisation, cette qualité générale d'une sérieuse, raisonnée, et presque passionnée impatience qui

1. Allusion à *Comme il vous plaira,* de William Shakespeare, 1599. (N. d. T.)

devait nous vouer pendant quelque temps à une variété, presque une incohérence, d'intérêts. Nous avions traversé l'océan éblouis dans l'abstrait par l'éclat de l'école suisse, mais dans le concret, l'école suisse perdit vite entre nos mains tout son attrait ; et cela, je me souviens, ne suscita pas de critique plus approfondie que la sensation, non dépourvue de saveur, du panoramique, puisqu'on était tout yeux et que le monde n'était décidément, à ce rythme, qu'images. Elle allait pourvoir, pour commencer, grâce à notre départ hâtif pour Lyon dans l'aube d'octobre — sans Nadali ni les voitures cette fois, mais avec la "malle-poste"*, vaste, jaune et bruyante, dont nous profitâmes pour la remplir entièrement et dont le très grand dédain faisait qu'elle ne voulait s'arrêter, ne fût-ce qu'un instant, en dehors des étapes désignées et fort distantes — moyennant quoi, je me souviens, notre cousine Charlotte King, mentionnée plus haut, essaya de l'arrêter en vain ; je la revois émerger soudain, belle, fraîche et confiante, de quelque retraite rurale le long de la route, scène de simple villégiature, "rien que pour saluer ces dames"*, tentait-elle d'expliquer au cocher, sur qui elle eut en réalité le dernier mot, même sans son autorisation, son heureuse manière de fondre les contraires me laissant encore pantois. La voiture ne s'était pas arrêtée, pendant ce temps, mais ma cousine non plus, et tout comme le véhicule ignorait agitation et rougeurs, tout comme il défiait le retard, elle lui fut son égale en tous ces points, elle le nargua en réussissant à venir nous voir tandis qu'il poursuivait sa route avec fracas, matérialisant son idée avec un parfait succès et une parfaite grâce. Elle sauta à terre avec la même élégance de gymnaste qui l'avait fait voler à l'intérieur, et "ces dames"* ont vraiment dû souhaiter égaler son art. Hormis ce détail, ma vision de cette migration s'est ternie, pour reprendre de nouveau son lustre avec la sensation que j'eus de notre arrivée à Paris au petit matin, deux jours plus tard, et de notre quête, d'abord vaine, d'un hôtel qui pourrait nous recevoir tous ensemble ; vaine jusqu'à ce que nous restâmes assis quelque temps, rue du Helder, je crois, devant l'hôtel d'un oncle d'Albany, qui se trouvait par bonheur en ces lieux et fut finalement appelé ; après nous avoir fait attendre, il descendit nous voir avec un air très étranger, me sembla-t-il, et aucune possibilité, à son regret, de nous accueillir sous son toit ; comme si bien sûr, ai-je pensé, nous avions pu, nous, avoir souhaité partager sa passion pour l'étranger — quelle que fût sa nature. Il épousa notre cause, cependant, avec un naturel enjoué — tandis que je me demandais, au milieu de l'admiration que j'éprouvais pour lui et la curiosité qui l'entourait, s'il nous aimait vraiment, et (avec un léger doute) si moi, à sa place, je nous aurais aimés ; puis après quelques autres aventures, il nous installa à l'hôtel de la Ville de Paris, rue de la Ville-L'Evêque, établissement disparu depuis longtemps maintenant, bien qu'il continuât d'exister encore quelques années, et auquel je repense avec une certaine sensation d'entassement et d'intimité décevante, au point de réduire le spectacle dont j'aperçois la silhouette oblique au delà d'un mur, d'un haut portail et d'une cour plus ou moins pavée.

XXII

Peu d'éléments de ce passage parisien me restent en mémoire — il fut probablement des plus brefs ; je ne me rappelle qu'une visite au Palais de l'Industrie avec mon père, où la première des grandes expositions, sur le modèle, très réduit, du Crystal Palace anglais de 1851, était encore ouverte, détail qui explique que les auberges aient été surchargées ; et de cette visite je ne recouvre que la section des peintures anglaises et notre arrêt prolongé devant *L'Ordre de libération* d'un jeune peintre anglais, J. E. Millais, qui venait juste d'accéder à la renommée, et ma réaction face à sa manière originale de traiter les jambes nues d'un bébé, qui pendaient des bras de sa mère, est toujours aussi présente à mon esprit que si c'était hier. Le précis laisse de nouveau la place au vague — si totalement que je sais mal pourquoi — jusqu'à ce que la conscience s'éveille dans Londres, se rafraîchisse, à une heure avancée du soir et dans toute sa plénitude, à l'hôtel (ou café, comme je crois qu'il s'appelait encore alors) Gloucester, à l'angle de Piccadilly et de Berkeley Street où des établissements plus modernes lui ont depuis lors succédé, mais où une famille américaine épuisée et affamée trouva à cette occasion une bonne vieille vertu britannique au rôti de bœuf froid, au pain, au fromage et à la bière ; leur ovation d'experts résonne encore aujourd'hui dans ma mémoire. Elle y tient compagnie à d'autres sujets tout aussi britanniques et, comme nous dirions dorénavant, du début de l'époque victorienne ; l'épaisse obscurité des pièces dans les auberges, la pâleur des flammes des chandelles, l'abondance inépuisable du délicieux rôti, surpassée uniquement par la réserve du serveur sérieux — ordinaire, rien que de la chère immuablement ordinaire, mais suscitant chez nos aînés de tels élans de soulagement et de délectation, et cette manière de dire : "Il n'y a rien de meilleur, finalement !", qui ravivait l'attente, qui semblait en fait cette fois redonner une base à la foi et à la joie.

Cette base se rétrécit pour l'heure à l'échelle d'une petite maison juste à côté de l'hôtel, à l'entrée de Berkeley Square — sur laquelle nous tombâmes par hasard très vite, en fait, et qui fut ensuite remplacée à grands frais, mais c'est vers les anciens petits faits qui lui sont attachés que mon affection se tourne, puisque je leur dois ce que je crois avoir été, dans ce lointain passé, la première révélation, le petit fragment d'expression, de ce Londres que je devais ensuite connaître. Cet endroit n'a, à ce jour, guère changé de visage ; la maison qui s'est élevée à l'emplacement de la nôtre est toujours immédiatement jouxtée à sa gauche par le libraire, à la fois bibliothèque de prêt et marchand de journaux, qui prospérait modestement à notre époque sous le même nom ; le grand établissement de Mr. Gunter, juste un peu plus loin, est toujours aussi sobrement et solidement en place ; la ruelle derrière toute cette rangée de maisons, part du bas de Hay Hill sur la droite pour serpenter jusqu'à Bruton Street avec cette grâce irrégulière à laquelle ma jeune imagination était sensible ; Hay Hill d'ailleurs est un peu moins raide, mis à part le fait qu'elle ne soit plus pavée, qu'elle semblait l'être dans mon souvenir, avec ses grosses pierres rondes, et j'étais sur le point de dire que son charme passé subsiste à un certain degré. Rien, toutefois, ne serait plus éloigné de la vérité ; son charme passé a tout à fait succombé, il y a des années, à l'édification de ces massifs "hôtels particuliers" qui fit suite à la démolition des résidences urbaines de l'ancien monde, comme disent les agents immobiliers, qui s'élevaient du côté sud entre cour et, je suppose, jardin, là où Dover Street débouche dans Grafton ; maison riche d'histoires, de vagues choses d'importance, de froides réserves et de profondes suggestions, avais-je coutume de penser après avoir grimpé ce raidillon pour, précisément, venir y musarder. Tout un chapitre de vie s'y trouva condensé, pour une jeune sensibilité, découvris-je, dans les deux mois — cela n'a guère pu faire davantage — que nous passâmes dans ces parages, lesquels ont dû s'avérer trop étroits et trop urbains ; mais il ne put y avoir de période plus animée que les circonstances qui suivirent immédiatement l'annonce trop candide de mon père dans un journal public, probablement *The Times*, où il faisait savoir qu'un Américain, résidant à telle adresse, désirait s'entendre avec un jeune homme compétent pour l'instruction de ses trois fils chez lui. Son imprudente omission d'inviter les candidats à ne postuler que par lettre eut pour conséquence l'assaut d'une armée de visiteurs qui nous plongèrent dans la consternation ; ils attendaient à la porte, encombraient l'entrée, bloquaient l'escalier, et étaient assis seuls, avec un air sinistre, dans tous les coins. Comment ils furent traités, compte tenu de la charité irréfléchie et générale de mon père, je ne peux que mal l'imaginer ; nous ne fûmes concernés, dans le cas précis, que par la seule présence sélectionnée d'un

Ecossais, Mr. Robert Thompson, qui s'occupa de nous du petit déjeuner au déjeuner, tous les matins, cet hiver-là ; il dirigea ensuite une école à Edimbourg, et, des années plus tard, j'aidai R. L. Stevenson à gaiement reconnaître en lui *son* premier pédagogue. Il était tellement plein de sollicitude, et en plus si doux, si gentil et timide, n'utilisant envers nous jamais d'injonction plus sévère que "Allons, allons, il faut s'y mettre !" qu'on ne pouvait qu'avoir une bonne opinion d'un monde où un esprit aussi aimable pouvait s'épanouir ; par ailleurs il ne fait aucun doute que l'on doive porter au crédit de son tempérament cette absence totale de souvenir pour ce qui concerne les soins plus rigoureux. Je me rappelle très précisement son teint frais, ses yeux clairs tout ronds, sa propension à se cogner les jambes et à se marcher sur les pieds tandis qu'il se déplaçait, songeur, autour de nous, et cet éternel queue-de-pie, qu'il portait avec un pantalon un ton plus clair — peut-être, alors, l'uniforme recommandé aux précepteurs ; mais je me demande en vain ce que j'ai bien pu étudier avec lui, il ne me resta ensuite, pour en témoigner — écartant toute preuve tangible de savoir acquis — pas le moindre livre de texte excepté les *Contes d'après Shakespeare* de Lamb, qui me fut donné (entre autres) en récompense. Récompense de quoi, je serais aussi bien en peine de le dire — certainement pas "d'avoir suivi" tout ce qui aurait pu ressembler aux sonorités plaintives que l'on jouait pour moi la plupart du temps. C'est une réminiscence très étrange et en même temps pour moi très présente et très riche, même si je me rappelle comment, en l'examinant plus tard, la vindicte de William James me la présentait, ainsi que l'année et quelques mois qui suivirent à Paris, comme une période médiocre, aride et lamentable, au cours de laquelle, après avoir raté des occasions et des relations tellement plus importantes dont nous aurions pu profiter, nous n'avions rien fait d'autre, lui et moi, que de nous promener ensemble, avec la plus sinistre décence, en petits "hauts"-de-forme noirs et avec les inévitables gants, le costume des enfants de ce lieu et de cette époque, pour simplement bâiller devant les grises scènes de rue (ce Londres du début de l'époque victorienne avait des tonalités d'une telle neutralité !) traîner devant les vitrines, acheter des couleurs à aquarelle et des pinceaux avec lesquels nous pourrions barbouiller d'éternels carnets de dessins. Nous aurions pu, oserais-je dire, éprouver des élans plus forts et exécuter des projets plus ambitieux — bien que je garde présente à l'esprit, d'après ce que disait mon frère, la conscience alors très vive du fait que lui au moins avait dû vivre des émotions plus profondes et des besoins plus audacieux, et la sensation parfaite, bien que triste, de n'avoir moi-même rien à redire sur nos conditions respectives : embaumées dans une espèce de fatalisme de la patience, c'est ainsi qu'elles m'apparaissaient dans ce bref examen rétrospectif, ternes en quelque sorte, sans aucun doute, mais avec une vie intérieure active, féconde et simple.

C'était justement toutes nos promenades, toutes nos flâneries et tous nos détours qui faisaient le charme du souvenir ; de surcroît, qu'auriez-vous pu demander de plus que d'être plongé dans un milieu si dense que des éléments entiers, certaines formes de distractions, l'intérêt et la surprise, filtraient jusqu'à quelque faculté appréciative et faisaient qu'au plus il ne vous manquait que les leçons ? Mon frère avait raison dans la mesure où ma question — celle que je viens de reproduire — n'aurait pu être posée que par une personne incapable de s'empêcher de se rabattre sur des succédanés de causes perdues, des succédanés qui auraient pu *temporairement* paraître étranges et limités ; une personne tellement obsédée, même depuis son jeune âge, par les visions de la vie, que les aridités, pour lui, étaient à moitié terreur, à moitié impossibilité, et que les succédanés en question, les économies et les ingénuités qui protestaient, à leur manière dans un vague silence, contre la faiblesse de la situation ou d'une faculté directe ou de son application, étaient en elles-mêmes un véritable divertissement de l'esprit et de la pensée. Il y *eut* bien sûr encore un effet d'une incohérence presque pathétique, du fait que notre intrépide quête des "langues", souffrant d'une interruption si soudaine et alors du moins si bien acceptée et dorénavant si impénétrable et si irrécupérable, ait dû se satisfaire de notre installation ce Noël-là dans une maison, plus propice à notre développement, à St. John's Wood, où nous jouissions d'un immense jardin et d'une vue mélancolique, par ce seul privilège de la fenêtre pourtant, sur un vaste espace de verdure où des hommes et des femmes s'entraînaient au tir à l'arc. Rien que *cela* — et pas même l'art, mais le seul spectacle — aurait pu être un de ces succédanés, sinon des langues au moins d'une ou de l'autre de ces choses romantiques qui semblaient nous manquer un peu ; c'était une véritable bouffée de l'ancien monde de Robin des Bois dont nous n'aurions jamais pu trouver dans la simple "histoire" écornée de la Quatorzième Rue en tout cas, la plus légère assurance. Bien plus que je ne puis tenter de l'exprimer, c'est-à-dire à l'aide d'un plus grand nombre d'étranges petits canaux, le monde qui nous entourait, dans le prolongement de l'ancien monde de Robin des Bois, pénétrait mes sensations — un constant état de soumission à cela n'est pas un mauvais exemple de ces raffinements de l'abandon que je viens de signaler comme l'une de mes pratiques favorites, il me semble voir aujourd'hui que le Londres des années cinquante était, même pour la fragile perception de l'enfance, un endroit bien moins banalisé, d'une variété et d'une excentricité bien plus caractéristiques, que l'actuelle grande ville bien accommodée et accommodante ; elle avait moins de ressources mais plus de traits originaux, il est bien rare qu'un seul manquât d'aider l'ensemble à regorger de ce qu'un petit Américain ébahi pourrait prendre pour la marque d'une différence d'ordre par rapport à celui que *lui* supposait. C'était, chose extraordinaire, la scène et l'image de Dickens, aujourd'hui tout à fait transformées et disparues ; elle offrait encore plus à ma vision présomptueuse le reflet de Thackeray — et où est-il ce *détail* du reflet de Thackeray maintenant ? — si bien que lorsque je parcours toute la longueur de Baker Street, cette voie thackerienne d'antan, mon cœur palpite de la fierté d'une intimité largement plus étendue.

Je dois avouer que nos promenades dans Baker Street avec nos petits "hauts"-de-forme et autres détails élégants devaient représenter ce que William James voulait dire en parlant de la pauvreté de nos vies — tandis que c'était probablement une des choses qui exprimait le mieux pour moi le charme et la couleur de l'histoire et (d'un point vue pittoresque) de la société. Nous étions souvent dans Baker Street à cause de ces promenades interminables, dont la fréquence et la progession continuelle me laissent aujourd'hui pantois ; me rappelant du même coup, d'ailleurs, qu'hormis quelques échanges de balles que nous faisions dans le jardin avec Robert Thompson, elles prenaient pour nous la place de tous les autres exercices d'agilité. Je ne peux m'empêcher de trouver qu'elles furent, à leur manière, marquées d'une rare curiosité et énergie. Ce brave Mr. Thompson nous avait suivis dans notre déménagement, occupant des quartiers, tout proches, au-dessus d'une boulangerie et dans une rue où toutes les maisons étaient identiques et mitoyennes — groupe d'objets encore épargné par le temps — où, pour changer, nous allions parfois prendre nos leçons et où l'une de nos inspirations était cette assurance, toujours et encore justifiée, que notre "pause" de la matinée occasionnerait l'apparition d'un gâteau gêné d'être rassis, venu tout droit d'en dessous, accueilli par nous tous chaque fois comme si cela avait été une heureuse idée inattendue, et apporté par une petite fille qui aurait pu être une enfant trouvée ou une "orfline"[1] de Dickens. Que nous fussions réduits à mâchonner du gâteau dans un logement de banlieue en guise de réaction à la fatigue des études, aurait pu offrir un tableau pathétique, mais nous passions aussi des journées sur le terrain, où nous allions avec notre excellent ami voir la Tour de Londres, le Tunnel sous la

1. Prononciation déformée. (N. d. T.)

Tamise, Saint Paul et Westminster Abbey, sans parler du jardin zoologique, presque voisin, et dont nous ne nous serions pas permis, en cet âge de longues flâneries, d'abréger la visite ; sans parler non plus de Madame Tussaud, alors dans notre interminable mais si charmante Baker Street, charme dont la seule ombre était son horrible association dans ma mémoire au portail du Bazar — puisque Madame Tussaud m'avait, entre autres trésors, révélé de manière frappante la Mrs. Manning, le Burke et le Hare de la Chambre des Horreurs qui se cachait juste derrière le portail ; et des jours durant, après avoir fait leur connaissance, (relation que notre consciencieux ami ne prolongea pas au-delà de ce qui lui parut convenable) je m'attendais presque, avec une terrible angoisse, une fois seul, à les trouver dans l'escalier ou derrière une porte. Toute cette expérience fut enrichissante, mais pas à cause des langues — hormis le fait bien sûr que ce fut l'anglais, qui n'était d'abord pas tant ce que nous avions recherché, et qui pourtant, plus ou moins et de manière très intéressante, se présenta ; ce qui en tout cas interrompit peut-être un peu notre chute, ce fut que le français, en quelque sorte, demeura avec nous en la personne, d'une remarquable rigidité physique, de Mademoiselle Cusin, la gouvernante suisse qui nous avait accompagnés de Genève, dont je retrouve la présence plutôt envahissante, mais dans l'ensemble stimulante pour cet hiver-là, et qui était en tête de cette procession un peu longue de présences domestiques plus ou moins semblables qui devaient toujours entretenir la flamme de notre flambeau, c'est-à-dire l'accent. La variété et la fréquence des arrivées et des départs de ces dames — dont je me plais à pieusement préserver les noms fantomatiques, d'ailleurs, pour autant que je m'en souvienne, Augustine Danse, Amélie Fortin, Marie Guyard, Marie Bonningue, Félicie Bonningue, Clarisse Bader — me laissent tout aussi perplexe que nos vicissitudes académiques de New York ; je ne peux pas imaginer pourquoi nous changions si souvent de gouvernantes sociables et charitables, et je n'avais pas saisi sur le moment le principe qui présidait à la succession de nos écoles ; tout l'ensemble de ces phénomènes reflétait, à ce que j'ai compris, en règle générale, bien plus l'extrême empressement de l'optimisme parental qu'une forme d'impatience démesurée. L'optimisme engendrait la précipitation, et la précipitation devait trop souvent se reconnaître. Ce qui est instructif, ce qui est historique, c'est probablement que les jeunes personnes qui se proposaient comme guides et interlocutrices — les exigences de notre petite sœur furent pendant longtemps assez modestes — manquaient, cela va de soi, de préparation, et étaient ainsi obligées de se rabattre sur l'impromptu, ce qui en conséquence manquait de richesse. Une de ces figures, celle de Mademoiselle Danse, la plus parisienne, et ô combien, devait ensuite se distinguer à nos yeux de manière tout à fait effrayante — un nuage de révélations ayant suivi son départ ; nuage qui, pour épais qu'il fût, n'obscurcit jamais l'impression que nous avions de son génie et de son charme. Fille d'un proscrit politique qui venait juste d'éviter, selon la légende, de se faire arrêter dans son lit au cours de la terrible nuit du deux Décembre, et qui lui écrivait des lettres à la Micawber depuis Gallipolis, dans l'Ohio, elle représenta par la suite dans mon imagination (c'est-à-dire à la lumière de révélations devinées, trop terrifiantes pour nos jeunes oreilles) la plus brillante et la plus géniale de ces personnes provisoires, portant la "mentalité" parisienne au plus haut, ou peut-être au plus profond, et nulle part plus remarquable que pour cet art mineur et ce charme accomplis avec lesquels elle s'était pendant toute une année drapée dans la cape de notre air innocent. C'était excitant, vraiment enrichissant, d'avoir dans une certaine mesure côtoyé de près une "aventurière" ; ceci prouvait que sur l'aventurière il pouvait éventuellement y avoir beaucoup à dire.

Il s'agissait, toutefois, de choses plus récentes — de projections, pour l'instant, comme je l'ai fait remarquer, entravées par nos simples scènes de rues londoniennes et qui devaient susciter beaucoup de choses en nous. Je vois bien que nous ne faisions que d'infinies promenades et d'infinis barbouillages, et que nos promenades, avec une obsession qui leur était propre, encourageaient constamment notre barbouillage. Nous ne connaissions pas d'autres garçons du tout, n'en voyions même pas d'autres, autant que je me souvienne, sauf ceux qui étaient grossiers par essence, grossiers avec une espèce de grossièreté médiévale dont notre pure expérience new-yorkaise ne nous avait pas donné d'exemple préalable, et dont le constant et remarquable signe distinctif était l'étonnement naturel et déplaisant que notre allure étrangère provoquait, lors de nos apparitions publiques, et que, pour notre confort, nous cherchions en vain à dissimuler. Nous nous conformions dans chaque détail, autant que nous le pouvions, à la mode et aux tendances dominantes, très limitées en ce temps-là, uniquement dans notre plumage — laissant notre *ramage** de côté — notre gazouillis naturel devait avoir des sonorités bien étranges ; lorsque nous étions à l'étranger, nous suscitions donc nettement l'attention des représentants de notre classe d'âge, et même parfois de leurs aînés, qui en nous voyant se mettaient à nous dévisager de la tête aux pieds, avec une curiosité dépourvue de sympathie et qui pour quelque raison s'attachait à nos pieds, qui n'étaient pas anormalement grands. A Londres, les gens faisaient preuve, par ailleurs, d'une exubérance de style ; nous découvrîmes en particulier un monde de costumes, souvent de costumes très curieux — dont les notes les plus familières nous étaient données par les facteurs avec leurs redingotes rouge garance et leurs chapeaux de castor noir, les laitières, en chapeaux qui souvent rivalisaient avec les leurs, vêtues de petits châles et d'étranges robes larges et courtes qui laissaient voir d'énormes bottes, leurs seaux se balançant à des palanches de bois qu'elles portaient sur les épaules ; les inévitables valets accrochés derrière les voitures des riches, souvent par paire et tenant des hampes, et les palefreniers aussi, montés et ceinturés, sans la présence desquels les cavaliers, des deux sexes — et les cavaliers étaient bien plus nombreux alors — ne sortaient presque jamais. La variété de caractères atteignait d'autre part des profondeurs assez effrayantes ; il y avait des exemples vivants d'*horreurs* dans les rues auprès desquelles toute exposition existante est bien terne, et je me souviens avec précision de la sensation d'effroi presque, à l'idée de leur apparition, deux ans plus tard, lors d'un retour rapide du continent avec mon père, durant une longue, une interminable course en direction de l'ouest depuis la gare de London Bridge. C'était une douce soirée de juin, le jour s'attardait et la foule grouillait, comme il me semblait alors, de personnes qui me rappelaient le Artful Dodger de George Cruikshank, son Bill Sikes et sa Nancy aussi, mais avec cette plus grande sauvagerie que leur conférait la vie, qui se pressaient autour du fiacre, ces voitures à quatre roues du début de l'époque victorienne, alors que nous cahotions sur le pont, et que surgissaient de plus en plus de scènes éclairées le long du trajet, pour culminer, quelque part, loin à l'ouest, avec cette image très vive, qui se dessina dans la vitre du fiacre, d'une femme partant à la renverse et tombant après qu'un homme l'eut frappée au visage. La vision qu'offrait Londres dans son ensemble était en fait plus que du Cruikshank, il y survivait encore quelque chose de Hogarth — chose que je ne savais nommer alors, mais que je devais reconnaître de manière si aiguë à mon retour, des années plus tard, qu'elle fixa en moi la véracité de ce grand peintre chroniqueur. La marque de Hogarth n'est même pas encore totalement recouverte, bien que le temps ait *par contre* eu raison de cette vieille manière servile de parler qui rendait tout à fait pour nos jeunes esprits le riche fardeau d'un Passé, la conséquence de trop d'histoire. Pour ma part, j'aimais beaucoup l'histoire mais je sentais en face de certaines des bizarres obséquiosités et appellations d'autrefois, des gémissements et mouvements de côté, des frottements de mains et des révérences, tout le jeu des excuses et de l'humilité, derrière lequel la grande et imprécise complexité de la société semblait se masser, alors qu'on n'en voulait pas vraiment une quantité si excessive. Pour ce qui est de ce jeu précis d'ombre et de lumière, toutefois, le grand balai du changement a dégagé la scène ; encore plus d'histoire, c'était après tout ce qu'elle voulait. C'est un ordre tout à fait différent, à ce propos, qui me semble régner aujourd'hui — sans faire oublier que les relations où le comportement, d'un point de vue général, et "le ton", paraissent *indéniablement* plaisants, réellement assurés et justes, clairs et intéressants, ne sont nombreuses et manifestes que lorsque ce monde a connu dans son passé d'étranges phases et beaucoup de mésaventures.

XXIII

Nous n'étions toujours que vaguement "formés", pourtant il s'agissait d'un vague que nos parents semblaient préférer à la seule exactitude qui nous était dans une certaine mesure accessible, celle de l'école anglaise qui était loin de la maison (l'école privée près de la maison était absolument hors de question) qu'ils considéraient comme une épouvantable, merveilleuse, efficace pourtant, semblait-il, préparation des jeunes à la vie anglaise et à une carrière anglaise, mais n'étant en rapport qu'avec cette situation, si peu en rapport en fait avec aucune autre qu'elle devenait, dans un cas différent, une impasse éducative, le pire des systèmes. Ils avaient sans nul doute entendu prétendre qu'il n'*existait* pas de méthode générale plus magnifique pour les garçons, mais ils avaient, je crois, leur propre opinion en la matière — à savoir sans doute que tout dépendait de ce qu'on voulait dire par là. La vérité tenait surtout au fait que pour eux les autorités éducatives qui nous concernaient le plus n'avaient absolument rien de vague, mais étaient tout à fait précises selon leurs critères et leurs intentions *à eux* ; il y avait des "avantages", dont on se félicitait, qui ne les séduisaient que bien peu, et d'autres choses, ces notions de caractère et d'opportunité, d'idéaux, de valeurs, d'importances, qui ne bénéficiaient guère d'un grand crédit d'ordinaire mais que eux, croyaient-ils, quelles que fussent les difficultés, parvenaient à peu près à nous offrir. A cet égard, je me souviens en outre de l'heureux petit nombre, jusque-là, de nos années ; et je retrouve ma propre sensation, tout aveugle qu'elle ait pu être, d'une vie haute en couleurs et remarquablement active. Je reconnais notre ferment immédiat et pratique jusque dans nos modestes promenades et nos discussions, entre William James et moi, pour savoir si dans une situation donnée, nous ferions mieux de demander le renouvellement de notre "matériel artistique" auprès de Mr. Rowney ou de Mr. Windsor et Mr. Newton, et dans notre pieux recours, le choix fait, à Rathbone Place, plus assaillie par nos pas, probablement, que tout autre endroit de la ville, et dont la perspective courte mais chargée est toujours présente à mon esprit dans la lumière tamisée de ces anciens après-midi d'hiver. D'importance à peine moindre que ces dernières, il y avait nos fréquentes visites, dans le même esprit, au vieux Pantheon d'Oxford Street, qui a maintenant perdu son rang élevé, mais qui était à cette époque un lieu où se perpétuaient les élégantes traditions rococo : bazar, exposition, occasion, à la fin de nos longues promenades, de consommer des petits pains au lait et de la limonade au gingembre, et un monument au génie de ce merveilleux peintre, B. R. Haydon. Nous avons dû, à une époque, beaucoup fréquenter le Pantheon, où sans doute bien plus que nulle part ailleurs, nous pouvions nous plonger dans une paisible contemplation et méditation : les immenses toiles de Haydon couvraient les murs — je me demande ce qu'est devenu *Le Bannissement d'Aristide*, accompagné aux portes de la ville par sa femme et son bébé, dans lequel chaque attitude et chaque figure, surtout celle du garçon en train de ramasser des pierres pour les lancer au "Très Juste", sont raccourcis par la perspective, ce tableau me laisse encore pantois. Nous trouvions à ces œuvres un intérêt et une beauté remarquables, qui tenaient en partie, sans doute, au fait que nous dévorions, fascinés, à la maison, les trois volumes de l'autobiographie de cet artiste infortuné, ouvrage alors récent, que notre père, pour satisfaire notre préoccupation, nous avait procuré ; mais je rougis de m'aventurer dans cette plus ample conjecture, à savoir que le style grandiloquent de Haydon, son côté héroïque et classique, nous touchaient plus profondément et plus naturellement que celui des maîtres reconnus "anciens", qui, à la National Gallery, semblaient nous émouvoir à peine deux fois moins, nous tendre une main confraternelle, ou suggérer quelque chose que *nous aussi* pouvions réaliser, ou du moins souhaiter réaliser. La beauté de Haydon tenait simplement au fait qu'il était neuf, d'un éclat tout neuf, et s'il laissait entendre que dans quelque heureux futur nous pourrions peut-être parvenir à imiter sa terrible audace, rien ne paraissait plus impossible. Si nous adorions les barbouillages, nous les préférions *frais*, et le génie du Pantheon était frais, tandis que, chose étrange, Rubens et Le Titien ne l'étaient pas. Même le charme du Pantheon céda, néanmoins, devant celui de la collection anglaise, le legs Vernon à la nation, qui était alors présentée à Marlborough House et dont le grand corbillard tout couvert de draperies, de plumes et de poussière du Duc de Wellington formait un accessoire attrayant. Là, les pièces du rez-de-chaussée, dont aucune n'était à l'époque occupée par la famille royale, me paraissent, dans l'ensemble, dans mon souvenir, lugubres et dépouillées et semblant ne devoir leur dignité qu'à Maclise, Mulready et Landseer, David Wilkie et Charles Leslie. C'étaient bien *eux*, par quelque mystère anglais profondément enraciné, les vrais inaccessibles, tout comme ils étaient les inspirateurs immédiats et la source de délices infinis. Je ne pouvais me lasser de *La Scène de la comédie dans Hamlet* par Maclise, qui représentait pour moi la composition la plus subtile qui soit (bien que la silhouette d'Ophélie eût un peu l'air d'avoir été découpée dans du papier blanc et collée par-dessus) tandis que, ne pouvant détacher mon regard du *Sancho Pança et la Duchesse* de Leslie, je traversais cette grande salle romantique pour me diriger vers les appartements centraux ou privés. Trafalgar Square ne nous adressait son message direct qu'à l'occasion de son exposition en mai, l'Académie Royale ne bénéficiant en ce temps-là, d'aucun bâtiment propre, devait se faire prêter des salles dans la National Gallery, — salles en partie occupées, au cours de l'été 1856, par les premiers fruits frais de l'efflorescence pré-raphaëlite, parmi lesquels je distingue la *Vallée du silence* de Millais, ses *Feuilles d'automne* et, si je ne me trompe pas, sa prodigieuse *Jeune Aveugle.* Le mot pré-raphaëlite, à lui seul, était pour nous empreint de cette richesse de sens, et aussi de mystère, dont la perfection ne nous fait vibrer qu'une saison, l'aube de nos premières initiations, et il se peut que l'ordre de nos intenses et courts moments de perception soit un peu confus. Elle fut importante pour nous aussi, l'exposition de 1858 de l'Académie, où se trouvaient, venant de la même et abondante source, encore d'autres défis devant lesquels s'émerveiller, *Le Bouc émissaire* de Holman Hunt surtout, que je me rappelle avoir trouvé si horrible que j'étais content de le voir en compagnie — *lui* et moi aussi : je croyais, ou j'essayais de croire, que j'aurais eu peur de l'affronter tout seul dans une pièce. A cette époque en outre — je parle de 1858 — nous avions été endoctrinés plus à fond, ou du moins ce fut le cas de William James, pour qui, à Paris, durant l'hiver 1857, un enseignement dans l'atelier de M. Léon Cogniet, d'un ordre limité et adapté à son âge, avait été candidement prodigué — ce M. Léon Cogniet dont le *Marius sur les ruines de Carthage* nous impressionna d'autant plus, au Luxembourg (que nous fréquentâmes encore plus le moment venu que nous n'avions fréquenté le Pantheon), du fait de ce lien avec notre famille.

Il ne faut pas, cependant, que je sectionne le fil actuel de notre évolution esthétique sans jeter un coup d'œil à cette expérience maigre en comparaison, mais profondément appréciée, du privilège théâtral de Londres qui, dans la mesure où les circonstances nous étaient favorables, activait aussi le ressort facile. Les familiarités new-yorkaises durent être abandonnées ; aller au théâtre à Londres était une chose sérieuse et pesante : une procession de deux lourds fiacres qui traversaient, haletants et palpitants, les vastes étendues brumeuses de la ville, après bien des arrangements préalables et une reprise de pérégrinations lointaines, par des couloirs tortueux et des catacombes, une fois même le seuil magique franchi. Nous étions assis à d'étranges places, avec d'encore plus étranges places derrière et sur les côtés ; nous sentions les murs et les cloisons, dans notre dos, devenir si chauds que nous nous demandions si l'endroit n'allait pas s'embraser d'un seul coup ; je me rappelle en particulier qu'une fois, nous avons été installés, les neuf personnes que nous étions, dans une espèce de balcon rustique ou de véranda qui, simulant la terrasse d'un chalet suisse entourée de plantes grimpantes, faisait partie du décor de la représentation autrefois célèbre du *Tour du Mont Blanc* de Mr. Albert Smith. Fort, barbu, bavard, bruyant et grimaçant, Albert Smith séduit encore mes esprits, bien que, soumis à la réflexion, son style et sa présence, si importants, si conséquents, en surface, fussent quelque peu en désaccord avec de telles patelineries, avec l'insouciante légèreté de son spectacle — spectacle dont un des grands effets était, à ce que je me rappelle, l'arrêt très bref et le redémarrage du train à Epernay, accompagné du tintement des cloches, du beuglement des chefs de train, des cris des voyageurs, des claquements des portes et d'un formidable "plop" comme si un colossal bouchon de champagne avait sauté, le tout réalisé simultanément et avec ardeur par les simples dons et ressources personnelles de Mr. Smith. Mais c'est bien de notre situation de famille heureuse exposée au public que je me souviens le plus, et de la manière, à notre grand embarras, dont nous semblions placés là dans un chalet du décor, comme si nous faisions partie de cette bruyante représentation et de ce que le théâtre avait acheté. Deux autres grandes soirées qui ne furent pas moins appréciées de nous tous, se distinguent dans mon souvenir, l'une d'elles au Princess, alors dirigé par Charles Kean, cet homme incomparable (c'est ainsi qu'on le qualifiait) qui ressuscita Shakespeare, l'autre à l'Olympic, où Alfred Wigan, l'extraordinaire Robson à la vie trop brève et la belle Mrs. Stirling étaient les deux grandes attractions. Le plaisir que nous prîmes à admirer Charles Kean dans le rôlc de Henri VIII marque pour moi une date importante dans nos vies : nous ne fîmes rien d'autre pendant les semaines qui suivirent que d'essayer de reproduire à l'aquarelle la vision onirique de la reine Catherine que les anges appellent et consolent, groupe radieux venu des cieux grâce à une machinerie qui me parut merveilleuse — lorsque, bien sûr nous n'étions pas en train de parader au milieu de la scène de notre classe dans le rôle du sinistre cardinal et d'alterner de façon impressionnante sa dernière conversation avec Cromwell[1] et la dernière tirade de Buckingham, c'est-à-dire celle de Mr. Ryder, sur le chemin de l'échafaud. Le spectacle nous avait paru prodigieux — puisqu'il devait sans doute être à son époque le dernier chic de la science scénique ; bien qu'en y posant un regard du haut d'un âge qui a maîtrisé ton et fusion, il me semble lui trouver des accents relativement criards et violents, dans le style de ces vitraux d'églises de la même période qu'on se plaisait à apprécier. L'impression que j'avais eue de Charles Kean devait se renouveler plus tard — dix ans plus tard, en Amérique — sans un brin de support scénique, où je fus frappé du fait qu'aucun acteur si peu favorisé par la nature ne s'appliquât probablement jamais autant à y remédier par une sorte de froide détermination. Sa femme et lui ne *forçaient*-ils pas réellement l'intérêt le soir de cette représentation de *Macbeth* à Boston en particulier, leur art n'avait-il pas une distinction qui triomphait des meurtrissures des ans et d'une triste

1. Serviteur du cardinal Wolsey dans *Henri VIII*, de Shakespeare. (N. d. T.)

dureté, ou bien n'étais-je que trop aisément abusé par le rappel du passé ? J'ai goûté et oublié, en spectateur, d'innombrables et riches heures, mais je retrouve d'une certaine manière, accrochée au mur de la mémoire, la peinture de ce couple réduit au silence dans la cour du château, les coups frappés à la porte, le regard pitoyable d'horreur de Macbeth face à ses embarrassantes dagues, et la noble manière, au plus fort de leur discussion, dont Mrs. Kean, sinistre, les lui arrache froidement. Ce que je dois tout spécialement à cette dame, c'est cette sensation qu'elle avait des traits communs, à cause de ses curieuses jupes à paniers et de son nez busqué, de sa large circonférence et de ses atours archaïques, de son étrange accoutrement sans goût, avec ces acteurs d'antan que l'on voit sur les toiles de Hogarth et de Zoffany ; elle aidait à cette époque de sa vie à se faire une image des Mrs. Cibbers et des Mrs. Pritchards — de telles associations de souvenirs peuvent souvent être si émouvantes.

Telle que je la revois, la soirée à l'Olympic avait réellement quelque chose d'antique, même si *Les eaux calmes sont profondes*, spectacle alors encore sous le coup du succès et de la nouveauté, à propos duquel je me souviens que ma vieille et bonne amie Fanny Kemble me signalait, bien après, que c'était elle qui avait orienté Tom Taylor vers le roman de Charles de Bernard, *Un gendre,* pour lui servir de sujet, et qui passait à ce moment pour une "étude sociale" des plus modernes. C'est peut-être en particulier à cause du souvenir de notre lugubre approche du théâtre, des sordides taudis de Wych Street, artère alors incroyablement brutale et barbare que ce chemin qui nous menait à la joie, artère parfois même empruntée par le carrosse royal tout camouflé, si bien que l'épisode me paraît être par certaines circonstances antérieur au milieu de l'époque victorienne ; cette soirée retrouvait largement tout son crédit à nos yeux, devrais-je ajouter, grâce au jeu achevé de naturel et de douceur, comme nous le qualifiâmes en experts, du John Mildmay d'Alfred Wigan et à toute l'envergure et la sincérité de la personne de l'impétueuse belle-mère qu'il remet, si imperturbable, à sa place. C'était une interprétation qui était censée, en son temps, laisser à ses spectateurs peu à envier à la perfection à laquelle était arrivé le théâtre français. A une hauteur remarquable, dans une direction différente, l'étrange et actif petit génie de Robson évoluait, maître de l'intensité fantastique, inoubliable pour nous, nous sentîmes cette nuit-là, dans l'adaptation somptueuse de *La Discrète Princesse* par Planché, spectacle de Noël préludant à l'immémoriale arlequinade. Je revois encore Robson glisser de l'autre côté de la scène, en un long tortillement oblique du corps, dans le rôle du petit, noir et sinistre Prince Richcraft du conte, tout ce qu'il faisait était à la fois très effrayant et très drôle, parfaitement juste et pourtant pas du tout *macabre*, il atteignit des sommets dans sa parodie de Charles Kean dans *Les Frères corses* ; vision étoffée deux années plus tard par son *Daddy Hardacre* dans une version en deux actes d'une pièce parisienne, extrait grossier et économe de l'*Eugénie Grandet* de Balzac. A cette occasion, il a dû donner la réelle et noble mesure de son talent hautement original ; malgré la distance, les traits distinctifs de ce petit avare racorni et rustre dans la cassette duquel sa fille se sert pour que son cousin et amant puisse sauver de la faillite un père désespéré, son oncle paternel, sont encore très présents dans mon esprit, ainsi que le prodigieux effet de la chute d'un étage supérieur, d'un Robson épouvanté, sa littérale dégringolade la tête la première et son râle de désarroi jusqu'en bas de l'escalier raide qui occupait le centre de la scène, après qu'il eut découvert le pillage de son coffre. Longtemps, je devais garder dans mes oreilles le hurlement lancinant de son angoisse, suivi d'un bredouillement haletant de surprise et de fureur alors que son élan lui faisait traverser, résidu accablé de désespoir, la moitié de la pièce (c'était un petit bout d'homme, pourtant "il tenait si bien la scène" qu'avec lui on ne voyait personne d'autre). J'associe avec une légère incertitude à la même soirée la personne de Charles Matthews dans *Le Critique* de Sheridan et dans une comédie, adaptation bâclée du français, comme tout ce qui n'était pas, à l'époque, du Sheridan ou du Shakespeare, intitulée *Mariage d'argent* ; cette réminiscence est surtout un exemple de l'amoncellement de vieilles affiches — énumérations vastes et variées pour ainsi dire, d'une taille à peine légèrement inférieure à celle de placards, étrangement, délicieusement grasses au toucher et dégageant une odeur d'encre d'imprimerie, une encre d'une intense théâtralité d'une certaine façon, avec ses grandes lettres noires. Charles Matthews devait être à mi-chemin de sa carrière, et lui aussi, usé par les ans, infiniment "marqué", je devais le revoir, bien longtemps après, en Amérique ; impression qui me rappelle, en me revenant, à quel point son talent était tellement reconnu par tous qu'il semble n'avoir reçu que la moitié du mérite qui lui était dû : partout sauf dans les rôles de pure farce et de "bonimenteur", situation, pas très intéressante ma foi, et qui leur était propre. L'autre effet, celui du naturel, si facile et immédiat, si amical et intime, que notre relation à l'artiste se confondait avec notre relation au personnage, l'artiste en conséquence en souffrait sûrement quelque peu tandis que le personnage en profitait, ou au moins le spectateur — ce souvenir, j'en suis sûr, fait même partie de mon expérience antérieure et prouve de la part de l'acteur, un génie remarquable ; puisqu'il n'y a plus d'autres cas artistiques charmants que ceux du résultat net, lorsqu'il est *assez* net, et du processus de dissimulation, quand la dissimulation a été profonde. Se débarrasser, ou avoir l'air de se débarrasser, des artifices scéniques et pourtant conserver, ou au moins gagner en intensité, cette intéressante intensité qu'un fossé sépare d'une simple coïncidence fortuite d'aspect ou d'organe, c'est véritablement réaliser quelque chose. En dépit de quoi, en même temps, ce qui m'est peut-être le mieux resté, à la lumière du présent, de l'impression de cette importante et plutôt sombre soirée à Drury Lane, n'est pas tant le degré de perception du talent de quiconque que le fait que la personnalité et les qualités artistiques, *grâce à* leur intensité, pouvaient exercer un envoûtement dans un tel désert matériel, dans des conditions si intrinsèquement dépourvues de charme, dans un tel dépouillement, une telle austérité. Les conditions n'avaient rien de ce que l'on considèrerait comme indispensable — puisque la belle conception que nous avons actuellement revient à réduire le désert matériel et à le remplir, le remplir de gens, de tapis et de rideaux. Peut-être avons-nous raison, de ce point de vue, mais nos prédécesseurs, qui s'attachaient à l'essence des choses, n'avaient pas tort ; grâce à quoi, nous les comblons d'honneurs en pensant aujourd'hui à eux — s'il nous arrive d'y penser — comme à des manières de géants et de héros. Ce que devaient devenir leurs successeurs, est une autre affaire ; ils avaient de bien plus beaux costumes, cela ne fait aucun doute.

XXIV

Le bon Robert Thompson fut suivi du *fin** M. Lerambert — qui était sûrement bon lui aussi, mais d'une manière différente ; bon au moins pour feindre un intérêt qu'il ne pouvait guère avoir eu le plaisir d'éprouver et dont pourtant il réussissait d'une certaine façon à donner l'impression requise : c'est dans cet artifice, comme nous avons dû vaguement le deviner à l'époque (en fait j'irais même jusqu'à dire que c'était moi qui l'avais deviné), que se résumait parfaitement sa *finesse**. Mr. Thompson n'avait, heureusement, jamais éprouvé le besoin d'avoir recours à un moyen aussi inquiétant — heureusement car à quel arsenal aurait-il dû recourir à cet effet ? Aucune personne capable de le lui fournir ne croisait jamais son chemin, et c'est nous à la limite qui aurions dû l'aider à y pourvoir. Il s'intéressait avec complaisance, ou du moins, voyait d'un œil complaisant, les choses que nous lui proposions, ce qu'elles devaient être ; alors que son successeur attachait à cette condition une valeur différente — ne lui reconnaissant pas de substitut secondaire. Peut-être fut-ce pour cette raison que notre relation avec M. Lerambert n'a pu durer que quatre ou cinq mois — période qui suffit pour que son habile subterfuge ait entièrement cessé de lui servir ; même si bien sûr en disant cela j'ai le vague souvenir que notre séparation ne se fit pas sans friction, qu'elle le prit par surprise et qu'il s'était préparé (ou c'est ce qu'il expliqua) à de plus amples sacrifices. Ce n'avait pas dû en être un bien grand, certainement, que de s'occuper d'un jeune esprit d'une aussi intense activité que celui de mon frère aîné, ce n'avait pu être qu'une impression de bonheur constamment renouvelée ; mais nous, les deux petits, Wilky et moi, étions une vraie corvée — les capacités de Wilky se manifestaient surtout à cette époque par sa préférence pour les conversations ingénues à propos de n'importe quoi, et je ne montrais d'aptitude pour rien, d'après ce que rapporta le pauvre jeune homme au bout de deux mois, sinon pour la transposition en anglais des fables de La Fontaine avec une certaine justesse analogique entre les langues. Je me rappelle parfaitement la communication que mes parents me firent de ce féroce jugement, je me rappelle aussi quel intérêt son caractère aussi déterminé m'inspira — ce caractère avait une telle beauté et une telle netteté ; pourtant, et c'est très étrange, je ne retrouve aucunement cette sensation d'avoir été écrasé, et ceci bien que dépourvu, totalement, de tout motif de remise en cause. Cette chose me laisse perplexe, car je me souviens également ne pas avoir eu une très haute opinion, pour ce qui nous concerne ici, de mes capacités à "transposer"."Eh, oui", ai-je dû me dire au fond de moi-même, "si ça ne devait être, si seulement ça ne pouvait être, *qu'*une affaire de transposition — !" et ainsi, sans être troublé, ai-je dû dans une vague, très vague mystification pourtant, abandonner la chose : comme si autant de choses intrinsèques et extrinsèques, devaient changer et fonctionner, autant devaient arriver, autant d'eau devait couler sous les ponts, avant que je puisse commencer à mettre en application une telle idée, et encore plus finir une telle phrase.

Tout ceci n'étant qu'un moyen de dire que depuis le début de l'été nous avions pris nos quartiers à Paris, et que M. Lerambert — appelé par quelle entremise, à la faveur de quelle révélation, je l'ai complètement oublié — s'occupait à cette époque de nous dans un soi-disant pavillon, de taille moyenne, qui, entre le Rond-Point et la rue du Colisée, surplombait, de pas très haut, l'avenue des Champs-Elysées ; surplombait, c'est-à-dire, de la position avantageuse de sa considérable terrasse, dont le parapet était surmonté de garde-fous en fer assez élevés pour protéger l'endroit afin que la famille puisse l'utiliser et contempler la vue à l'abri (nous l'utilisions toujours très volontiers) et sans pourtant aller jusqu'à couper toute l'activité. Ce pavillon a dû nous donner l'impression d'être un petit refuge privilégié de l'ancien monde, avec sa petite cour aux pavés ronds, particulièrement résonnante, et ses *communs** inoccupés à côté ; on y accédait par une haute grille où le tintement de la cloche et la réponse qui se réverbérait sur les pierres auraient pu représenter en un écho l'ensemble du vieux Paris. Le vieux Paris laissait encore des traces considérables, même là ; je retrouve beaucoup de signes de sa présence, d'ailleurs, à l'intérieur de ce curieux vestige qu'était notre maison, propriété d'un Américain originaire du sud à qui mes parents l'avaient brièvement louée et qui s'avéra partager son temps, pauvre gentilhomme qui n'avait pas été mis en garde de l'aube de la Révolution, entre la Louisiane et la France. Quelle association aurait pu mieux s'inspirer des curieuses grâces tout comme des curieuses incommodités, des reflets diffus du parquet et du périlleux escalier luisants, de la surabondance de miroirs, d'horloges et de vases en or moulu, de la nature irrépressible des lambris blanc et or, de cette implacable élégance du damas rouge, surtout, qui, tendu, rendait les dos encadrés d'or des fauteuils et des sofas aussi somptueux, sans nul doute, mais aussi somptueusement rigides, que les murs de brocard ? C'était au milieu de ces raffinements que nous reprîmes sur l'heure nos études —

d'ailleurs fort peu laborieuses d'abord, puisque les Champs-Elysées furent nécessairement cette année-là notre résidence d'été et qu'une certaine déférence était due au lieu et à la saison, toute leçon étant au mieux une infraction à cette dernière. M. Lerambert, maigre et étriqué dans son manteau noir, portait des lunettes, il était pâle et éminemment intellectuel ; il habitait rue Jacob avec sa mère et sa sœur, exactement ce qu'il aurait dû faire pour prophétiquement accentuer sa ressemblance, les lunettes mises à part, avec un héros de Victor Cherbuliez, et, pour finir, il savait, non sans indifférence, que celui-ci avait écrit un recueil de poèmes méditatifs mentionnés avec bienveillance par le Sainte-Beuve des *Causeries,* dans une revue de jeunes poètes de l'époque ("M. Lerambert aussi a aimé, M. Lerambert aussi a souffert, M. Lerambert aussi a chanté !" ou des mots de ce style) cette subtile personnalité, réellement une forme aiguë de sensibilité, je présume, et tout aussi qualifiée pour d'autres relations plus intenses que n'importe lequel des personnages de Cherbuliez, il ne fallait bien sûr pas compter sur elle pour nous conduire, bouche bée, comme l'avait fait le bon Mr. Thompson ; de sorte que mes réminiscences de matinées chaudes et soporifiques près des fenêtres ouvrant sur le vacarme de la cour pleine de flaques, sont tout à fait, aussi loin que remonte ma mémoire, à mon grand soulagement, intactes.

Les après-midi, toutefois, transparaissent sans vergogne sous un jour différent, car notre cercle fut promptement rejoint par cette très savante et très imposante Mademoiselle Danse déjà citée, elle qui avait la *taille** si souple et les yeux si saillants et souriants, que même ceux de Miss Rebecca Sharp, cette autre gouvernante épique, n'étaient pas d'un vert plus plaisant ; elle pourvoyait avec grande efficacité à nos besoins immédiats les plus superficiels — les miens et ceux de Wilky et ceux de notre petit frère Bob ("l'ingénieux petit Robertson" * comme elle devait le surnommer) et notre encore plus petite sœur — nos premières agréables *flâneries** mues par la curiosité. La brave Vaudoise qui la précéda, avait été cédée par nos soins, à Londres, à une sphère plus élevée que le service d'une simple famille de fervents nomades, mais elle nous avait quittés dans les larmes et les embrassades et longtemps après, devait encore nous écrire, fidèle, de sa plus belle écriture ronde du beau milieu de son "ascension", et elle nous apportait des détails qui nous faisaient découvrir, comme nous ne l'avions jamais connue, toute la différence matérielle et institutionnelle entre la vie nomade et la vie solidement et largement bien établie. Deux années plus tard, alors que nous nous trouvions de nouveau à Londres pour quelque temps, elle s'empressa de nous rendre visite, et, au moment de partir, m'invita aimablement à l'accompagner, pour bavarder un peu — c'était une trépidante journée de juin — pendant un long bout de chemin à travers la ville. Lorsque je la quittai devant un portail rutilant, avec l'impression d'avoir vu une bonne partie de La Société au cours de notre promenade (la vieille "saison" londonienne donnait toute sa mesure, elle avait une longueur, une ampleur et une épaisseur, d'une importance désormais révolue) et, plus particulièrement, d'être parvenu à une petite étude psychologique, d'avoir noté l'action du massif mécanisme anglais prévu à cette fin, qui avait efficacement consisté dans ce cas précis à apprivoiser le présomptueux et à "rosser" le fruste. Je me rappelle, à cette occasion, avoir refait la route en sens inverse de Eaton Square à Devonshire Street avec une vive sensation d'observation exercée chemin faisant, glanage parfait de parcelles d'or. Notre guide et philosophe au cours de notre été parisien n'était pas un caractère de cet acabit ; elle était arrivée chez nous aguerrie et accomplie, heureusement d'ailleurs en la circonstance — car sinon notre toute candide humanité n'aurait pu exercer qu'une pression bien réduite sur le plan pratique. Le roman de Thackeray[1] contient une gravure très expressive, de sa propre main, représentant

1. *Vanity Fair*, 1848. (N. d. T.)

Miss Sharp perdue dans de cyniques rêveries tandis que ses élèves, qu'elle néglige, sont imbriqués dans une mêlée sur le sol ; mais ce qu'il y avait de merveilleux dans *notre* exemplaire à nous, de cette Becky, c'était que même si sa vision plus ouverte, plus intéressée et raffinée des choses nous permettait non seulement de deviner mais de suivre agréablement, presque jusqu'à ses limites extrêmes, jamais un seul instant nous ne cessâmes de constater sa sollicitude. Il est fort probable et même certain que nous l'ayons terriblement ennuyée, mais aucun artiste ironique n'aurait pu surprendre en elle à aucun moment une marque d'aversion : vraiment, je crois, parce que ses ironies à elle, auraient été trop subtiles pour lui, trop nombreuses et variées aussi. Et cette remarquable créature nous accordait toute information nous permettant tout simplement de profiter — dans les conditions indiquées pour nos tendres années — de sa belle ville.

Elle n'était, en aucune commune mesure alors, aussi belle que maintenant ; le Second Empire, mis en place depuis trop peu, était encore plus ou moins à la recherche de son style, et toute la liberté qui allait bientôt être laissée au Baron Haussmann ne se signalait encore que par de timides enjolivures préliminaires. Ses liens avec le passé, cependant, se faisaient toujours pesamment sentir ; sa majesté et ses symétries, relativement vagues et générales, étaient soumises à l'accident heureux, au charmant écart et à l'intrusion bizarre, à cette bonhomie* du hasard de la composition et de la couleur dont elle a été maintenant tout à fait purgée. Tout le quartier des Champs-Elysées, où nous avons principalement dû rôder, après tout, était alors un monde différent de cet énorme centre de rayons répétés ; la splendide avenue, telle que bien sûr nous la trouvions déjà alors, s'ouvrait au regard, des Tuileries jusqu'à l'Arc, mais elle était bordée d'agréables vieilles maisons, de jardins, de terrasses et d'hôtels d'un autre temps, de pavillons encore plus audacieux que le nôtre, de cabarets et de cafés sans prétention, presque de style rural, d'un ruralisme relatif et sans aucun doute assez poussiéreux, s'étendant jusqu'au fleuve et au Bois. Qu'était le Jardin d'Hiver : un lieu de divertissement qui se dressait presque en face de chez nous et qui s'entourait le soir de petites lampes à huile de couleur, le simple scintillement d'un sourire sur le visage du plaisir ? J'ai le vague souvenir d'avoir été autorisé — ou plutôt, je suppose, conduit, bien que sous une surveillance qui me revient indistinctement — à le voir au jour sans ses couleurs, quand il devait porter le cachet d'une salle des ventes dépourvue de ses "lots". Plus précise par contre, est l'image de la trépidante "barrière" * en haut de l'avenue, de l'autre côté de l'Arc, où cette vieille ceinture un peu lâche de *banlieue** commençait immédiatement, et dont les deux loges identiques de "l'octroi"*, d'une imposante, c'est-à-dire spéciale mais humble, architecture, gardaient l'entrée, de chaque côté, avec tout ce qu'elles suggéraient de générations, de dynasties et d'armées, de révolutions et de restaurations qu'elles avaient vues aller et venir. Mais l'avenue de l'Impératrice, alors, bien plus fine, dans le Bois même, avait déjà été tracée, tandis que l'impératrice en personne, jeune, plus que jeune, agréablement et légalement *nouvelle*, belle et resplendissante, montait et descendait cette perspcctive, en constante représentation ; l'émotion provoquée était surpassée pour nous, toutefois, par l'incomparable passage, selon notre jugement, du Prince Impérial, un bébé qu'on emmenait prendre l'air ou se promener à Saint Cloud dans le splendide carrosse qui laissait entrevoir les girons et les poitrines des nourrices officielles en uniforme, et que les *cent-gardes**, tout bleu clair et argent et parfaitement droits dans un rapide mouvement saccadé, accompagnaient avec fracas, pistolets levés et armés. Y eut-il jamais de fête publique plus splendide que celle du baptême du Prince à Notre Dame, la fête de Saint-Napoléon, ou bien y en eut-il jamais de mieux immortalisée, que celle-ci devait l'être par la peinture merveilleuse d'ampleur et de vie qu'en fit le Eugène Rougon d'Emile Zola, qui a dû en saisir l'image, en la circonstance même, quand il était un enfant du même âge que nous, bien qu'avec un don évocatoire bien mieux implanté et prédestiné ? Cette sensation de chaude journée interminable, journée passée à traîner, à attendre, à piétiner dans la poussière, dans la foule, dans la fatigue, au milieu des baraques de forains, des camelots, des saltimbanques, des fausses alarmes, des espoirs, des réactions et des précipitations renouvelées, tous transfigurés à la fin, en outre, par la plus grande et plus vive illumination qui eût jamais été offerte jusque-là, même aux Parisiens, l'éclat aveuglant de ce nouvel empire efficacement symbolisé — la vision de tout ceci, disais-je, me revient tout à fait sous la forme d'un chapitre des *Rougon-Macquart*, qui rend l'effet de quelque chose de long, de dense et de lourd, sans nuance ni demi-teinte, mais immensément maîtrisé. Il faut dire que pendant les mois en question nos contemplations, notre exercice quotidien en général, s'éloignaient peu au-delà des Champs-Elysées, bien que je me souvienne aussi, confusément, de certaines excursions à Passy et Auteuil, où nous retrouvions de jeunes compatriotes résidents dont la facilité à gutturaliser le français, art non prémédité, fut une révélation, une initiation, et de là, en vue du pique-nique, nous allions nous égailler dans le Bois de Boulogne, qui, assez curieusement, représentait à nos yeux la forêt vierge davantage que tout ce que nous pouvions voir en Amérique.

C'était l'aspect social de la situation qui me séduisait le plus, malgré tout — car je me surprends, lorsque j'essaie d'en solliciter tout le souvenir, à de nouveau dégager un aspect social, et plus que jamais, des phénomènes offerts à ma réflexion ébahie ou à des flâneries qui amènent d'autres associations ; des passages perceptifs pas totalement indépendants de l'occupation de chaises à deux sous, au milieu du cercle enchanté de Guignol et de Gringalet. Je suppose que j'aurais dû rougir de le confesser, mais Polichinelle et ses marionnettes, l'après-midi, sous une ombre clairsemée jusqu'à la tombée du soir, ne nous avaient pas encore envoûtés — ni persuadés qu'ils faisaient partie de l'intensité générale de l'animation et de la variété des genres. L'"amusement", l'appel esthétique et humain, de Paris avaient à cette époque moins l'air d'une vaste et resplendissante conspiration du plaisir, le mécanisme en mouvement avouait moins son gigantesque objectif ; mais les manières, les types et les traditions, le détail de la scène, ses particularités précises, agissaient avec un effet plus direct, souvent avec une grâce plus simple également — le caractère, le tempérament et le ton avaient relativement peu perdu de leur intensité. Ces temps forts ici et là étaient des sujets d'intérêt pour nos yeux et nos oreilles — pas même un peu déjà pour nos imaginations respectives ; bien que ce ne fût qu'en fin de saison lorsque notre foyer s'établit ailleurs pour l'hiver que je relie ma petite révolution à un plus large domaine et à la compagnie de William James. De nouveau, cet été-là, William James s'éclipsa à mes yeux ; Guignol et Gringalet ne parvenaient pas à retenir son attention, et Mademoiselle Danse, autant que je me souvienne, désapprouvait sa théorie de la connaissance exacte, outre le fait qu'elle le considérait peut-être un peu comme l'un des *nôtres* — ce qui revenait à la même chose. Nous prîmes cet automne-là nos quartiers pas très loin, dans un appartement à grande façade sur la rue qui était alors connue sous l'appellation pompeuse de rue d'Angoulême-Saint-Honoré et maintenant, après d'autres mutations, sous le nom de rue La Boétie ; nous devions encore en changer un an plus tard pour résider rue Montaigne, après nous être absentés pendant l'été à Boulogne-sur-Mer ; la première migration forma pour moi le cadre d'un tableau considérablement animé. Il s'animait pour le mieux, de l'esprit et des modestes faits de notre vie familiale, parmi lesquels je compte la froide finalité de M. Lerambert, qui se réfléchit à travers bien d'autres preuves — c'est-à-dire jusqu'à la date de notre rupture définitive quoique respectueuse avec lui, suivie, avec l'arrivée du printemps, de notre inéluctable phase à l'institution Fezandié, rue Balzac ; dont il y aurait encore plus à dire que je ne prendrai la liberté de le faire. Avec la rue d'Angoulême, vinrent les extensions — rien que la simple vue immédiate de l'intimité et des activités d'en face, les aspects fractionnés et les habiles ingéniosités des applications du génie parisien en faisaient partie : notre *premier** avec toutes ses fenêtres, au-dessus d'un "entresol"* peu élevé, donnait sur l'étroite et, durant les mois d'hiver, bien obscure artère, avec le mouvement et l'intérêt continus du spectacle animé qu'elle offrait. Nous avions en face de nous toute une série de sujets, le boulanger, au coin, d'abord — cet impeccable fournisseur de croissants si moelleux et croustillants que tous les matins nous nous réveillions avec le même désir de les dévorer avec un café au lait pas très fort, et de l'unique forme de pain "européen" de petit déjeuner méritant d'être signalée comme l'égale de nos formes américaines les plus médiocres. Ensuite venait la petite "crèmerie"*, blanche rehaussée de bleu, qui par quelque secret de fonctionnement bien à elle, fournissait, dans un rayon de quelques mètres carrés, de longs et délicieux repas à des ouvriers en blouse bleue ou blanche, à des cochers en uniforme, gros ou maigres, mais tous plus ou moins distinctement *bavards** et perceptiblement critiques ; et ensuite l'embrasure ramassée de "l'écaillère"* ou marchande d'huîtres, avec tout son attirail, elle tenait tout juste dans l'interstice comme le mollusque dans sa coquille ; pour voisin, elle avait le "marchand-de-bois"*, qui épiait, d'une cage tout aussi exiguë, ses beaux fagots et ses belles bûches, entassés à côté et au-dessus de lui dans sa guérite, un peu comme dans les tableaux des primitifs italiens les niches des saints sont encadrées de fruits et de fleurs étroitement imbriqués. Espace et mémoire me font défaut pour le reste de la série, à laquelle s'attache cette impression qui me revient comme une impression de prolixité sociale et d'ingénuité domestique, en fait plus ou moins esthétique, dont la rue serait le perpétuel salon ou centre du foyer, où la petite bourgeoise ou "ouvrière"* qui va et vient, s'arrête et converse, arborant, sous tous les prétextes et à l'occasion de chaque course, sa coiffe tuyautée, son air posé, ses jolies chevilles et son sens de la répartie. Ce qui revient à dire certes, que la vie et les manières s'exprimaient de façon plus significative et harmonieuse sous nos nez ici, que peut-être partout ailleurs, excepté dans les passages les plus frappants des "histoires" ; bien qu'en dépit de cela je ne doive pas attarder ma plume sur ces détails comme s'ils constituaient notre seule substance.

XXV

Cet automne fut l'occasion, je m'en aperçois, de reprendre nos longues et séduisantes promenades, en particulier celles que je faisais avec William James ; en même temps je ressens d'une certaine manière davantage les intermittences du charme de Paris, la confiance et le bien-être limités que la ville nous inspirait, les suggestions peut-être plus nombreuses et variées, mais plus obscures et déroutantes. Non pas bien sûr — en dépit de cette vision d'une platitude connue qu'en eut ensuite mon frère — qu'il n'y eût point de joie ou de choses à saisir ; pourquoi sinon ne cessions-nous (c'est ainsi que je le conçois dans mon souvenir) de mesurer le grand espace qui nous séparait de la galerie du Luxembourg, dont chaque pas, de quelque côté que nous le prenions, nous offrait quelque image intéressante et admirable, et nous maintenait en relation avec une chose aux nobles intentions ? Cette promenade précise ne nous était pas recommandée, pourtant il semble que nous y tenions ; après avoir traversé les Champs-Elysées, nous allions jusqu'au fleuve, puis sur le pont le plus proche, ensuite nous prenions les quais rive gauche jusqu'à la rue de Seine qui, d'une certaine manière, détenait le secret de notre futur ; au point que je m'échappais plus ou moins à l'occasion pour faire la promenade tout seul, pour la goûter avec l'intensité qui convient, sans être distrait, et avec ce frisson que procure la plus subtile, et *donc* la plus parisienne, des aventures. Les quais plus loin, avec leurs innombrables vieilles échoppes de bouquinistes offrant livres et gravures, tous ces articles dans de longs coffrets, exposés sur les parapets surtout, ont dû finir par nous connaître aussi bien que nous les connaissions ; et l'intrigue se corsant et l'émotion augmentant régulièrement pourtant à mesure que nous montions la longue et noire rue de Seine — avec *toute* la vue, et *toute* l'intensité de tons qu'elle offrait à cette époque, où chaque "vitrine"* obscure bondissait sur nous ; nous circulions dans un monde dont le secret message, exprimé d'une manière dont nous n'aurions pu dire tout le sinistre, aurait bien pu être : "L'art, l'art, l'art, vous ne voyez pas ? Apprenez-donc, petits pélerins ébahis, ce que c'est que l'art !" Pour cela, nous l'apprîmes, c'est-à-dire que nous essayâmes, de toutes nos forces, et nous étions assez bons, c'est toujours ce que j'ai ressenti, même une fois que nous étions entrés dans cette perspective relativement courte mais plus large et plus belle qu'était la rue de Tournon, qui, en ces temps, couronnait plus brusquement l'accès étroit et servait en quelque sorte de grand vestibule extérieur au Palais. Le style, représenté sans éclat, dominait, conscient d'être encouragé, depuis ces hautes et anciennes maisons aux têtes grises, aux visages clairs et au maintien droit — comme si elles souhaitaient dire : «Mais oui, petit "jeune-homme"* qui me regardez, nous sommes la dignité, la mémoire et la mesure, nous sommes la conscience, l'équilibre et le goût, sans parler non plus de la force de caractère : pour toutes ces bonnes choses vous pouvez nous prendre en référence — vous ne trouverez pas une d'elles là où vous trouverez (ce qui ne va pas tarder à vous arriver à ce compte-là) la vulgarité.» Tout ceci, dois-je admettre, représentait une abondance de remarques pour d'aussi jeunes oreilles ; mais je maintiens que l'air vibrait de cette sensation que la rue de Tournon, avec ses pavés entre lesquels poussait un peu d'herbe, aurait presque pu être une jolie vieille rue *de province** : en bref, la seule mention de son nom me ravissait et je crois vraiment qu'il ne me fut nullement besoin d'attendre pour préférer le Café Foyot sur le coin gauche, alors encore intact et non menacé, le Café Foyot du vieux Paris, si fréquenté et tellement aimé, à son — disons, florissant successeur. La bouche béante de l'actuel Boulevard Saint-Michel, un peu plus haut après le coin, n'avait pas encore été contrainte de s'ouvrir pour exhiber des crocs plus ou moins scintillants ; le vieux Paris s'agglutinait encore autour du Palais et de ses jardins, qui formaient la bonne et sobre antithèse sociale aux "élégantes" Tuileries, et qui pour finir, avec cette reprise de notre jeune confiance, confirmait en général et aussi en particulier une de nos plus chères curiosités littéraires de l'époque, la consciencieuse étude qu'offraient *Les Français peints par eux-mêmes**, de riches gravures sur bois de Gavarni, de Granville et de Henri Monnier, que nous pensions de notre devoir d'admirer, et William James en profitait même un peu pour les copier à la plume. Ce fut ce volume in-octavo, doré sur tranches et imprimé sur deux colonnes, qui me fit découvrir pour la première fois, anticipant une connaissance plus intime, le grand nom de Balzac, qui, comme tous les autres écrivains "légers" de cette période, contribua à ces pages : ne m'étais-je pas plongé là dans son exposition du contraste qui existait entre le type de "L'Habituée des Tuileries"* et de "L'Habituée du Luxembourg"*? — trouvant cela très *serré**, en fait ce que je ne connaissais pas alors assez bien pour le qualifier de très indigeste, mais en outre relevé et rendu légèrement plus onctueux par les deux dessins de Gavarni, qui avaient, d'une certaine façon, tant à dire dans l'ensemble.

Il ne faut pas, toutefois, que je traîne en chemin, quand rien, durant ces heures, d'après mes souvenirs, ne nous parlait autant que ces salles animées et remplies de tableaux à l'intérieur du Palais, avant tout celles du Sénat de l'Empire, mais formant aussi, avec ses extensions le grand musée d'art contemporain de Paris. Cette collection était à ce stade une chose relativement restreinte (mais seulement relativement) ; situation en dépit de laquelle nous la trouvions vaste et décisive — de sorte que nous aurions été choqués d'apprendre comment, dans bien des cas, et dans les cas les plus chers, la finalité était de s'imposer. La plupart des œuvres des écoles modernes que nous admirions le plus, mendient leur pitance, je le crains, de porte en porte — c'est-à-dire d'un musée de province ou d'un vague rang obscur à un autre ; bien que nous dussions au cours de nos nombreuses visites ultérieures pousser de profonds soupirs de soulagement en constatant que certaines des grandes choses en lesquelles notre confiance avait été la plus nette, avaient été conservées. En aucune, elle n'avait été plus nette, je me rappelle, qu'en ces *Romains de la Décadence** de Couture, dernièrement acclamés, à l'époque, comme le fin du fin du grand style, mais d'un grand style modernisé, humanisé, raisonné, sauvé de la mort académique ; de sorte que c'était tout droit vers l'école de ce maître que le jeune papillonnement américain contemporain enseignait à ses ailes à voler, et que je ne pus jamais, au cours des nombreuses années qui suivirent, me trouver devant son chef-d'œuvre riche de toutes ses anciennes merveilles et évocations sans qu'affluent les souvenirs et s'agitent les fantômes. William Hunt, le génie de Nouvelle-Angleterre, le "peintre de Boston" dont l'autorité prima à partir de 1857 environ et durant une trentaine d'années, et avec qui, pendant un temps, au début de cette période, devait travailler avec le plus grand dévouement William James, avait prolongé ses études à Paris sous l'inspiration de Couture et de Edouard Frère ; les maîtres d'un groupe complété par trois ou quatre de ces si délicatement intéressants paysagistes de l'époque et de l'époque immédiatement précédente, Troyon, Rousseau, Daubigny, même Lambinet et d'autres, et qui résumait pour le collectionneur américain et les marchés new-yorkais et bostonien l'idée du moderne dans le magistral. C'était une période agréable — où l'appréciation pouvait s'exprimer sans détours, s'élever, et s'élever encore, sans contorsions critiques ; où nous pouvions, en fait, être si intelligents et si "calmes" à la fois. Nous devions d'ailleurs faire la connaissance de Couture, vers la fin de sa vie, dans le cercle de nos relations immédiates, et je devais alors me demander où il avait bien pu trouver l'inspiration esthétique de son magnifique *Fauconnier*, si le titre me revient bien, son autre grande recherche de style, et qu'il a trouvée — que nous devions encore longtemps considérer peut-être comme la plus exceptionnelle de toutes les peintures modernes. Le festin des Romains était aisé à concevoir, je veux dire *en tant que* conception ; ils n'étaient enveloppés d'aucun mystère — au sens où on se demanderait d'où ils étaient venus et par quel chemin romantique, détourné ou noblement dangereux ; c'est cela l'air du poétique qui émane de puissantes ailes lorsque de grandes présences, quel que soit l'art, semblent s'y poser. Je me souviens, d'autre part, du superbe jeune homme blond en velours et satin noir ou autre, qui, alors qu'il gravit l'escalier de marbre, fait admirer le grand oiseau sur son index avec une grâce qui le fait admirer *lui*, mais il ne parvint pas à nous aider à pressentir, durant la période qui suivit, la gloire dont je parle, par quel hasard exceptionnel, les cieux s'étaient une fois ouverts pour cette vieille ex-célébrité maintenant dans l'ombre, et à qui nous rendions visite. La poésie avait fondu sur lui, elle l'avait inspiré pendant une heure et s'était enfuie. Ainsi vont et viennent en tout cas les réputations — et d'avoir si souvent saisi leurs bizarres mouvements contribue à l'intérêt de toute observation prolongée sur cette planète ; la question de savoir ce qui pourrait se produire, sous nos yeux, dans des cas précis, avant que ce mouvement ne replonge dans le repos, soit à l'extrémité inférieure soit à l'extrémité supérieure, nous incite réellement à ne pas partir. Il est tout particulièrement intéressant d'avoir noté toutes les ascensions et les chutes mais aussi d'être en mesure de comparer le point d'arrivée — pour autant qu'il puisse y avoir certitude en ce domaine — avec la plus haute ou la plus basse des précédentes altitudes ; puisque ce n'est que lorsqu'il y a eu des exaltations (ce qui n'est pas le plus courant), que notre attention est le mieux récompensée.

Si ce mouvement de va-et-vient avait dû fonctionner pour Eugène Delacroix, l'objet suivant de notre jeune admiration, bien qu'il fût bien plus intelligemment celui de mon frère que le mien, il s'était déjà produit et arrêté, car nous allions continuer à le voir, et jusqu'à la fin, porter, inébranlable, sa couronne, et à prendre même, je crois, un plaisir innocent à l'idée d'en avoir depuis si longtemps été convaincu. Je n'en étais convaincu, dois-je ajouter par correction, qu'en conséquence de l'assurance de mon frère ; car, pour autant que je me souvienne, j'avais éprouvé la même conviction à l'égard de Paul Delaroche — pour qui le balancier devait finalement s'arrêter à un point très différent. Je percevais, d'une certaine façon, en dépit de toute étrangeté, ce que William James voulait dire en parlant de la beauté, et surtout, du vivant intérêt de *La Barque du Dante**, l'étrangeté, selon lui, était peut-être ce qui comptait le plus ; je le perçus, sans aucun doute, en fait, quand il reproduisit l'œuvre de mémoire, à la maison, mais aussi avec l'aide d'une lithographie. Pourtant *Les Enfants d'Edouard** me transportaient dans d'autres harmonies, et je ne pouvais pas douter que le long et curieux visage du prince héritier, triste, affligé et malade, avec ses grosses boucles blondes et ses jambes violettes marquées de la Jarretière et qui pendaient du lit, ne fût une reconstitution d'histoire ancienne des plus subtiles et le "dernier cri" moderne ou psychologique. Je n'avais jamais entendu parler de psychologie en matière d'art ou ailleurs — très peu de gens en avaient alors entendu parler ; mais je ressentais véritablement cette force indicible. Donc, si moi aussi, à ma manière, "subtile", j'étais admiratif, la pratique au grand jour de cette vertu (essentiellement considérée, je pense, comme un vice) semblait, à l'époque à laquelle je fais référence, s'être mise en place, grâce à de tels encouragements, une bonne fois pour toutes ; et je n'ai pu apprécier jusque-là d'exposition conventionnelle d'aucune sorte comme j'ai, lors d'une de ces saisons, apprécié la rétrospective Delaroche, présentée peu après sa mort, dans une des sinistres salles de l'Ecole des Beaux Arts où l'on accédait par les quais. Il y avait *bien là* reconstitution historique, si l'on voulait, dans l'échafaud couvert de paille, les femmes éperdues avec leurs coiffes triangulaires et ces immenses manches tombantes comme si elles portaient des serviettes de bains sur les bras ; sur le billot, le bourreau, les yeux bandés et les mains tâtonnantes, de Lady Jane Grey — pas moins que dans la noble indifférence de Charles 1er, roi compromis mais parfait gentilhomme ; avec un calme impénétrable dans son fauteuil, et comme sur le trône, face aux insultes et aux harcèlements de l'armée puritaine : l'émotion en était d'autant plus grande qu'elle se rattachait à cette tradition anglaise que possèdait le brave Robert Thompson, et qui, à mon grand plaisir, s'était glissée en nous plus que toute autre chose avec un bon vieux point de vue conservateur et monarchiste. Pourtant, ces choses-là, William James n'entreprit point de les reproduire, bien que je me souvienne qu'il ne cessait de se faire la main avec Delacroix, qu'il trouvait toujours intéressant — au point même de s'essayer à des effets, au fusain et au pastel, à sa manière ; et pas moins qu'à la manière de Decamps, qu'il considérait plus ou moins comme un génie de la même et rare trempe. Ils étaient touchés par l'ineffable, l'insondable, et Delacroix en particulier, par l'imprévisible ; catégories donc auxquelles nous avions déjà alors, par le biais d'une heureuse transition, commencé à aspirer et qui nous faisaient languir. Nous n'avions pas encore conscience de ce qu'était le style, bien que nous fûssions sur la voie, mais nous avions conscience du mystère, qui certes était une de ses manifestations — tandis que nous voyions tous les autres, sans exception, exposés au Louvre, où d'abord ils ne firent que m'accabler et me dérouter.

On aurait cru qu'ils s'étaient rassemblés là pour former un gigantesque chœur assourdissant ; je n'oublierai jamais comment — c'est-à-dire pour moi-même — ils emplissaient ces vastes salles de l'influence d'un son complexe, diffus et résonnant, plutôt que de choses visuelles avec lesquelles on aurait pu être directement en contact. Faire une distinction parmi celles-ci, dans cet air chargé, coloré et déconcertant, était chose difficile — cela décourageait et relevait du défi ; ce qui expliquait sans doute pourquoi l'impression que j'accueillis le plus favorablement à l'origine, fut celle que suscitaient ces magnifiques parties de la grande galerie qui ne nous forçaient pas à faire ces distinctions. Elles se contentaient de faire voûte au-dessus de nous dans l'émerveillement de leurs infinis reliefs d'or, figures et fioritures en perpétuelle révolution, bousculant de grands cercles et des symétries en surplomb riches en images, ouvrant sur de profondes embrasures extérieures qui ramenaient en somme le Paris monumental au niveau d'une simple histoire, à une espèce d'effet ouvragé ou d'audacieuse ambiguïté pour une perspective, et pourtant elles le maintenaient là, en tous points, comme un vaste et brillant défi, et même à certains moments comme une aventure sentie par l'expérience. Ceci revient à dire qu'en ces débuts j'éprouvais beaucoup de bonheur à traverser le pont menant au Style que constituait cette merveilleuse Galerie d'Apollon, étirée pour moi comme une longue mais sûre initiation et semblant former avec son suprême plafond voûté et son parquet immodérément lustré, un tube ou un tunnel prodigieux dans lequel je prenais ma respiration lentement, c'est-à-dire à plusieurs reprises, avec une sensation générale de *gloire*. Gloire voulait d'ailleurs dire tellement de choses à la fois, pas seulement beauté, art et conception suprême, mais histoire, renommée et puissance, le monde finalement élevé à son expression la plus riche et la plus noble. Là, le monde c'était également, par une curieuse extension ou intensification, en fait, la présence palpable, pour ma jeune imagination, du Second Empire, qui était (d'après les informations reçues) nouveau et étrange et peut-être même dans l'erreur, mais il possédait un éclat et une élégance d'une telle ampleur en ces lieux, qu'il assimilait, prenait sous sa protection avec une splendide insolence, l'état et l'ancienneté de la scène tout entière, profitant ainsi, pour notre imprécise vision de l'histoire, toute confuse qu'elle pût être, du luxe et de la variété inégalés de son héritage. Mais qui ira compter le nombre de sources où une jeune et intense imagination (lorsqu'une jeune imagination *se trouve être* intense) va s'abreuver de manière capricieuse et absurde ? — si bien que le résultat, à maints égards, est celui d'un philtre d'amour ou de peur qui fixe pour les sens leur suprême symbole du beau ou de l'étrange. La Galerie d'Apollon devint pendant des années ce que je ne peux qu'appeler une splendide scène d'événements, même des plus déplacés ou, peut-être, presque indignes ; et je me rappelle encore à cette heure, avec une très grande intensité, quel rôle précieux elle joua pour moi, et précisément grâce au prolongement de cet honneur, comment je m'éveillai, à l'aube d'un matin d'été, des années plus tard, à cet heureux et instantané souvenir, et remémoration, du plus effroyable et du plus admirable cauchemar de ma vie. Cette extraordinaire expérience — qui représente pour moi l'unique aventure onirique fondée sur le plus profond, le plus ardent et le plus clair acte de cogitation et de comparaison, acte certes d'énergie salvatrice, fondé également sur une peur indicible — cette expérience connut son paroxysme dans la poursuite soudaine, par une porte ouverte, le long d'un gigantesque salon très haut de plafond, d'une vague silhouette à peine distinguée qui se retira, terrorisée par ma brusque précipitation (regard furieux d'une réaction inspirée par une crainte irrésistible mais humiliante) quand je quittai la pièce que j'avais un moment auparavant désespérément, et tout à fait abjectement, défendue du poids de mon épaule contre la forte pression exercée sur le verrou et la barre de l'autre côté. La lucidité, pour ne pas dire la sublimité, de cette crise, s'était matérialisée dans cette idée lumineuse que, dans l'effroi où j'étais, je devais être encore plus effroyable que l'horrible agent, créature ou présence, que j'avais cru voir, dans ce très brutal et incontrôlé réveil en sursaut, sommeil dans le sommeil, se diriger vers mon lieu de repos. Le triomphe de ma réaction, perçue en un éclair alors que je réagissais d'un bond, forçant la porte ouverte, fut une chose formidable, mais le point important de toute cette affaire résidait dans l'étonnement de ma reconnaissance finale. En pleine déroute, en plein désarroi, les tables renversées sur lui grâce à ma très nette supériorité dans cette agression directe et terrible intention, mon visiteur n'était déjà plus qu'une tache rétrécie dans cette longue perspective, l'énorme et glorieuse galerie, donc, sur le sol reluisant de laquelle, on avait enlevé au milieu, pour l'occasion, son grand alignement de vitrines inestimables, il s'enfuyait à toute vitesse pour sauver *sa* vie, tandis qu'un violent orage de tonnerre et d'éclairs jouait à travers les profondes embrasures des hautes fenêtres situées sur la droite. L'éclair qui révéla la retraite révéla également l'étonnant lieu et, par ce même jeu surprenant, la jeune vie imaginative que j'y avais autrefois menée, que mes sensations, tout au fond de moi, avaient conservée intacte, et préservée pour cette utilisation palpitante ; car que pouvaient bien être ces profondes embrasures et ce sol si bien ciré sinon ceux de la Galerie d'Apollon de mon enfance ? Cette "scène de quelque événement", l'avais-je alors vaguement ressentie ? C'est effectivement probable puisqu'il devait s'agir de la scène de cette immense hallucination.

De quoi, aussi, en ce temps-là, les grandes salles du Louvre ne furent-elles pas presque autant le décor, en haut et en bas, à partir du moment où elles influaient progressivement sur nos perceptions ? — sur presque toutes à vrai dire, d'une façon ou d'une autre ; vraiment d'une manière, je le vois de mieux en mieux, qui fut éducative, formatrice et enrichissante, à un degré auquel aucune autre "expérience intellectuelle" de notre jeunesse ne pouvait prétendre rivaliser, sur le plan de la portée et de la stimulation. La petite intuition, aiguë, étrange, presque bouleversante était venue à moi, semble-t-il, à l'occasion de notre toute première visite, mon frère et moi, sous la conduite du brave Jean Nadali, déjà mentionné, à qui nos parents avaient en toute confiance délégué leur pouvoir, dans la rue de la Paix, le matin de notre première arrivée à Paris (en juillet 1855) alors qu'eux avaient d'autres occupations. Je me revois suspendu, épouvanté mais exalté, au bras du bon Nadali — ses liens professionnels avec les merveilles qui nous entouraient ajoutaient encore pour moi alors au charme de son caractère "européen" : je m'accrochais à lui et je découvrais, ébahi, *Le Radeau de la Méduse* de Géricault, *la* sensation, due à la splendeur et à la terreur de l'intérêt, de cette circonstance sur moi, et toujours ensuite associée, avec deux ou trois autres productions plus ou moins contemporaines, les *Funérailles d'Atala* de Guérin, *L'Amour et Psyché* de Prudhon, les "Romanismes" casqués de David, et le "ravissant" autoportrait de Madame Vigée-Lebrun avec sa petite fille, à, comment puis-je dire, cet avant-goût (tel que cet instant le détermina comme si l'heure avait sonné à quelque pendule) de la joie confuse, qui était promise, et du genre de vie, que nous allions connaître toujours avec ce curieux caractère soi-disant intérieur, son côté terriblement "chic" — bien que cette description ne lui fût pas alors attachée. Elle vint d'elle-même, cette appréhension presque affreuse devant toutes ces présences, sous la protection de notre cicérone et en la compagnie de mon frère — c'est là et ainsi qu'elle vint ; elle était quelque peu porteuse d'inquiétude tout comme de félicité. La félicité en fait, je crois, ne parvint pas vraiment à se dégager, il n'y eut qu'une impression de liberté de contact et d'appréciation réellement trop importante pour soi, qui laissa une telle empreinte sur le lieu même, sur les peintures, sur les tableaux eux-mêmes, les personnages qui s'y trouvaient, les moindres détails et caractéristiques de chacun d'eux, l'aspect de cette riche lumière, l'odeur de l'air lourd et confiné, que je ne me suis jamais depuis retrouvé dans ces circonstances anciennes sans retrouver l'émotion ancienne et sans faire revivre la jeune conscience effrayée. *Voilà* le charme, avec la réunion de tant de conditions — de sentir comme au premier jour l'éclosion de tout ce qui allait se produire. L'éclosion, en bref, se produisit avec Géricault et David, mais elle se poursuivit encore et se développa lentement ; de sorte que l'étendue et même l'effort de nos perceptions, nos découvertes et nos prolongements, un par un me reviennent, dans ces bâtiments immenses, presque comme autant d'explorations de la maison de la vie, autant de tours et de survols de l'image du monde. J'ai de vagues réminiscences de visites permises en toute indépendance, tout jeune et impétueux que je pouvais encore être, au cours desquelles la maison de la vie et le palais de l'art devenaient tellement intriqués et interchangeables — le Louvre étant, s'accorde-t-on à le décrire, le plus peuplé des endroits sans être pour autant le plus silencieux des sanctuaires — qu'aller regarder les peintures n'aurait qu'à moitié rendu l'image de mon après-midi. J'avais regardé des peintures, j'en avais regardé et regardé, le gigantesque Véronèse, la Madone portée par la lune de Murillo[1], cette dame presque impie, aux mains croisées, de Léonard de Vinci, trésors du Salon Carré puisqu'ils y étaient alors exposés ; mais j'avais également regardé la France et regardé l'Europe, même regardé l'Amérique puisqu'on pouvait concevoir que l'Europe elle-même la regardait, regardé l'histoire, comme un passé figé et un futur complaisamment personnel, regardé la société, des mœurs, des types, des caractères, des possibilités, des prodiges et des mystères de cinquante sortes ; et le tout avec ce sentiment merveilleux d'être "livré à moi-même", comme je l'imaginais, bien que nous n'ayons pas alors atteint cette perfection dans l'expression argotique, ni dans (en particulier) les allées et venues le long de l'interminable et incomparable façade du Palais sur la Seine, que la jeune sensibilité avait presque la sensation de frôler, véritable caresse et bénédiction, comme un chat évoque le frottement d'un meuble protecteur. Tels

1. *L'Immaculée Conception,* tableau rendu à l'Espagne. (N. d. T.)

furent en tout cas, certains des vagues procédés — je vois à quel point ils doivent paraître tout à fait vagues — par lesquels nous reçûmes une éducation ; et je fus, en dépit de ce "vague", si loin de partager l'opinion de mon frère ensuite, à savoir que nous n'en reçûmes aucune et qu'elle n'est jamais achevée, ni non plus négligeable, et aussi qu'une éducation aurait pu, ou dû, surtout, s'emparer de nous, et pourtant ne le fit pas — je fus tellement rebelle, donc, que je pense que cela m'a vraiment amené à glorifier de tels passages et à considérer qu'ils faisaient partie d'un ordre réellement heureux. Si nous avions été de petits ânes, ai-je dû penser, même sous la conduite de desseins plus élevés, nous n'en aurions pas moins été des ânes — en tout point dignes d'être mentionnés ; et puisque nous tirions de telles impressions, au pire, d'accidents rédempteurs (pour ne pas qualifier autrement le Louvre et le Luxembourg) nous n'étions donc pas de petits ânes, mais quelque chose de tout autre, qui s'avèra être tout à fait ce pour quoi j'avais besoin de me battre. Il aurait par-dessus tout été stupide et ignoble, déshonneur entendu et durable, de ne pas, avec la chance que nous avions, avoir suivi nos indices disséminés, tous ceux que nous pouvions et, dégageant, comme nous le fîmes avec bonheur, pensai-je, ceux qui étaient d'or et d'argent, quelle qu'ait pu être la matière des autres — de ne pas les avoir suivis et de ne pas être arrivés grâce à eux, aussi loin que possible. Instinctivement, pour tous les projets imprécis que nous avions pu caresser, nous ramassions l'argent et l'or, pour ténus que les fils aient pu être, et je crois assurément qu'il y en avait d'autres plus nombreux, bien plus nombreux, fortuitement entrelacés, et aucune patience présente ne pourra me récompenser d'en avoir démêlé la trame trop fine.

XXVI

Je fais ici bien sûr allusion à l'ensemble du domaine esthétique, dans lequel nous fouinions le plus (ou dans lequel moi je fouinais le plus en tout cas), sans lui avoir le moins du monde, comme je l'ai déjà noté, attribué de nom exceptionnel. Il y avait des côtés par lesquels il s'offrait plutôt à nous, entraînant nos petits pas et nos petits esprits ; pourtant il y en avait d'autres où, pour ma part, je ne pouvais guère que me raccrocher à du vide. Notre expérience du théâtre par exemple, qui avait joué un rôle si important à la maison, s'évanouit presque totalement dans l'air le plus propice justement : anomalie certes à demi expliquée par le fait que la vie en général, autour de nous, était, de manière visible, plus théâtrale. Et il y avait d'autres raisons, qui nous furent peut-être exposées nettement, que nous saisîmes à mesure que nous comprîmes, par de déprimantes rumeurs, que le théâtre français, grand, étrange et important, était aussi peu en rapport avec notre âge, nos jeunes dispositions naturelles et notre innocente culture, que les théâtres anglais et américain leur avaient directement été destinés. Au Cirque d'Eté, au Cirque d'Hiver, au Théâtre du Cirque, on nous emmenait parfois — nous étions donc tombés au niveau des cirques, et ce nom semblait représenter une sécurité ; en outre le grand théâtre qui portait courageusement ce nom, lieu privilégié à l'époque de cette *féerie** de scintillements aux multiples facettes, semblait véritablement élever toutes les possibilités scéniques vers une plus haute sphère de lumière et de grâce que celles qui nous avaient été dévoilées auparavant. Je me souviens que "Le Diable d'Argent"* me laissa surtout une vision radieuse — présente à nos yeux toute une longue soirée — et un éblouissement presque aveuglant ; ce qui était tout à fait exact, compte tenu de la *donnée**, le rétrécissement progressif du Rayonnant, ce monstre de la finance d'abord gonflé à l'excès, en passant par tous les degrés successifs de l'avachissement relâché tandis qu'il mène le jeune homme imprudent avec qui il a passé un contrat au début, de plaisir étourdissant en plaisir étourdissant, jusqu'à ce qu'il finisse par n'être plus qu'une cordelette d'argent toute racornie que l'on pourrait presque faire passer par un trou de serrure. Telle était l'étonnante morale, car le jeune homme, même s'il fut régalé, fut d'une certaine façon "vendu" ; ce que *nous*, n'avions pas du tout été, nous qui avions éprouvé les mêmes plaisirs que lui et aucune de ses peines. Je devais un peu rechigner, à ce sujet, beaucoup plus tard, en pensant que si seulement nous avions été "emmenés" dans le Paris de cette époque comme nous l'avions été dans New York, nous aurions pu rencontrer des célébrités — au comble de l'élégance, peut-être au comble du mauvais goût, fleurs du tempérament histrionique, s'épanouissant comme elles le firent sur ce sol du plus riche romantisme et ajoutant à sa richesse — qui pratiquaient cet art plus audacieux et cette fin plus belle qu'un public relativement homogène et formant un solide corps critique, rendait encore possible. Rachel était en vie, mais mourante ; le souvenir de Mademoiselle Mars, sur sa fin, était encore dans l'air ; Mademoisellc Georges, une massive et monstrueuse antiquité, était en outre revenue à la scène pour une saison ; mais nous la manquâmes, comme nous manquâmes Déjazet, Frédéric Lemaître, Mélingue et Samson ; sans parler des autres d'un âge antédiluvien — si l'on considère que le déluge était cet énorme flot bien réel de présences barbares venues d'ailleurs, tous ces étrangers polyglottes, à l'orchestre et dans les loges ; je me souviens avoir entendu Gustave Flaubert s'en affliger et dire qu'ils étaient la ruine du théâtre puisque le jugement était assumé par un parterre auquel les valeurs mêmes du discours de l'auteur et de l'acteur échappaient en fait, ou tout au mieux, demeuraient imprécises.

Je n'ai eu le plaisir de voir que deux fragments de l'ancien art de la représentation — aucun détail de l'un ni de l'autre ne s'est pourtant effacé ; la première et la plus exceptionnelle de ces soirées fut un *spectacle coupé** au Gymnase, avec Mesdames Rose Chéri, Mélanie, Delaporte et Victoria (plus tard Victoria-Lafontaine). Je me revois m'entasser avec ma mère, ma tante et mon frère dans l'étouffante baignoire, et j'apprécie en particulier dans mon souvenir *Une femme qui déteste son mari** de Madame de Girardin ; histoire palpitante, me sembla-t-il, d'une dame admirable qui, pour sauver son mari loyaliste, durant la Révolution, feint d'avoir les opinions les plus jacobines, se présente comme la plus citoyenne des citoyennes, afin de le tenir caché en toute sécurité dans sa maison. Il s'aplatit, presque au plus grand péril de sa vie, derrière un panneau de lambris, qu'elle ouvre grâce à un secret lorsqu'il a besoin d'air et de nourriture et ils peuvent alors jouir d'un bref et angoissant instant de tête-à-tête ; et ce tableau s'articule autour du contraste entre ces moments de tendresse et la *tenue** de l'héroïne sous la terrible tension qu'elle subit en recevant d'une part les envahissants commissaires enquêteurs de la Terreur, excessivement soupçonneux mais trompés avec succès, et de l'autre des nobles, la mère et la sœur de son mari, si je me souviens bien, qui ne sont pas dans la confidence, et que, par parfaite prudence, elle maintient à l'écart ; bien que celles-ci soient seules avec elle, et constamment en danger, elles pouvaient recevoir sa confiance, et, le croyant caché ailleurs et affreusement poursuivi, elles considèrent, à cause de sa rage républicaine, qu'elle a perdu tout sens de l'honneur et du devoir. L'impression que l'on a de ces choses, si longtemps après, ne possède bien sûr qu'une maigre autorité auprès des autres ; mais pour ma part, je ne doute pas de ma vision du subtil jeu de Rose Chéri ni ne doute de celle de son *physique ingrat**, son apparence au premier abord extrêmement étrange et parfaitement osseuse ; femme émaciée au front haut et proéminent, un peu de la forme de celui de Rachel, pour qui il fallait que les triomphes d'une illusion produite, comme dans les second, troisième et quatrième grand drames de Dumas fils, fussent bien sûr des triomphes. Mon autre réminiscence dans ce domaine est associée, et près de trois ans plus tard, au vieux théâtre miteux du Vaudeville de la Place de la Bourse, où je vis, en compagnie de mon frère, un drame domestique en vers rimés : *Ce qui plaît aux femmes,* de Ponsard, alors encore admiré ; pièce qui connut, je crois, un maigre succès, mais qui devait me laisser des images indélébiles. Comment était-il possible, me demandai-je, d'avoir plus de grâce et de talent, d'avoir un jeu plus fin et plus frais, que Mademoiselle Fargeuil, l'héroïne ? — la belle dame pour qui deux amants rivalisent, cherchant à gagner sa main en lui offrant ce qu'elle aimera le plus, dans un cas, l'invitant à une brillante fête, une petite pièce dans la pièce, à laquelle nous assistons, et dans l'autre, à l'intérieur d'un misérable grenier, dans lequel le plus astucieux des prétendants l'introduit juste à temps pour empêcher une malheureuse jeune fille, la locataire des lieux, d'être entraînée à la ruine, à savoir avec succès, par une terrible vieille femme, une *revendeuse** en maraude, qui lui fait miroiter la situation dans laquelle une aussi jolie personne pourrait profiter de tous les conforts. La sœur plus fortunée, la jeune veuve courtisée, intervient à temps, soutient sa vertu chancelante, lui ouvre un compte chez son boulanger et son boucher, et, n'ayant plus aucun doute quant à la flamme qui doit être comblée, nous montre avec charme que ce qui plaît le plus aux femmes c'est la pratique de la charité.

Ce fut à cette occasion que je vis pour la première fois, cet extraordinaire vétéran de la scène, Mademoiselle Pierson, attachée presque immémorialement, pour les générations futures, au Théâtre Français, dont la carrière me paraît avoir eu une durée fabuleuse, même si elle tint le rôle d'une très jeune beauté dans la petite *féerie** ou allégorie du second acte de M. Ponsard. Elle jouait les mères et les tantes depuis de fort nombreuses années — et encore certes toujours comme une beauté juvénile. Ce n'est pas que cette circonstance frivole, toutefois, appelle à la commémoration, ni le fait non plus que je devais admirer Mademoiselle Fargeuil, plus tard, après qu'elle eut donné à tous les premiers succès de Sardou le soutien de sa radieuse assurance, quand elle fut passée de l'intéressante comédie et aussi du drame romantique — pas moins, et peut-être plus intéressant, avec la *Patrie* de Sardou en guise de passerelle — à l'utilisation du pinceau plus grossier de l'Ambigu et des autres centres du mélodrame. La sensation, pour ce qu'elle vaut, que j'extrais des deux modestes souvenirs en question leur donne plutôt valeur de témoins fugaces de l'ordre révolu qui révélait vraiment si peu la centaine de ressources matérielles modernes que nous connaissions, sujets dont la scène d'aujourd'hui semble essentiellement vivre, et en quantité encore plus considérable cette chose qui s'imposait alors, et qui, pour d'autres raisons, devait s'imposer. La chose en question, c'était la qualité, sans parler de la quantité, des ressources personnelles, de l'histoire technique, du caractère éprouvé, et de l'expérience acquise des acteurs, dont presque tout devait dépendre, et c'est cette réflexion qui fait de la scène quasi famélique et des moyens de l'époque, du *reste* du tableau, un champ de bataille encore plus évident et plus héroïque. Ils ont été de plus en plus allégés, la scène et les moyens, depuis nos deux générations, tant et si bien en fait, que le reste du tableau est pratiquement devenu le tableau *tout entier* : l'auteur et le metteur en scène, chez nous, soulagent l'acteur du poids de la pièce — en particulier des pièces traitant de notre vie, de nos habitudes et de nos attitudes quotidiennes — selon une mode qui fait la moitié du travail, réduisant ainsi "l'équation personnelle", l'exigence d'un maximum d'action individuelle, à une contribution des plus lâches et des plus réduites. De toute façon, à flatter la curiosité historique, même une aussi brève impression peut servir ; impression de cet âge vigoureux et du bel, ancien et magistral *assouplissement** des victimes — qui n'étaient pas des spectateurs experts. Les spectateurs étaient si experts, si rompus à la souffrance matérielle pour l'amour de leur passion qu'ils trouvaient, comme la souffrance était uniquement matérielle, la récompense esthétique et la saveur critique, parfaitement adaptées ; situation qui semble faire ressortir une morale de grande portée. Tout sauf "l'interprétation", la touche personnelle, dans les théâtres français de l'époque, comportait des variétés et des degrés de faiblesse et de futilité, disons même de fausseté, que nos habitudes modernes ne supportent pas du tout — sans parler d'autres circonstances détestables même en ce temps-là, et dont certaines, formes de gêne et de désagrément, se sont prolongées jusqu'à ce jour. La salle de théâtre, en bref, était presque un lieu de torture physique, et est encore rarement à Paris un lieu de bien-être physique. Ajoutons à cela l'ancienne ténuité de l'école de Scribe et l'ancien vide du millier de vaudevillistes ; cet élément du spectacle, jusqu'au début de la comédie moderne, avec Dumas fils et Augier, n'avait pour contrepartie que le terrible poids mort, ou du moins la prodigieuse prolixité et absurdité, de beaucoup, pour ne pas dire la plupart, des "productions" romantiques et mélodramatiques. Cela *payait* apparemment, à l'âge d'or du théâtre, de s'asseoir pendant d'interminables soirées dans des endroits impossibles — puisque prétendre de ce point de vue que l'âge *était* bien d'or (et nous avons à ce sujet une bonne quantité de preuves) suffit à expliquer la patience du public. C'est au public, était-il convenu, que les *acteurs* devaient, selon la force de leur expérience, presque exclusivement avoir affaire, ainsi dans la situation qui nous est aujourd'hui la plus familière, cette charge incombe à presque toutes les personnes concernées par la chose sauf à celles qui tiennent les rôles. Et bien plus de gens sont maintenant concernés qu'autrefois ; ceux qui ont appris à rendre les salles de théâtre supportables n'étant pas les moindres. Tout ceci nous laisse avec cette intéressante vision d'une grande vérité, vérité selon laquelle on ne peut avoir plus d'un seul type d'intensité à la fois — d'une intensité digne de ce nom. L'intensité de l'âge d'or de l'histrion, c'était l'intensité de *sa* bonne foi. L'intensité de notre époque c'est celle du "metteur en scène" et du machiniste, auxquelles on peut même ajouter celle de l'architecte, de l'auteur et du critique. Entre la variété dérivée, comme nous pourrions la nommer, et l'autre, la variété immédiate, de ce produit, il semblerait qu'il faille absolument choisir.

XXVII

Je vois presque la totalité de ce séjour parisien, à la lumière de l'Institution Fezandié, et je vois l'Institution Fezandié, rue Balzac, à la lumière, sinon vraiment de ce pauvre asile d'Alphonse Daudet pour les *petits pays chauds**, que, avais-je ressenti, les précédentes institutions de New York me rappelaient dans leurs grands traits, au moins à celle de certaines des études de Daudet sur le Paris précaire et ambigu où le grand Arc de Triomphe en haut des Champs-Elysées jette, à ses heures, grâce à son immense ombre protectrice et trompeuse, un précieux manteau de "tonalité". Elles se rassemblent, ces parties diaprées, dans sa vaste présence paternelle et jouissent à ses dépens d'un degré de la dignité qu'il réfléchit. C'était vers la grande villa carrée de la rue Balzac que nous tournions, nous autres élèves qui n'étions pas sans connaître les vicissitudes, après que la scène fut débarrassée de M. Lerambert, d'un établissement qui me semble, avec cette distance dans le temps, le plus curieux et le plus indescriptible — ou descriptible avec certaines des tournures et des touches les plus subtiles de la meilleure technique de Daudet. Le tableau ne devrait certes pas être désobligeant — il n'a vraiment pas besoin de cela, je trouve, pour la mesure du vif, du bizarre, du drôle, qui tous me reviennent sans entacher son air de félicité également futile. Il m'apparaît éclatant, imprécis, vague, confus, embarrassé et démuni ; il m'apparaît, je crains, assez ridicule, mais tout à fait inoffensif pour mes frères et moi au moins, et semble nous avoir laissé un fond d'impressions humaines ; il nous présenta une telle palette de figures et de caractères humains et nous libéra ainsi du sens de la discipline rebelle ou de la poursuite de la connaissance abstraite. C'était un lieu récréatif, ou du moins social, plutôt qu'éducatif ; ce qui avait, je crois, vraiment pesé en sa faveur auprès de nos parents, quand, privés de M. Lerambert, ils se demandèrent, avec l'étendue de leur pratique, de quoi ensuite nous doter. Notre père, comme tant de libres penseurs de l'époque à New York et à Boston, s'était intéressé de très près aux écrits de Charles Fourier et à son projet de "phalanstère" comme solution aux problèmes humains, et il me semble qu'il avait dû savoir, ou en d'autres termes entendre dire, que M. Fezandié était un actif et sympathique ex-Fouriériste (je crois qu'à ce moment-là il n'y avait plus que des ex-Fouriéristes) qui se lançait, pas très loin de chez nous, dans une expérience, sinon totalement phalanstérienne, du moins inspirée, ou en tout cas enrichie d'un idéalisme téméraire. J'aime repenser à l'Institution en des termes autres que phalanstériens — ce qui prévient toute crainte que de tels lieux aient pu être lugubres. Je m'en souviens comme d'un endroit tout à fait gai — grouillant, bouillonnant et bruyant, exempt de cette note d'effort, par exemple, du "Blithedale" coopératif de Hawthorne. J'aime penser que, dans ce quartier agréablement hétérogène, presque encore en banlieue, maintenant d'une accablante uniformité, elle se trouvait près de l'endroit où Balzac avait fini ses jours, bien que je me pose des questions quant à son identité — ce que j'ai essayé de ne pas faire pendant un temps — avec la scène de la catastrophe de ce grand homme. Autour du haut mur d'enceinte du jardin, il avait, en tout cas, dû passer et repasser — palpitation par déduction qu'il me fallut retarder pendant quelques années bien sûr ; bien que cette association supplante aujourd'hui, dans tout ce périmètre, n'importe quel autre intérêt. Moi, en tout cas, je ne puis prétendre ne pas avoir été tout à fait envoûté par cette phase particulière de notre éducation dont l'élément pédagogique, tel qu'on l'entend communément, était on ne peut plus fantastiquement absent. Elle en surpassa d'autres, de ce point de vue, cette phase Fezandié, même d'autres exceptionnellement désignées, c'est certain, pour cette suprématie ; et pourtant sa gloire tenait à ce qu'elle n'était pas un triste vide, mais qu'au contraire elle craquait et gémissait, regorgeait, exaltée, de sa richesse. Nous étions *externes**, tous les trois, mais nous restions en général pour le déjeuner et ne revenions alors à la maison qu'en fin d'après-midi, avec une expérience presque douloureuse de la multiplicité et de la vivacité des contacts. Car la beauté de tout cela venait du fait que l'Institution était, en termes techniques, moins un *pensionnat**, avec sa prédominance d'élèves anglais et américains, qu'une *pension**, avec ses étudiants adultes des deux sexes, et nos deux catégories étaient activement mélangées, ce qui produisait un résultat très vivant. C'était là, la grande idée de M. Fezandié ; homme du midi, chauve et quelque peu replet, portant une délicate barbe, avec un regard vif mais anxieux et plutôt mélancolique, une gracieuse et mince jeune femme, qui se multipliait, sans trop savoir parfois, je crois, où et comment se tourner ; je le vois en Daudet *méridional**, mais du type sensible et non sensuel, avec quelque chose de la pierre qui roule, qui dévale — il avait entretenu des relations avec l'Amérique, qui avaient été interrompues, peut-être même déçues — et il était toujours prêt à mettre de nouveau en application sa foi et ses finances. Si la naïveté, qui l'empêchait de voir pourquoi cette application précise, rue Balzac — le corps des pensionnaires s'étendant de la petite enfance à l'âge vénérable — n'avait pu être un succès éclatant, mais lui avait permis d'en réaliser un, le triomphe aurait été un triomphe des plus originaux.

Je revis ceci comme une aventure merveilleusement variée, une courageuse petite présentation du monde sous l'heureux prétexte de "leçons". Nous *avions* effectivement des leçons de temps à autre, mais nous les prenions en compagnie de dames et de messieurs, de jeunes hommes et de jeunes femmes d'origine anglo-saxonne, qui étaient assis à de longues tables couvertes de tissu vert avec nous et plusieurs de nos contemporains, des jeunes Anglais et Américains, et tous prenaient en note les *dictées** que donnaient le directeur de l'établissement en personne ou le vieux et tout à fait remarquable M. Bonnefons, que nous prenions pour un acteur en retraite (lui, surtout, quel modèle pour Daudet !) et ce dernier interrompait les confuses lectures à haute voix que nous lui faisions des classiques français, anciens ou récents, avec de surprenantes réminiscences, et même d'imitations, de Talma. Il évoluait parmi nous dans un nuage de légende, l'emperruqué et ridé, l'exalté, bien que, je crois, hélas, sous-alimenté, M. Bonnefons : nous pensions qu'il "remontait" à une période antérieure au Premier Empire, aux scènes de la Révolution — ceci peut-être en partie à cause, d'abord et avant tout, de son mépris de notre prononciation (lorsque nous le rencontrions) de ce mot souverain de *liberté**, pauvre prononciation, notre déplorable "libbeté," sans le r, qu'il imitait et dont il se moquait, émettant la juste, la splendide, forme révolutionnaire, avec trente «r», comme le roulement prolongé d'un tambour. Et alors nous pensions que, si sur le plan artistique il était conservateur, sur le plan politique il était exposé aux pouvoirs d'alors, bien que sachant que les personnages aussi marqués devaient marcher, et même respirer, avec prudence par crainte des *mouchards** du tyran ; nous savions tout sur les "mouchards"* et nous en parlions comme nous le ferions aujourd'hui des aviateurs et des suffragettes — se souvenir de cela, à une époque si candidement inconsciente de leur présence, revient à voir le tapis de l'Histoire se dérouler devant nous. Il y avait des moments où il ne faisait qu'aller et venir devant et autour de la longue table — je le revois, jamais assis mais toujours en mouvement, Juif Errant bien las dans la *classe** ; mais je l'entends en particulier nous réciter le combat contre les Maures dans *Le Cid* et nous montrer comment Talma, avec une description à l'appui, semblait s'accroupir afin de pouvoir bondir, terrifiant, au plus haut de "Nous nous levons alors !"* que M. Bonnefons rendait de manière telle qu'on aurait dit que sur le tapis cinquante hommes, au bas mot, s'étaient levés d'un bond. Mais il abandonnait ces éclats intermittents pour replonger dans l'indifférence ; il n'aimait pas les Anglo-Saxons — des enfants d'Albion il avait une piètre opinion ; envers ses spécimens américains il faisait preuve, observai-je, de plus d'indulgence ; et cette imperfection de sa sympathie (la question de Waterloo mise à part) reposait, impossible de ne pas le sentir, sur le fait qu'il était profondément blessé du déshonneur dont souffrait entre nos mains sa magnifique langue, à laquelle, en tant que vaste champ de l'élocution, il était patriotiquement dévoué. Je pense qu'il devait assez détester nos voyelles anglaises fermées et nos consonnes imprécises, notre indigence de sons qu'il reconnaissait pourtant comme étant des sons ; pourquoi sur ce point s'accommodait-il mieux de nos compatriotes, souvent embrouillés à cette époque dans des vocables encore plus étranges que maintenant, dépasse vraiment mon entendement. Je crois que cela s'expliquerait peut-être par le sentiment qu'il voyait en eux l'assurance d'ancestrales ouvertures *quand même** égalitaires. En outre, nous les jeunes avons dû au moins faire moins violence à son oreille que ces consciencieuses dames d'outre-Manche et que ces jeunes Anglais étudiant pour leurs examens et leurs carrières qui se pressaient avec nous aussi bien vers la table vraisemblablement mise ou complètement dégarnie, et je crois revoir l'effort angoissé qu'ils faisaient pour "apprendre" l'heureux idiome que nous-mêmes avions assimilé sans nous en rendre compte. Le français, d'après la bonne vieille formule de cette époque, tellement répandue, "était la langue de la famille" ; mais je crois que pour l'ensemble de ces étudiants, elle dut sembler une famille dont les plus jeunes membres ne restaient guère à leur place. Nous nous exprimions avec une très grande facilité et au point de susciter des concerts de louanges ; ce qui fait que nous aurions pu devenir, dans ces étranges dispositions, d'assez déplaisants petits fats. Ce ne fut néanmoins pas le cas, car il y avait, chose curieuse, quelques garçons français également, dont sur le plan linguistique ou "familial", nous ne nous sentions guère proches, et à côté desquels, d'ailleurs, ou de l'un d'eux, je me souviens, avoir sombré une fois dans l'insignifiance. Il y avait à l'Institution un personnel restreint — hormis les serveurs et les bonnes ; mais il comprenait donc, M. Mesnard et aussi M. Bonnefons — M. Mesnard de la nouvelle génération, enseignant tout ce qui, semblait-il, dans le monde des arts, ne consistait pas à nous faire rouler les «r», et qui, par ce biais, pouvait aider à parer plus ou moins à l'insuffisance de nos yeux. Il est significatif que cet élégant domaine soit maintenant pour moi bien vague ; et je garde de M. Mesnard, enfin, le souvenir d'un homme pas moins moderne et ordinaire que M. Bonnefons était exceptionnel et inestimable. Il m'avait cependant accordé son attention, un matin, sans doute avec bien de la patience, dans un coin de la villa que nous étions alors pratiquement les seuls à occuper — il me semble revoir une pièce vide donnant sur le jardin ; quand vint se joindre à nous, gentiment introduit par Madame Fezandié, un jeune garçon au teint très clair et romantique, à ce qui me sembla, et qui venait d'arriver. Je me souviens surtout qu'il avait comme une sorte de halo de boucles blondes, un visage délicat et pâle et cette voix grave et rauque par laquelle les enfants français provoquaient notre étonnement. M. Mesnard lui demanda aussitôt, avec intérêt, son nom, et dès qu'il l'eut prononcé, il chercha à savoir, avec une plus vive attention, s'il était bien le fils de M. Arsène Houssaye, l'ancien directeur du Théâtre Français. Cet honneur, le garçon le reconnut — avec une telle augmentation de l'intérêt de notre "répétiteur"* que je compris que moi, en comparaison, je redescendais tout à fait dans son échelle de valeurs. Une origine comme celle de notre petit visiteur lui paraissait visiblement éblouissante, et je sentis au bout d'un moment qu'il me fallait disparaître dans l'ombre. Ce beau petit garçon devait devenir le regretté M. Henri Houssaye, le brillant helléniste et historien. Je n'ai jamais oublié ce ravissement d'espoir dans la question de M. Mesnard — comme si M. Houssaye, père, avait projeté une lumière sur le respect alors porté à l'Institution.

XXVIII

Il me revient, en dépit de ces souvenirs d'une relation prolongée, une impression de rétrécissement ou de déclin des *beaux jours** de l'Institution, qui semble avoir vu son courant s'épaissir quelque peu et se troubler, au lieu de conserver l'agréable vague dans laquelle nous avions, semble-t-il, tous ensemble commencé par nous baigner. Je comprends, en essayant de reconstituer les événements, que dans son ensemble, l'entreprise s'avéra tout simplement être une idée fantasque impossible à mettre en pratique, et qu'en tout cas, les aînés, et souvent de bien curieux aînés, tendaient à dépasser la candide *jeunesse** en nombre, de sorte que je me demande, de plus, selon quelle théorie des pouvoirs attribués à la fontaine de Castalie, qui, nous l'enseignait-on, coulait, pour ne pas dire ruisselait ici, M. Houssaye, tenant, pour ainsi dire, son petit garçon par le talon, pouvait avoir été amené à le plonger dans notre puits. Rougirai-je de raconter que mon sentiment quant à sa vertu avait dû exactement venir de ce tour inquiétant que prit — et ceci envers et contre les idéaux élevés de Fezandié — l'*invraisemblable** maison de divertissement où nul ne doutait que n'était assimilée aucune forme d'innocence, en raison des formes d'expérience qui voulaient d'une certaine manière s'imposer, et où aucune forme d'expérience n'était trop directement dépréciée en raison des tendres évolutions, déterminées d'emblée, de l'innocence. Et certaines de ces figures étaient précisément celles à partir desquelles notre brave principal aurait bien pu commencer à tirer son plus actif réconfort : il me semble me souvenir de certaines anciennes vierges américaines, en particulier, et de certains curieux compatriotes, qui soit se distinguaient par leurs longs cous ou se faisaient remarquer plutôt par leurs cheveux longs et leur absence de menton, en redingotes noires sans style ni "coupe", vêtements dont on ne voyait nullement la pertinence — pertinence, donc, par rapport à tout ce qui relevait du caractère ou de la circonstance, de la fonction ou de la position — et qui se retrouvaient dans les groupes que M. Bonnefons terrorisait presque en refusant de reconnaître, chez ces races barbares, toute proximité de vues quant au grand principe de la Diction. Je me souviens avoir vivement subi dans mon for intérieur certaines de ses humeurs méprisantes et avoir vu à quel point, étant donné ses antécédents, elles étaient parfaitement fondées ; je me souviens surtout comment il m'inculqua, à travers l'impression qu'il me donna d'une créature *totalement* animée et dont l'expression ne contenait aucun espace inutile, et l'imagination aucune platitude, cette notion que, si l'on était français, la vie était un luxe, bien que certes elle possédât sa dose de soucis aussi lorsqu'on ne pouvait prononcer *aucune* des lettres de l'alphabet de la sensibilité. La leçon la plus marquante que j'ai dû tirer, cependant, de cette source, établit en tout cas, au mieux, une curieuse relation éducative, compte tenu du genre de concentration vers laquelle une éducation, même comme la nôtre, est censée tendre : je parle de cette promiscuité absolue des intuitions qui auraient aisément pu être déclarées dénuées d'intérêt, avec leur cortège d'impressions et l'exacerbation des sensibilités — fournissant, comme ces dernières, des moissons d'apparitions. Je chéris à l'heure actuelle, c'est indéniable, l'idée naïve que nous étions tous plongés dans un élément aussi sublime que celui qui régnait peut-être encore là — je veux dire en ces lieux précis — du fait de la présence vitale du prodigieux Balzac, disparu depuis si peu de temps ; présence qui avait entraîné, comme par sa simple respiration, un nuage si dense d'autres présences, une armée si riche d'ombres étroitement liées entre elles, que l'air était encore comme embué des vapeurs de sorcellerie, d'une vision, d'une supposition et d'une création infinies, de tout un commerce imaginatif. La Pension Vauquer, qui n'avait cessé d'exister que depuis peu, si l'on croit *Le Père Goriot*, sur l'autre rive de la Seine, devait encore m'être révélée ; mais les personnages qui la peuplaient ne sont pas nécessairement plus intenses aujourd'hui (c'est-à-dire du point de vue de ce qui marque et caractérise, de ce qui est terrible et touchant, comparé à la pâleur de la page étudiée en général) que, je m'en persuade avec bien peu de difficulté, la plupart et les plus versatiles, bien que sans doute vraiment les moins inspirants, trouvai-je, des éléments qui constituaient la Pension Fezandié. Il était fantastique et très "subjectif" de ma part d'attribuer ainsi une partie de leur intérêt, ou de celui du décor qui s'étendait autour d'eux, à la juste perception, dans l'esprit du jeune garçon, du caractère unique, éphémère et profondément intense de cette situation générale ou publique : le souffle matinal du Second Empire troublait toutes choses, à mesure qu'elles se présentaient, et leur faisait refléter une lueur d'acceptation résignée, une fraîcheur cynique, la force d'un grand exemple grimaçant. Grimace qu les jeunes sens dezvaient appréhender avec netteté là dans l'air, et si seulement je pouvais simplifier assez ce récit, tout ce que je représente serait marqué de son empreinte. J'avais en tout cas, pendant ce temps, l'impression de penser aux jeunes hommes de Fezandié, aux jeunes Anglais surtout, qui amélioraient leur français, dans cette ambiance multicolore, pour ce que je croyais être, dans ma candeur, des emplois et des "postes", diplomatiques, commerciaux, vaguement officiels, et qui, d'après ce que j'en déduis maintenant, bien que je n'aie pas tout saisi à l'époque, avaient dû, à cause du règlement relâché de l'établissement, s'amuser beaucoup. Ce fut comme une répercussion de leurs libres critiques, me dis-je, et je ressentis le premier frisson d'une sensation de déclin de l'établissement, une certaine angoisse à l'idée de ce qui pourrait advenir, et advenir comme catastrophe, de cette belle illusion générale sur laquelle il reposait. Leur critique était d'ailleurs bien profuse, suscitant mon admiration tout en me terrifiant. Ils s'exprimaient avec un superbe mépris — qui aurait pu sembler provenir naturellement, ai-je, me semble-t-il, ressenti, d'une race supérieure ; ils parlaient de ce pauvre vieux Bonnefons, de notre brave Fezandié lui-même, plus ou moins de tous les gens de notre entourage, comme de gueux et de ganaches ; je me souviens n'avoir entendu sur leurs lèvres d'autre qualificatif pour les plats qui nous étaient servis au "déjeuner"* (et encore pis au repas du soir, que mes frères et moi ne prenions pas) que celui d'infect. Ces expressions étaient absentes de notre air domestique, notre air américain étant plutôt porté aux distinctions plus aimables ou aux jugements plus vagues, ce qui élargissait relativement pour moi le spectre des ressources intellectuelles, ou au moins sociales ; et alors que leur tonalité générale me revient aujourd'hui, elle inonde d'une certaine lumière l'image de cette belle et ancestrale assurance insulaire (alors si perverse sur le plan intellectuel qu'un tel nom ne suffit pas à la qualifier, bien que des turbulences internes et le développement d'un *relatif* sens des choses aient dorénavant commencé à anormalement l'agiter et la défigurer) dans laquelle intervenait le grand choc extérieur des Anglais "à l'étranger", du seul fait d'être à l'étranger. Les jeunes gens de chez Fezandié étaient autant à l'étranger qu'il était possible de l'être, et pourtant ils me paraissaient — en grande partie à cause de la contrariante force de cette assurance, exercée presque physiquement — des créatures très élégantes, très belles et très instruites ; de sorte que lorsque je les voyais l'après-midi descendre les Champs-Elysées à longues et élégantes enjambées dans le costume de cette époque, pour cela nous pouvons toujours nous reporter aux numéros de *Punch*, le fait que je me promenais le plus souvent à pas comptés avec ma mère ou ma tante, ou même avec ma sœur et sa gouvernante, amenait l'étincelle de ma vision — à savoir qu'ils étaient armés pour la conquête, ou du moins pour l'aventure — à jeter des feux encore plus ardents. Je ne suis pas sûr qu'ils m'aient, d'une manière générale, honoré en de tels instants, d'un signe de reconnaissance ; mais je retrouve en particulier le souvenir d'une soirée où j'avais accompagné ma mère à l'Hôtel Meurice, où une des cousines de New York déjà citées, fille d'un des oncles d'Albany — c'est-à-dire du groupe de ceux de Rhinebeck — s'était un temps installée, de façon fort incongrue, semblait-on déjà remarquer, après le plus affreux coup du destin. Je revois la lumière éblouissante des réverbères à gaz de la rue de Rivoli en ce soir de printemps ou d'automne (j'ai oublié lequel des deux, car notre année rue d'Angoulême avait été suivie d'une migration vers la rue Montaigne, entrecoupée d'un intermède, ou plutôt de deux, à Boulogne-sur-mer, et cette rue enchanteresse avait tout aussi bien pu nous mener vers l'un ou l'autre des domiciles) ; et cette impression toute entière semblait avoir placé bien trop de lampes et des *vitrines** bien trop étincelantes autour du deuil des pauvres Pendleton, la perte de leur unique, si beau et vigoureux petit garçon, et avoir enveloppé leur état des chaudes et riches exhalaisons de la cuisine en sous-sol dont mon souvenir du Paris de cette époque se trouve chargé de façon si disproportionnée, et non pour une question d'estomac. Tout ceci pour en venir au simple fait qu'au moment même où nous sortions de l'hôtel, ma mère me pressait, anxieuse, à travers les courants contraires et les étranges contacts, en somme, de ce grand bazar (dont la rue de Rivoli était alors une des artères, bien plus grouillante que maintenant) au lieu de compter sur moi pour la soutenir et la protéger, lorsque soudain apparut devant nous le plus splendide, du moins c'est ce que j'estimais, de mes aînés et de mes supérieurs de la rue Balzac, qui avait laissé les affaires censées nous occuper là-bas, et, avec son haut-de-forme légèrement de travers et son cigare activement allumé, il me révéla d'un seul coup d'œil ce que c'était qu'être maître de Paris. Il y avait de la vivacité dans sa démarche, de l'assurance dans son allure, de toute évidence il s'empressait de poursuivre sa route ; et de ce fait, il m'offrit ma première vraie image de ce que signifiait exactement "être en route". Il me l'offrit d'autant plus, sans doute, que, d'un large geste du haut-de-forme déjà cité (dont l'Anglais de l'époque était si singulièrement inséparable) il fit un acte de reconnaissance envers moi, et de déférence envers ma compagne, mais avec une superbe bonne humeur de grand garçon qui ne fit qu'accentuer la différence — puisque je me souviens avoir connu dans mon enfance la si fréquente manifestation d'une facile condescendance, sans parler d'un mépris souverain, de la part d'un aîné admiré. Comme s'il s'était soucié, ou avait pu se soucier, que je ne visse le Paris nocturne qu'en tenant la main de ma maman ; tandis qu'il nous avait salués avec une grâce qui évoquait le battement même des ailes de la liberté ! C'est à partir de semblables lambeaux, en fait, que s'avère être tissée l'étoffe de ma jeune sensibilité — quand la mémoire (si la sensibilité a jamais existé pour elle) fouille dans notre vieille malle pleine des frusques de l'esprit et, toujours en retirant avec tant d'émotion ceci, cela et d'autres hardes en loques, elle présente le modèle au grand jour. Je m'aperçois qu'à cct égard, je fouille avec tant d'impatience et d'émotion que les loques, si fines soient-elles, viennent par pleines poignées et que chaque lambeau semble emmêlé à un autre.

Le simple nom de Gertrude Pendleton, par exemple, devient, et c'est tout à fait préférable, le cadre d'un autre tableau, bien plus satisfaisant, avec des associations parentes, celles de cet élément du cousinage new-yorkais qui avait d'abord entrepris, en ce lieu, d'exprimer pour son rayonnement et même, en quelque sorte, d'un point de vue économique, une "préférence pour Paris" — préférence, durant notre période de la rue d'Angoulême et de la rue Montaigne, dont nous vîmes avec nostalgie la réalisation, très légère et très libre, par les inimitables Mason. Leurs séjours préalables à Tours et à Trouville étaient terminés ; une période de relative rigueur dans la Florence intra-muros, d' abus et de bonheurs encore si présents, était aussi, semblé-je comprendre, une chose du passé ; de grands accroissements de revenus, consciemment attendus pendant les jours maigres qui avaient précédé, leur avaient été magnifiquement octroyés, et toute ma conscience personnelle de l'atmosphère générale — j'insiste tellement pour ne distinguer que cela — était teintée de la vision familière du plaisir qu'ils leur apportaient dans un *premier** de la rue Saint-Honoré, orné de draperies et de festons fantastiques, croulant sous l'or moulu et les statuettes de Pradier et faisant presque face à l'ambassade de Grande-Bretagne ; un premier assez bas, un peu à la manière d'un entresol, à ce dont je me souviens, et où les fenêtres closes, qui ne permettaient qu'à peine de faire la distinction entre nos propres sons et ceux de la fort agréable, et pourtant terrible, rue des rappels et des souvenirs, semblaient conserver un air et une lumière pleins d'un mélange de toutes sortes d'anciennes et curieuses formes d'aménité et de référence parisiennes : comme si regarder ou écouter ou toucher signifiaient à la fois explorer, retrouver et communiquer, voir, goûter et même sentir — jusqu'à ce qu'on soit encore plus agressé de suggestions, sans doute, mais aussi jusqu'à ce qu'on éprouve quelque douce et étrange satiété, comme celle produite par la consommation continue, disons, sortie de boîtes ornées de petits plis et de volants, de rangées de chocolats et autres bonbons. J'ai dû ressentir tout ceci comme une chose à laquelle nos sens développés devaient faire honneur et attacher peu d'importance, et avoir plutôt honte des miens pour qu'elle m'ait fait tituber d'écœurement. Ceci accompagne, toutefois, le plus cher souvenir, très lointain, de l'aisance naturelle de nos cousines, dans toutes les situations imaginables ; et de la façon dont, quatre des plus simples, des plus aimables, des plus accommodantes jeunes filles, pour ainsi dire, (dont l'aînée, une charmante beauté, s'installa en cet environnement, après mariage et veuvage, et y est toujours florissante), dominaient la scène, ses vastes étendues, ses ressources et ses possibilités à un degré tel que nous étions réduits à un petit provincialisme ; suspendus à leurs lèvres lorsqu'elles nous racontaient, c'est-à-dire lorsque la plus gentille des mamans et sa ravissante fille qui était "sortie" nous racontaient, les présentations aux Tuileries devant cette toute merveilleuse et ineffable Impératrice ; récits nuancés de manière touchante, de la part de nos parentes si exposées, pourtant après tout si insuffisamment endurcies, par la question de savoir si d'aussi grandes occasions ne profanaient pas le caractère sacré du dimanche, qui était sa prescription habituelle. Il était d'une certaine manière insinué dans l'air de cette époque, quand les jeunes Américains étaient bien plus charmants que maintenant, ou du moins avaient les yeux plus grands ouverts, il faudrait le reconnaître, que l'observation de la seule tradition que la rumeur leur faisait respecter (celle du jour du Seigneur) aurait même pu avoir lieu aux Tuileries.

Mais ce qui me revient le mieux comme image et parfum caractéristiques de ces cousines new-yorkaises dans ce tableau général de l'époque, c'est cette fois où je me souviens avoir porté mon regard sur une page distinctc de celles-ci, au moment où ces cousines précises dont je parle maintenant avaient développé, sous l'influence de je ne sais trop quelle étoile du matin, un goût très vif pour les promenades et les expéditions les plus matutinales possibles, auxquelles elles étaient bien bonnes de me permettre, quand on me l'avait autorisé par ailleurs, de participer : marches toniques, d'un caractère extraordinairement *matinal**, à l'heure des méticuleux chiffonniers et des vernisseurs au tampon exceptionnellement français que connurent les aubes parisiennes du Second Empire mieux que toute autre période depuis ; qui nous donnaient à tous l'impression, sous la conduite d'Honorine, elle-même enfant délurée du trottoir, que, avec notre curiosité et notre admiration neuves, nous avions *nous* aussi notre mot à dire dans ce grand spectacle qui venait de commencer ; nous étions libres d'aller partout, comme dans une maison que l'on connaît de la cave au grenier et dont on sait à quoi elle ressemble par-derrière. J'appelle notre pastourelle Honorine, même s'il n'est pas infaillible peut-être, le nom donné à cette soubrette mondaine qui aurait pu, avec toute son assurance intrépide et enjouée, être une inspectrice officielle en personne, et à la paisible charge ou plus particulièrement, à l'experte sensibilité et candeur de sympathie ou curiosité à laquelle notre troupeau était librement confié. Si ce n'était Honorine, c'était Clémentine ou Augustine — ce qui est une vétille ; puisque ce que je retrouve ainsi, en tout cas, de ces effleurements de l'étrange rosée parisienne, ce sont ces communautés de contemplation qui amenaient le plus souvent à traîner devant les vitrines des joailliers du Palais Royal et les affiches publiques des théâtres sur le Boulevard. Le Palais Royal, maintenant si déshonoré et désavoué, était alors la quintessence de Paris ; les rideaux des boutiques semblaient tirés, à cette heure, pour notre bénéfice tout particulier, et je me rappelle bien comment, dans la "décoration" d'un si grand nombre de ces façades serrées et richement concentrées, le plus souvent affaire de diamants et de perles, de rubis et de saphirs, qui représentaient, dans l'ingénuité de leur arrangement et de leurs contorsions, le meilleur goût du moment, je vis vraiment s'offrir à moi l'étude approfondie du fait que le charme ensorcelant des gemmes paraissait pour la nature féminine, et de manière presque alarmante, infini. Moi aussi je regardais par curiosité ces étalages, cela me revient, et peut-être même ai-je pensé qu'il convenait à un jeune homme d'expérience d'exprimer pour tel ou tel objet une préférence raffinée et intelligente ; mais ce que j'avais surtout devant moi, c'était le chœur de l'abjection, comme j'aurais fort bien pu les baptiser, porté à son acuité extrême par Honorine, et évoquant vaguement pour moi, par la fruste spontanéité, disons, de son désenchantement, une sincérité naturelle dans la passion — Dieu sait en fait (car ma petite intelligence ne le savait vraiment pas) quelles profondeurs de vénalité. Assez drôles, quand je les récupère, ces bizarres et obscurs jeux de la conscience : cette sensation que mes innocentes compagnes, Honorine *en tête**, auraient fait n'importe quoi ou tout pour le plus somptueux des rubis, et que même si on ne pouvait décemment pas soi-même être insensible à cette somptuosité, on ne savait pas du tout ce que "n'importe quoi" pouvait bien être ou encore moins ce que "tout" était. Les très exubérantes cousines, pour leur part, le savaient assurément encore moins, et le courageux vernis chez Honorine de cet éventail de possibilités et de réalités était en soi une véritable bénédiction sociale.

Elles appréciaient toutes cela, enfin, tandis que d'une certaine manière, bien qu'en pure perte, je rêvais — ce qui après tout était ma façon d'apprécier les choses ; cela m'intimidait un peu, même s'il était vrai et peut-être assez bizarre en outre, que les pierres précieuses ne m'attiraient pas spécialement, que les rubis et les perles, quelles que fussent leurs dispositions, me laissaient relativement froid ; qu'en fait elles m'attiraient environ aussi peu, chose monstrueuse, secrète et douloureuse, que m'attiraient les fleurs. Bien plus tard je devais me rendre compte que j'adorais les arbres et les marbres des monuments — que pour un morceau suffisant d'un suffisamment rare, suffisamment veiné ou purpurin marbre, j'aurais donné un sac de rubis ; mais alors il avait coulé ce temps où j'avais des difficultés à comprendre ce qu'en ces circonstances, représenterait pour un jeune garçon la vénalité, pour la nommer ainsi, dont faisaient preuve, devant les *vitrines**, les cousines. Cette question ne se concrétisa pas par la suite ; mais elle eut une telle réalité sur le moment, que si elle m'avait été franchement posée, j'aurais vraiment dû avouer mon incapacité à parler — et j'aurais dû, il me semble, du même coup, paraître dépité face à une telle indigence intérieure ; conscient qu'en tant que garçon je m'en tirais beaucoup moins bien que les filles. Il y avait une différence, pourtant, qui suscitait ces moments de perplexité devant les portiques des théâtres : tous les problèmes se fondaient là pour moi dans la seule profondeur de la jalousie — jalousie devant ce bienheureux contrôle de la soirée, selon le *régime** de la jeune suite d'Honorine, elles étaient toutes fraîches pour le moineau matinal et le "chiffonnier"*, même après avoir versé des torrents de larmes la nuit précédente, et pas seulement pour la première ou la seconde fois, sur la magnifique histoire de *La Dame aux camélias*. Il y avait certes une autre humiliation, mais davantage due à la faiblesse de ma position qu'à celle de la nature : m'eût-on révélé ce qu'était que faire "tout" comme moyen de parvenir à ses fins, je l'aurais certainement fait pour voir Madame Doche et Fechter dans la triomphante idylle de Dumas — qui reçoit maintenant les plus complets honneurs de l'innocent classicisme ; dont, tout comme des mérites de ses interprètes, les heureuses demoiselles dont Honorine avait la charge, étaient devenues de parfaites, et sinon tout à fait sereines, au moins d'encore plus émotives et chaleureuses habituées. D'un étonnant mélange de gentillesse et de sévérité, de bizarrerie et de réminiscences intactes, est composée cette vision des cousines, des promenades, des nuits qui s'imbriquaient, s'emmêlaient le long de rues et d'arcades retouchées et imprégnées d'odeurs ; resplendissantes, dans l'ineffable lumière matinale, surtout, de notre curieuse jeune culture et de notre candeur !

Tout ceci, une fois de plus, m'a trop aisément amené à abandonner un moment le fil principal de l'histoire, celui du rayonnement de bonté de Gertrude Pendleton et de son impétueuse hospitalité dont nous jouissions peut-être avec le plus de complaisance. Le passage endeuillé à l'hôtel Meurice auquel il a été fait allusion un peu auparavant, correspondait à une période plus tardive, et le rayonnement, comme je le revois, avait été émis, ce premier hiver, essentiellement à partir d'un *petit hôtel** quelque part "de l'autre côté," comme nous avions l'habitude de dire avec une grande imprécision, des

Champs-Elysées ; une région à cette époque réduite à une absence de régularité, mais représentant pour ma naïve imagination un chaos d'accidents et de contrastes où les *petits hôtels** d'un type archaïque côtoyaient des dépôts de bois et des cabarets, des pavillons toujours si typiques, pourtant toujours si indéfinissables, blottis entre des activités et des vulgarités sans équivoque — toutes égayées, bien sûr, par le côté avenant de Paris, ne serait-ce que celui du caquetage ou autre *bavardise**. Les grandes uniformités du raffinement par excellence, offrant dorénavant une si vaste harmonie, appartenaient encore à l'avenir, si bien qu'il paraissait assez original d'habiter là ; en dépit de quoi l'attrait du risque de la part de notre jeune parente alors toujours si naturelle, et gaie pas tant par son ingéniosité, ou même son expressivité, que par ses gestes et malgré elle — puisque ce mode d'expression antérieur en langage new-yorkais atteignit à peine, ou d'ailleurs feignit, l'articulation — résidait tout à fait dans ce qu'au moins je prenais pour l'éclat de ses conventions et traditions profondes ; manifestées par exemple dans un brillant baptême nocturne en l'honneur de ce jeune fils tant attendu qu'elle devait si précipitamment perdre : événement qui, sur nous qui n'avions, à notre manière, connu l'acte du baptême que sous une forme si abrégée et en fait si implicite, eut l'effet d'une de ces grandes "occasions" dans une société qui se prend tout à fait au sérieux. Nous étions bien plus sérieux que les Pendleton, mais, chose assez paradoxale, il y avait cette faiblesse dans notre condition, à savoir que nous n'étions pas capables de le montrer. La soirée a peut-être été d'une nature des plus amicales, des moins guindées et des moins pompeuses, avec de jeunes invités, pour être en accord avec son jeune héros, et elle a dû être importante ; j'ai dû moi-même me trouver plus que jamais pourtant en présence d'un "rite", un de ceux que toutes formes d'apparat possibles accompagnaient — de sorte que plus il y en avait, plus on pouvait croire assister à un grand événement mondain. Comment pourrais-je maintenant prétendre dire combien de formes d'apparat je crus reconnaître ? — avec cette forme remarquable, pour commencer, et qui entraîna l'imagination si loin, que la "cérémonie religieuse" fut en même temps une "réception", avec lustres scintillants et arrangements floraux et dames aux épaules dénudées (cette banale nudité de l'époque qui évoquait d'une certaine façon la conduite morale, tracée, semblait-il, à la règle et d'un ferme trait de crayon) ; avec les petites Anglaises, filles d'un célèbre médecin de cette nationalité qui poursuivait alors une carrière parisienne (il avait dû aider la petite victime à venir au monde), et dont le caractère typé se remarquait très nettement ; avec des boîtes rondes, satinées et enrubannées, d'amandes couvertes d'un glaçage de sucre de toutes les couleurs, ces "dragées de baptême"* surtout, que nous récoltions, là où elles étaient amoncelées, comme nous aurions ramassé des pommes une fois l'arbre secoué, et qui symbolisaient comme rien d'autre la dignité rituelle. Cette magnifique impression n'est peut-être liée qu'aux "dragées de baptême"*, pas vraiment plus inoubliables pour notre jeune appréciation que le gâteau de Nouvel An et le gâteau des "Elections" que nous avions à New York, mais immensément plus officielles et dénotant une largesse diffuse ; en partie à cause des jours et des jours, me sembla-t-il, pendant lesquels notre vie devait en être pourvue, renforcée et presque encombrée. Ce n'était pas tant le fait qu'elles étaient si succulentes, mais elles avaient d'une certaine manière quelque chose de fort important et de fort historique.

Ce n'est pas à de telles bagatelles, toutefois, que je rattache la présence occasionnelle parmi nous du jeune membre du cousinage (du côté maternel dans ce cas) qui m'émut jusqu'à l'émerveillement, sans pour autant noter, avec la différence d'âge alors marquée, d'invite spontanée à le fréquenter. Vernon King, à qui j'ai déjà fait allusion ailleurs dans ces mémoires, préparait en ce temps-là son "baccalauréat"* sur l'autre rive de la Seine et ne venait dans notre monde que pour de courts laps de temps (car je me rappelle combien m'intimidait la nature effroyable de son labeur), comme s'il s'était vraiment agi d'un univers d'artifice et de clinquant, le plus inconsistant des succédanés de "l'Europe" dans laquelle il avait d'emblée été plongé en termes si techniques. Sa mère et sa sœur, à qui il a été également fait référence, l'avaient, avec leur recul, confié à la grande ville pour qu'elle complète son éducation, jusqu'au point qui, pour notre énergique cousine Charlotte, était le seul valable — et je suis sûr qu'il s'en serait tiré dans ce domaine d'une manière qui aurait pu paraître brillante si certaines lumières, à cause des petits critères rigides que notre cousine entretenait, n'avaient toujours eu tendance à n'émettre qu'une faible lueur quand elle était là. Ces dames devaient de plus en plus contracter l'habitude de vivre dans des endroits bizarres pour d'abstraites raisons inhumaines — à Marseille, à Düsseldorf (si je me rappelle bien, leur principal lieu de résidence allemand), à Naples surtout, pour une longue durée ; où en particulier les raisons de leur séjour ne furent, en quelque sorte, pas les mêmes que dans les autres cas, bien que je me souvienne, dans une période bien plus tardive, les y avoir accompagnées à l'opéra, expérience qu'elles parvinrent, à leur manière, à dépouiller à mes yeux de tout élément concret, ou pour le moins de tout ce que le vulgaire a de plaisant. Des impressions plus tardives, peu nombreuses mais tenaces, devaient tant accroître notre tendresse pour l'image de Vernon, le plus intéressant, il est vrai, de toute la troupe de nos jeunes parents, tôt arrêtés et emportés, que je le vois me regarder dans cette phase parisienne, avec ses couleurs fraîches, sa jeune barbe blonde, toujours en train de sourire et de reprendre son souffle, comme s'il combinait empressement et timidité, avec cette façon d'en appeler à la droite idéalisation, ou à la justice, simples marques d'une sorte d'exercice de loyauté. Il m'avait été, semble-t-il, expliqué très en profondeur, à l'époque — tout ceci me revient — que lui, qui avait deux ou trois ans de plus que mon frère aîné et avait été plongé plus tôt, de même qu'il y avait été maintenu avec une plus grande fermeté, dans les eaux profondes et épuratives dont nous tous, bien qu'avec nos différences de jugement, reconnaissions la vertu, était la preuve vivante et positive de ce que ce procédé, sans grand effet sur nous en comparaison, pouvait produire, dans le meilleur des cas, et avec de l'argile modelée dès l'origine et sur place jusqu'à obtention de la souplesse requise ; sans compter que se dégageait de lui, à ce que j'imaginais, et d'autant plus que cela semblait se faire avec un tel éclat et en tel accord avec sa constitution profonde, l'empreinte du Quartier Latin, vague, supposée, mais qui donnait cet accent profond, que nos esprits concevaient à peine et que nous effleurions tout juste au cours de nos pieuses promenades au Luxembourg et dans les lieux où le charme pouvait opérer de façon très intense. Nous devions peu le voir — seulement deux ou trois fois — trois ou quatre ans plus tard, quand, juste avant notre retour en Europe, il revint en Amérique dans l'intention, si ma mémoire est exacte, de suivre des cours de droit à Harvard ; et le voir toujours avec ce sourire qui faisait tout autant partie de son visage, y était attaché avec autant de vie et d'aisance, d'une certaine manière, que son teint frais ; toujours aussi avec cet air de si peu se soucier de ce qu'on lui avait fait subir que, à la moindre tentation d'en révéler, de façon plus ou moins étonnante, un échantillon ou un écho, pourrait-on dire, il était toujours surtout pris de halètements comme à cause d'une ridicule gêne morale : on lui avait fait subir trop de choses ; tout cela était pour lui de l'histoire ancienne, et il n'aurait pas su par où commencer. Il se dévoila certes, un peu, à l'occasion — parlant, en fait, à un niveau différent du mien, en somme, et par le biais de ce que mon frère me rapportait ; il dévoila, semble-t-il donc, alors qu'ils traversaient ensemble la grève lumineuse de Newport, un extrait, le début d'un poème de prime jeunesse que "l'Europe" lui avait, entre autres, inspiré, et dont un mince et pâle fragment devait rester gravé dans ma mémoire pour des raisons indépendantes de sa qualité :

"Harold, te souvient-il de ce jour où
Nous suivîmes à cheval la Voie Appienne ?
Quand tombeaux et autels abandonnés
Jetaient leur ombre allongée sur la plaine,
Et comme nous parlions, la grandeur passée
Respirait et vivait autour de nous !"

C'était bien européen et pourtant il était revenu en Amérique pour réellement se trouver lui-même, même si tous les efforts accomplis autour de lui cherchaient à faire échouer cette découverte. Il se retrouva, lorsque la guerre éclata, simple soldat américain, et sans la moindre promesse, aussi ténue fût-elle, de porter l'épaulette ou l'épée ; mais au même rang que tous ses compatriotes qui s'étaient enrôlés, ce qui le faisait sourire et suffoquer — au point d'accentuer encore son plaisant essoufflement, comme à cause d'un trop-plein de culture, puisqu'il ne suggérait pas une faiblesse de santé chez lui — à l'idée de se sentir si *près* de l'être. Etrange, pourtant encore plus touchante qu'étrange, cette vision qui me revient, même de loin, de la chute soudaine et directe de toutes les couches du vernis de son éducation, la possession des "avantages," les langues, les examens, les diplômes, les réminiscences, une saturation aussi qui avait tout pénétré — sacrifice de précieux attributs qui auraient presque pu être vus sous la forme d'un gigantesque feu de joie. C'est ainsi que sa prodigieuse mère, que j'ai dû présenter suffisamment dans le détail pour que le lecteur comprenne, ne manqua point de voir les choses — elle exprima également, à cause de cette véhémente hostilité à l'action du Nord que lui suscita cette horrible situation, son profond et amer mécontentement. Je me souviens que je trouvai Vernon lui-même, durant toute cette affaire, assez spolié, assez détourné de sa voie, et surtout assez brillant dans sa manière de résister, pour vaguement suggérer encore quelque chose de plus en lui, une réaction profonde, une indifférence et un acte de défi extrêmes, la démonstration d'un jeune caractère trop longtemps contenu et contraint, trop longtemps dirigé et dont on attendait trop, entièrement sous la domination d'une volonté trop inflexible ; de sorte que ce prétexte public lui offrit un encouragement, ou lui prêta des ailes, ce qui sans la grandeur de son objet aurait pu lui faire défaut. D'après le tour que devaient prendre les événements, absolument rien — c'est-à-dire rien de ce dont il avait le plus besoin et, chose remarquable, de ce qu'il aimait le plus — ne lui manqua. Je ne sais plus avec lequel de ces éventuels Etats : New York, Massachusetts ou Rhode Island (bien que je pense qu'il s'agisse du premier) il s'était engagé ; il me semble seulement me souvenir que tout se déroula au début pour lui dans l'armée de McClellan et ensuite dans celle de Grant, et que, grièvement blessé au cours d'une bataille en Virginie, il rentra chez lui se faire soigner par sa mère, revenue depuis peu en Amérique pour un court séjour. Elle prétendit, je crois, que dans ces circonstances, il lui avait fait la promesse, que son temps étant fini, s'il devait être suffisamment bien remis, il ne se ré-engagerait pas. La question se posait là entre eux, mais il était évident que, sur le plan matériel, elle ne dépendait nullement de lui. Pourtant ce vieil et irrépressible adage retrouva vie entre eux : quand le diable était malade, d'être un saint il promit ; quand le diable est guéri, d'être un saint il oublie !

Ce diable de Vernon, en tout cas, d'être un saint oublia, lui qui nia avoir donné sa parole, et qui, dès qu'il eut surmonté ses premiers handicaps, se porta de nouveau volontaire avec flamme et de manière fort admirable. Une fois rendu au front, ce qui maintenant donnait à sa vie son indispensable charme, il se retrouva au cœur de ce grand carnage qui se déroulait autour de Richmond, et là, de nouveau gravement blessé, il succomba (tel que je me l'imagine, avec son incorrigible sourire). Sa mère, indignée, était alors déjà retournée en Europe, en compagnie de sa fille et de son plus jeune fils — fille qui accepta, à notre grand chagrin, un peu après, de conclure l'histoire. Anne King, jeune et frêle, mais pas moins ferme, sous le choc, que les autres membres de sa famille, revint, à la mort de son frère, et, telle la très calme, la très exsangue Electre d'un très lucide Oreste, se frayant avec difficulté un chemin à travers les armées massées et les champs abreuvés de bataille, prit possession de son corps déjà enseveli et le transporta jusqu'à Newport, séjour ancestral, comme je l'ai déjà mentionné, de leur famille paternelle, les Vernon comme les King, pour l'inhumer de nouveau. Ce dut être pour voir ma mère, et aussi pour repartir pour l'Europe, qu'elle vint ensuite à Boston, où je me souviens être allé avec elle, enfin, jusqu'au quai du paquebot anglais, un bateau noir de la Cunard, en forme de baignoire, un archaïque *Africa* ou *Asia* qui suffisait aux liaisons avec Boston en ce temps-là. Je l'accompagnai bien triste et désemparé, je m'en souviens parfaitement, et même dans ces circonstances je lui trouvai une autre image : ne ressemblait-elle pas, bien qu'avec un physique encore plus hâve et sec, à quelque pâle, quelque petite employée, héroïne de Brontë ? — bien qu'elle fût certes davantage une Lucy Snowe qu'une Jane Eyre, et sans l'ombre d'un héros de Brontë à l'horizon. C'est à ceci que tous les beaux privilèges et les belles cultures de tous les beaux pays (somme de choses, qui depuis longtemps, nourrissaient notre envie) avaient "abouti" ; tout comme ceci avait abouti pour Vernon à cette pierre nue à flanc de colline à Newport où, par décision de sa mère, comme je l'ai déjà souligné, il n'était fait aucune mention des conditions de sa mort. Si sublimes, si merveilleusement personnelles, ces conditions, ai-je alors trouvé, et ai-je toujours trouvé depuis bien sûr, que ce bref récit en a été affecté. Sa mère, comme je l'ai également souligné, ne devait toutefois, avec sa vision étroite, trouver aucun charme à cet épisode tout le temps qu'elle vécut ; et la sœur de Vernon ne retourna auprès d'elle, et à Marseille, comme elles l'ont toujours appelée[1] que pour prématurément disparaître.

1. James orthographie ici Marseille à la française, et souligne ainsi cette affectation de ses parentes. (N. d. T.)

XXIX

J'ai l'impression qu'il y aurait beaucoup à tirer de mes souvenirs de Boulogne-sur-Mer, si j'avais laissé ici quelque place pour un aussi vaste petit sujet ; sur lequel je ne manquerais sûrement pas, une fois amorcé, de flâner çà et là avec autant de curiosité, de sensibilité, de pénétration, je suis tenté de le dire, que pourrait vraiment le donner la mesure de mes petites opérations de l'époque. J'en étais presque entièrement réduit à des opérations d'un simple ordre introspectif et superficiellement futile, semblables à celles auxquelles nous avons déjà eu tout le loisir d'assister ; et tout cela à cause d'un problème que je vais exposer à l'instant, la production d'un grand flou, presque à la façon d'une anodine tache de graisse domestique prenant toutefois de considérables proportions, par rapport au monde de l'action, tel qu'il était, plus ou moins immédiatement autour de moi. Ma vie personnelle n'a guère dû consister, durant ce pâle état critique, qu'à voir ce que je pouvais, selon mon incorrigible mobilité — pratique qui aurait bien pu m'apporter cette réputation de ne glaner absolument rien d'extraordinaire — plutôt qu'à rechercher les renseignements et les intérêts qui agitaient, avec une certaine intensité, notre petit cercle, malgré tout en expansion. Les images dont je parle, étant matière à plus ample évocation, je peux donc en faire l'économie, étaient le fruit de deux différents séjours à Boulogne, l'un bref et l'autre long ; le second nous parut tous, à l'époque, me semble-t-il me souvenir, se prolonger de façon tout à fait interminable et épouvantable : au point que j'en arrivai, en tout cas, avant qu'il ne touche à sa fin, à souhaiter du plus profond de moi-même, retourner rue Montaigne, une rue Montaigne "sous-louée" pour un trimestre à la suite de l'affolement que causa dans l'esprit de mes parents une "crise financière" d'une grande violence, événement dorénavant enregistré par l'Histoire, dont le monde américain, je crois, avait été la tragique victime, et qui avait mis en péril ou restreint pour quelques mois nos modestes moyens d'existence. Nous devions rétablir, si je ne me trompe pas, l'équilibre rompu, et devions mener un peu plus avant notre quête de cette opportunité étrangère, de cette *réelle* opportunité d'une certaine manière sans cesse repoussée ; et ce second recours, relativement inconfortable et déprimant, au classique refuge, d'alors, dans les spasmes de l'épargne, quand il ne s'agissait pas tout simplement d'indigence, pour tous ceux de notre espèce qui étaient dans l'embarras, au sens le plus large de la chose, devait enfin être balayé non sans soulagement et réaction. C'est peut-être justement pourquoi l'image tout entière de notre existence dans cette station balnéaire du Pas-de-Calais vient maintenant invoquer toute mon indulgence, c'est-à-dire, en d'autres termes, la moindre parcelle de tendresse qui pourrait s'appliquer, après toutes ces années, aux petites sources d'impressions, perdues, confuses et surtout, pour leur part personnelle, pauvres et en fin de compte assez vulgarisées et bafouées : éléments et détails qui à leur niveau et à leur manière s'épanouissaient et que nous ne demandions qu'à admirer, ou du moins à apprécier, car leur étrangeté inouïe en valait la peine. Le centre même de ma conscience précise du lieu s'avéra trop vite lié au fait que je me rendis là pour connaître la plus grave maladie de ma vie, un accès presque mortel du typhus malin de jadis ; qui après m'avoir affaibli à un point extrême pendant des semaines, me condamna à une convalescence si contraignante que je vis mes possibilités apparemment bien réduites, vu l'échelle qu'elles prenaient alors, tout comme à travers une vitre opaque, ou à travers ce flou infini pour lequel j'ai trouvé un peu plus haut une image rassurante.

Cette expérience devait devenir pour moi, une fois que j'en eus émergé, la grande réminiscence ou circonstance du vieux Boulogne, et je devais la considérer, avec force sagacité, aurais-je dû reconnaître, comme déterminant la limite de mon état de jeune garçon. J'acceptai, lorsque je fus convenablement remis, et d'autant mieux que ce fut si long, cette sensation d'être un garçon de dimensions quelque peu différentes en somme, et même d'avoir introduit et acquis une nouvelle dimension ; dimension à laquelle je devais surtout penser en termes d'extension dans l'optique d'un changement fondamental ou de pénétration active d'une partie de mon être encore peu explorée et rendue dorénavant accessible comme si j'avais soudain forcé une porte close. Le flou de la conscience, rendu par l'image de la tache de graisse, n'était pas, je m'empresse de le déclarer, sans arêtes douces ni même, durant sa période la plus marquée, vagues épaisseurs ; en leur absence, je crois, mon tableau, ce tableau que je désirais toujours, de manière si incurable, aurait somme toute manqué d'animation — il aurait vraiment manqué de cette foule de caractéristiques, de personnages, d'objets et de réalités scéniques, de passages et de moments précis, de la matière, bref, de ce fragment de gain mineur que j'ai assimilé à la multiplication des souvenirs. Ne devais-je pas même à l'époque, et bien plus ensuite, ressentir comment nous avions, à travers les épreuves de toute cette aventure, été assaillis comme jamais auparavant de manière aussi concentrée par le caractère local et humain ? Voici comment ce Boulogne d'antan — je n'en ai quasiment jamais entendu parler depuis — pouvait remonter, remonter un peu plus qu'à moitié, dirions-nous, et rejoindre l'imagination ouverte à de telles avances. Cette ville était, pour reprendre une autre idée, tellement abreuvée de caractère en vérité, que je me revois saisir cette belle évidence égale presque en toutes choses ; à moins certes qu'elle ne m'ait paru plus étouffée qu'exposée sur la scène relativement sordide du Collège "Communal"*, qui devait peu après s'agrandir, je crois, pour devenir le "Lycée"* local, et que notre inimitable mode d'éducation s'empressa de nous faire connaître. Je devais moins fréquenter le "Collège"* que mon frère aîné et mon frère cadet, grâce à l'interruption de la maladie qui me tint si longtemps, avec la suite de ses complications, mi-satisfait, mi-chagriné, et à l'écart ; mais j'éprouvai pendant les quelques premières semaines ce sentiment essentiellement malodorant d'une vie intrépide, provoqué comme c'était là le cas par une institution profondément démocratique d'où aucun garçon même issu du foyer le plus dépourvu de savon ne pouvait être exclu. Bizarre, je l'avoue, d'avoir à inhaler l'air de ce lieu surtout, presque uniquement, à cette lugubre fin ; puisque le caractère était là aussi, pour ceux que cela devait intéresser, et la perception que j'avais de certaines des conditions matérielles, de l'impression d'ensemble de la présence du collège vers le haut de la "Grand' Rue"* escarpée, sur la droite et pas très loin, si je me souviens bien, de la très serrée et encore inviolée *haute ville**, de ce qui restait de la vieille ville : le rempart gris et désœuvré, la citadelle avec ses douves et ses tours, le bastion ombragé d'arbres où l'on allait flâner et s'asseoir, "immortalisé" par Thackeray, et qui était monumental, à sa manière, d'une façon qui ne fut pourtant jamais associée pour nous aux études. La "Campaigner"[1], souffrant d'indigence entre les mains abusives du colonel Newcome, ne s'enflamma-t-elle point d'une rage suprême et affreuse contre cette victime réduite au silence, juste dans ce quartier — je veux parler de la "haute ville"* — au sujet d'une question de ris de veau sacrifiés ou d'un rôti froid que quelqu'un s'était "chargé" d'entamer ? Hormis ces tentatives d'éducation entre des murs, comme nous en avions connu ailleurs, le "Collège"* offrait, avec quelques réserves, un exemple du style que presque tout désastre français de l'ordre architectural administratif a plus de facilités à atteindre qu'à éviter ; même s'il ne s'agissait que d'une question de similitude des plus timides avec une *cour d'honneur**, la cour qui séparait cet endroit, en intention du moins, de ce

1. Surnom de la veuve du capitaine Mackenzie, personnage féroce et acariâtre de *The Newcomes,* de William Makepeace Thackeray, 1855. James fait ici allusion à deux passages distincts dont le second se situe à Londres, et non à Boulogne. (N. d. T.)

qui était bassement bourgeois et qui mettait en valeur tout l'ensemble du mur en vis-à-vis avec ses fenêtres et son *perron** important, harmonieux et en "bonne place". En voilà bien des mots pour ce terne bâtiment, tel qu'il a été présenté, je l'admets, et tous ont peut-être surgi grâce à une association particulière, trop évanescente désormais pour qu'elle puisse tout à fait revenir — cette sensation de dimanches, distincts du lugubre, car purement éducatif ensemble de la semaine, où il me semble avoir réussi à faire fi de tout ce que constituait ce domaine en le traversant et en le quittant pour me rendre dans un petit *musée de province** tout à fait représentatif du vieux monde qui lui était annexé, aussi bien préservé à sa manière que les remparts gris et la citadelle nue, et qui leur ressemblait beaucoup par sa tonalité uniforme, où à maintes reprises, et sans la gêne d'une autre présence, j'allais admirer Dieu sait trop quelles bizarres anciennetés d'un académisme dépassé. Pas un seul de ces trésors, dans la forme dans laquelle il subsistait, n'est resté dans ma mémoire ; pourtant leur esprit et leur "touche" n'étaient pas, à cette époque, si insaisissables qu'ils ne m'aient amené en quelque sorte à pressentir de façon immédiate l'intéressant mystère et charme des choses (de telles choses prises ensemble), c'est-à-dire des révélations du mystère et du charme esthétiques, historiques et critiques, qui venaient s'ajouter à ma petite et confuse poignée de graines culturelles.

Cette manière d'appréhender était, par sa démarche, propre à notre mode d'éducation, et cependant je me souviens comment, en respect des maigres et simples termes dont j'ai donné un aperçu, je m'en satisfaisais tout à fait ; tandis que d'autres impressions de mon bref supplice ne se réduisent, pour tout ce qui est de l'ordre de l'intérêt, qu'à trois ou quatre souvenirs marquants de la composition sociale de l'école. Il y avait les fils de tous les petits commerçants et également, si je me souviens bien, de certains ouvriers et artisans ; mais il y avait aussi le contingent des Anglais, en majorité *internes** et en uniforme : veste bleue à boutons dorés, au point même de créer un curieux effet de superfluité, et, pour ma vanité, les fréquenter nous faisait monter dans l'échelle sociale. Toujours vif en moi, le souvenir de ce matin où, dans la grande cour — grande, à savoir, comme je me plaisais à l'imaginer, et où nous errions, bien désemparés, à la récréation — un jeune brun aux yeux noirs, à peu près au même stade de jeunesse que moi, me signala avec un air qui me revient comme celui d'une très vivante source d'information, qu'une horrible Mutinerie[1] venait d'éclater en Inde, où ses parents militaires couraient donc le risque de se faire tuer, et ils l'avaient envoyé peu de temps auparavant, avec une assez grande pauvreté d'imagination, dans ce pauvre lieu où nous nous trouvions ; si bien que la nouvelle de leur mort était peut-être déjà partie. Il est fort probable qu'ils aient été militaires, ces personnages si exposés au danger, puisque le nom de mon ami était Napier, ou Nappié, comme on l'appelait à l'école, et puisque, me permettrai-je d'ajouter, s'attachait à lui, à mes yeux, l'éclat d'une nouvelle force de caractère en somme. Les petits Anglais de notre entourage avaient été fort peu nombreux depuis notre arrivée à l'étranger — les jeunes chez Fezandié, qu'ils fussent Anglais ou Américains, outre qu'ils n'étaient que des garçons, s'étaient égarés, sur cette scène, dans cet amoncellement disparate ; et s'imposa à moi, à sa manière, le fait que ceux que nous avions connus à New York, tout conscients qu'ils étaient de leurs différences et de leurs "personnalités" comme chacun pouvait l'être sur son compte, n'avaient en aucun cas menacé l'impatiente impulsion de "catégoriser" chacun avec autant de puissance que le parfait petit Nappié. Ils n'avaient pas du tout été, comme lui, avec toute la perversité de sa perfection, les résultantes de forces — ou bien pour exprimer les choses autrement : leurs éléments productifs avaient été simples et peu nombreux, tandis que derrière ce compagnon plus compliqué et, comme nous avons

1. A Meerut, en 1857, début de la guerre des Cipayes. (N. d. T.)

appris à le dire, évolué (ses évidentes simplicités, ses abîmes de possibilités, étant déjà évolués), s'accumulait je ne sais trop quel ordre social protecteur, quel enchevêtrement de complexité créative. Pourquoi ai-je dû imaginer qu'il était presque d'origine indienne parce que ses parents se trouvaient pris dans le péril qui règnait en Inde, dépasse ce que je peux en dire ; toutefois son jeune visage exotique et par-dessus tout effronté, probablement "méchant" même, avec sa délicieuse façon d'ignorer la loi, est devant moi, à cette heure, tout à fait net — annonciateur, me sembla-t-il, et presque comme un choc, de toute horrible aventure imaginable, tout comme quelque chose que j'ai dû même à l'époque vaguement prendre pour le jeu des "passions." Il disparaît, et, je dois avouer, je ne fais que le remodeler, comme toute chose ; et il a dû mener sa vie, quoiqu'il en soit, sans sûrement beaucoup se soucier du moment opportun ou de la conséquence majeure et sans perdre d'énergie à musarder, sans patience envers tout substitut de sa propre humeur. Nous avions un autre camarade de classe, celui-là autochtone, dont les références étaient vivement en rapport avec ce lieu et qui devait encore échapper avec brio, par la suite, au moindre soupçon d'oubli. Sa référence la plus directe à cette période était le principal pâtissier de la ville, dont l'établissement nous paraissait sublime pour ses petites tartelettes aux pommes recouvertes d'un croisillon de pâte et ses *babas** dégoulinants — la vie familiale du jeune Coquelin dans laquelle nous enviions avec une intensité particulière le fait que le retroussement de son très imposant nez témoignait, dans mon imagination, d'une très large variété de généreux reniflements familiers. La personne de C.-B. Coquelin[1] est très présente en moi, sous la forme de cet instant, grâce à la valeur, comme nous devions le découvrir, de son nez, dont la belle assurance et la belle impudence en faisaient une assez

1. Constant Benoît Coquelin (1841-1909), acteur né à Boulogne, créateur du rôle de Cyrano de Bergerac, d'après Edmond Rostand. (N. d. T.)

bonne trompette de promesses ; pourtant en dépit de cela, c'est-à-dire le simple gage, pour ainsi dire, de sa longue carrière de comédien, le plus intéressant et aux plus nombreuses facettes, ou du moins de *diseur** dramatique jamais égalé en son temps, je ne parvins pas à douter que, avec les riches recoins de l'activité parentale en arrière-plan, sa plus subtile identité résidait dans le privilège, ou peut-être même dans la très experte astuce, qu'il avait de bien se servir.

Ces images, néanmoins, n'étaient que des gouttes dans le seau où mon impression voulait saisir les personnalités, autour de nous, dirais-je, à tout instant et sous tous les aspects ; personnalités qui commençaient même, ce que j'étais heureux de constater, dans notre propre demeure, la plus spacieuse et grandiose que l'Europe nous ait offerte, bien que sa façade fût sur la rue Neuve Chaussée, une rue aux boutiques animées, selon le jugement de cet âge innocent, et occupée au rez-de-chaussée par une abondante exposition d'*articles de Paris** indescriptiblement futiles. Moderne et pratique, son balcon donnait sur les repaires serrés et discordants aux noms bizarres du vieux commerce provincial, d'une calme passivité plutôt que d'un confiant empressement ; mais ceci contribuait chez nous à une vie d'une curiosité bien plus innocente — tandis que nous étions plutôt agressés, à la maison, par toute la gamme et certaines des notes les plus marquantes de notre belle modernité. Le jeune, le sympathique (sympathique en tout), l'apparemment opulent M. Prosper Sauvage — était-ce bien cela ? — avait peu de temps auparavant, si je ne m'abuse, hérité de l'endroit comme monument de "famille", d'ambition familiale assez modestement locale mais propice ; avec de considérables prolongements sur l'arrière, et de l'autre côté d'une cour très claire et tout à fait ravissante, sa résidence personnelle devenait élégante, *entre cour et jardin**, et révélait toutes les heureuses symétries et les convenances adéquates. C'est ici que s'épanouit ou plutôt, je crois à l'heure qu'il est, c'est ici que languit un drame domestique dont nous entendîmes murmurer les débordements : franchement étonnant à mes yeux, je l'avoue, de constater que je reste impassible en présence même du drame domestique de notre propriétaire résigné, où je vois sortir et à nouveau entrer avec légèreté deux silhouettes répondant tout à fait à l'attente théâtrale avec un air parfaitement au point. Je ne peux néanmoins que noter ces choses en passant, et poursuivre ; car presque aucun autre détail de ce concert boulonnais d'images marquantes ne manquait, après tout, de révéler une société encore plus étrange ou bien un spectacle encore plus singulier. Ces apparences certes se confondent pour mon intérêt, je le ressens encore une fois, alors que, durant l'interminable période au cours de laquelle ces promenades et sorties prescrites pour m'aérer, et pour la plupart solitaires, faisaient partie de la lente convalescence qui suivit l'excessive fièvre, j'approchai de l'issue rétrécie et quelque peu assombrie de la rue de l'Ecu (était-ce bien cela ?) en direction de ce joli port, haut en couleurs, et encombré de gens, là où la librairie anglaise de Merridew, consolation de mes heures vides, et temple, à sa mesure également, de profondes initiations, montait la garde sur la droite. Ici, franchement, la discrimination disparaît — chaque détail dans l'impression qui fut jadis si vive et fraîche se trouve relié à tous les autres dans le vaste cœur de l'ensemble. Le port bigarré, ensoleillé, venté, trépidant, avec ses admirables pêcheurs des deux sexes, modèles du genre et de style et de ce qu'il pouvait y avoir de plus beau avec ce teint totalement tanné, aurait pu sembler exercer l'attrait le plus direct sur la curiosité si cet ancien aspect emprunté à Thackeray, comme je peux au sens large me permettre de le qualifier, et cette richesse éparse de l'illustration de la très mordante étendue de *sa* satire, ne s'étaient pas si constamment interposés et n'avaient rivalisé avec lui. La scène pullulait, quand je la revois, d'images de *Men's Wives*, de la société de Mr. Deuceace et de celle de cinquante autres personnages de la même création, avec des Bareacres et des Rawdon Crawley et bien sûr des Mrs. Mack, avec des Rosey d'une fraîcheur plus ou moins chiffonnée et au teint plus ou moins flétri, avec également des colonels Newcome burinés et voûtés, bien que sans doute jamais tout à fait aussi beaux ; avec plus d'évocations en bref que je ne peux désormais en retrouver. De ces formes du miteux, du subtilement sinistre, du prétentieux "distingué", du gâté et du désespéré d'une manière générale, et en particulier peut-être de l'invincible insolent, toutes les caractéristiques, j'en suis certain, étaient plus marquées et plus évidentes que celles que nous rencontrons en général dans des cas similaires sous la lumière banale que nous connaissons actuellement. Des gentilhommes avec de tels favoris et si pommadés, si parcimonieux, si impudents, hâbleurs et chics, des dames aux mises extravagantes, leurs compagnes, qui avaient toutes l'air plus sévères les unes que les autres, comme si elles participaient là à un simple divertissement innocent — être parmi eux, c'était pour ainsi dire *être* Arthur Pendennis[1] pour savoir si bien, ou du moins deviner avec autant d'assurance, qui et ce qu'ils pouvaient bien être. Ils étaient emportés par le flot des modes alors en vogue, je crois, produisant l'effet d'une somptueuse procession à laquelle nombre de nos grandes défaillances, quand ce ne sont pas nos simples et définitives platitudes, n'offrent pas matière ; de sorte que cette vivante ambiance boulonnaise relevait en fait, d'un point de vue plus soutenu, de l'opposition entre une population locale d'un caractère des plus heureux, aguerrie et endurcie et ne comptant que sur elle-même sous un jour des plus flatteurs, et une colonie mouvante — dans la mesure où les personnes qui la composaient, *pouvaient* changer soit de manière impromptue ou calculée — d'une inimitable hostilité à toute active fraîcheur. Le groupe compassé et superficiel, mais bien peu influent, trop préoccupé par les mondanités, était celui des Anglais, le groupe "positif", hardi, solide et buriné celui des Français ; et il était tout aussi haut en couleurs et varié en costumes et marquant pour le

1. Narrateur de *The Newcomes*. (N. d. T.)

souvenir et la peinture, la littérature et l'histoire, que ce qu'aurait pu en faire une époque aux divertissements plus libres et à l'uniformité moins zélée. Lorsque je mentionne cette opposition, je la revois certes, surtout prendre effet dans une antithèse qui, d'un côté comme de l'autre, engloutissait toutes les différences en une bouchée. Le spectacle qu'offraient les Britanniques, en général, comme c'était ici le cas, dans ce désert sans artifice du milieu de l'ère victorienne, se singularisait, je pense, dans l'ensemble, par la grande assurance de son absence d'élégance ; alors qu'il suffisait de poser un regard sur les marins et les pêcheurs qui étaient la véritable force du lieu pour sentir qu'à chacun de leurs pas et dans toute la conscience instinctive de leur apparence, ils dispensaient une parfaite leçon de bon goût. C'est là qu'il fallait l'apprendre et se l'approprier — sans jamais qu'une morale, néanmoins, n'en fût tirée par les "personnalités supérieures". Je parle bien sûr en particulier de celles aux teints basanés, aux cotillons retroussés, et aux fichus, les femmes actives et productives, toutes vêtues de jupes si courtes et si libres de leurs mouvements dans le feu de leur activité ; car à cause de cette règle d'inélégance, leur sexe offre toujours le plus bel exemple, là où le sens du correct, du convenable charmant et harmonieux prévalent, ce sont elles qui préservent le ton comme un trésor confié à leur piété. Atteindre exactement cette juste mesure entre des occupations aussi variées que celles de mère et de pêcheuse, être en particulier à la fois si courageusement harnachée sous la ceinture et si parfaitement couverte au-dessus comme ces femmes et ces jeunes filles qui, avançant loin, à grandes enjambées, dans des eaux profondes en poussant leurs haveneaux, en quête de crevettes et de crabes, jouaient, de l'eau jusqu'à la taille, avec les marées et s'empressaient de courir au marché, tout cela devait donner à la grâce un côté pratique et à la discrétion une totale vivacité. Ces attributs avaient chez elles, pour l'œil, toutefois, une trop grande envergure pour que je puisse la couvrir, puisque, de même que leur vêtement de travail était une tenue tout à fait adaptée, leurs atours domestiques, ou bien publics, ou de fête, se composaient de divers éléments essentiels : une coiffe tuyautée et un fichu plié, une sobre jupe et des bas tirés, sombres et apparents, des mules de bois qui claquaient sur le sol, sans parler des longues boucles d'oreilles en or ou de la grosse croix qui pendait au ras du cou, avec un respect de la rigueur des conventions qui avait la beauté du respect de soi.

Je ne conserve d'aucun autre moment de cette période une telle sensation d'innombrables promenades solitaires — je viens de porter mon regard sur la raison de ce luxe de liberté ; promenades qui, la plupart du temps, me menaient par les *ruelles** escarpées, prosaïques et colorées, du quartier des pêcheurs, et j'allais soit de l'autre côté, longeant le bord de mer et de la falaise en surplomb, plus loin ; cette dernière fut le site du premier camp de l'invasion napoléonienne, lieu d'un immense rassemblement, où s'élève un monument aussi futile, d'après ce que je me rappelle, que s'avéra elle-même l'entreprise, et qui donne à tout ceci le ton particulier que j'aurais pu souhaiter. Soit j'étais libre d'aller dans la *haute ville** et sur les remparts, les bancs épars et accidentés de la rêverie — si je peux me permettre d'ainsi honorer l'usage que j'en fis ; ils établissaient pour moi, non sans satisfaction, un lien avec ceux des maisons si curieuses par leur ancienneté et toutes rétrécies sur lesquelles la rigide citadelle et le spectre de Catherine de Médicis, qui y avait fait un lugubre séjour, semblaient répandre, chose frappante, un terrible frisson, et un de ceux précisément qui a dû assister au passage absolument inoubliable de la "Campaigner" et de son bœuf froid. Loin d'être oubliée pour moi, la petite question de ces heures, sans doute de libertinage mental et impudique, concernant le type de vie humaine que ces retraites pouvaient bien abriter, qui exprimaient la dernière approbation du calme désiré ou bien imposé ; je me sentais si totalement désigné et en devoir de découvrir, dans la mesure de mes moyens, ce que, dans un monde si riche de significations, elles *représentaient* Je pense que la force essentielle qui me soutint pendant cette lugubre période — ce qu'elle ne peut que laisser transparaître, je crois — fut ce besoin activement ressenti que tout devait représenter quelque chose d'autre que ce qui était immédiatement et trop ouvertement perceptible ; il semble que ce besoin m'ait suivi à peu près partout, bien que dépourvu des signes apparents qui auraient pu trahir ma fatuité, et que je l'aie appliqué avec insistance et un ardent désir. Ce que je voulais, dans ma présomption, c'était que l'objet, le lieu, la personne, l'impression tout entière, souvent sans doute si difficile ou si impossible à réduire, me révélât une sorte de situation ; vivant dans des situations troublées et troublantes, je les raccrochai ainsi, avec quelque maladresse, à presque n'importe quelle surface vivante que j'avais la chance de rencontrer. Mon souvenir de Boulogne, c'est qu'il n'y avait pratiquement jamais de monde, d'aucune sorte, à la maison — il ne semblait exister autour de nous qu'une espèce, et d'une bien trop grande, ou trop effrayante, ostentation immédiate. Pourtant il y avait à l'occasion des figures de notre cercle restreint dont je me souviens et que j'associe, en dépit des chaînons manquants, aux petites maisons calmes sur les remparts ; figures de petites dames anglaises des plus désuètes, presque des plus négligées peut-être, portant ces capelines, ces jupes écarlates à rayures et extrêmement circulaires, ces éternels gants étroits ; elles prétendaient ouvertement descendre de vieilles familles, ce qui montrait qu'elles étaient tout ce que personne d'autre n'était à Boulogne. Ces échantillons du milieu de l'époque victorienne d'une parfaite cohérence "représentaient", selon moi, avec toute leur conviction — et représentaient, entre autres choses, la littérature, l'histoire et la société. La littérature, c'était celle du roman en trois volumes qui, alors et pour encore longtemps, connaissait un très vague et très paisible développement ; car toutes, elles étaient soucieuses "d'écrire" et le faisaient de manière effroyable — et rien que cela devait correspondre chez elles à ce caractère historique que j'évoquais.

Ces lugubres mois, comme je me plais à les appeler dans leur seconde phase surtout, sont soumis, je le répète, à la perversion, peut-être aussi à l'obscurcissement, de ma santé temporairement entravée — ce qui devrait m'empêcher de montrer trop d'assurance quant à ces petites *proportions* d'expérience — ils devaient par la suite constituer à mes yeux comme un grand désert tout gris ; à travers lequel, néanmoins, surgissent certaines petites certitudes précises, qui n'allaient pas être rejetées, comme, par exemple, les idylliques aventures chez Merridew, le libraire anglais, déjà cité, près de l'embouchure du port ; une situation qui s'offre dorénavant à moi comme le centre le plus sincère de mes perceptions — guidant mes pas à l'époque, au cours de mes allées et venues, plus que tout autre objet ou impression. La question de ce que *cet* endroit représentait, ou bien pourrait être encouragé, aidé et amené, à représenter, aurait bien pu m'attirer par-dessus tout — car là, les intensités successives ne pouvaient que s'ouvrir devant moi. Le lieu "signifiait", dans ces conditions, pour commencer, une fiction franche et autorisée, autorisée même pour l'état affaibli dans lequel j'étais ; et ce que ce luxe particulier représentait, il m'aurait peut-être même fallu plus de temps que ce dont je disposais pour le comprendre. Ce roman béni en trois volumes exerçait par sa forme, sur mon esprit, à des niveaux bien plus profonds que ceux où je peux aujourd'hui descendre une sonde, un attrait qui lui faisait quasiment faire de moi ce qu'il voulait. Probablement une confession idiote, et plus elle était idiote peut-être, plus je devais essayer de lui trouver des développements ; ce dont toutefois, la difficulté même de la chose me préservait. Trop d'associations, trop de ce ferment de la mémoire et de l'imagination, sont en somme remués ; ils m'assaillent de nouveau, planent et tournoient au-dessus de moi tandis que je me tiens, comme j'avais l'habitude de le faire, entre les murs tout à fait sanctifiés de la boutique (désormais leur aspect, leur style et leur système de fonctionnement rappellent tellement le *vieux temps** : je veux parler de ceux de la très aimable et très démodée ère victorienne), et je peux m'abandonner à la vision des étagères encombrées de leurs riches trinités individuelles. Pourquoi aurais-je dû être tant éprouvé que mon choix, si difficile face à un tel éclat, ne pût se porter que sur une trinité ? Je suis totalement incapable de le dire — tant de magie résidait dans la simple et riche existence de ce trio. Quand le roman de cette période était "mauvais", comme il consentait à l'être tout à fait malgré lui, si souvent et si servilement, les trois volumes lui apportaient encore quelque chose, quelque chose qui, de très curieuse façon, n'aggravait pas son cas. Quand il était "bon" (notre analyse, les termes de notre appréciation, avaient une simplicité qui a subsisté) les tomes le rendaient par leur poids et leur opulence encore meilleur ; de sorte que lorsque après bien des années, la relation que j'entretenais avec eux passa, de celle de lecteur relativement innocent, et avec pour effet une attirance et une pénétration bien supérieures, à celle d'auteur satisfait, la tradition de l'engouement de jeunesse jetait encore sur eux son manteau : ceci du moins, jusqu'à ce que *toute* relation, à cause d'un de ces très durs tours de la vie, que nous, qui étions de la profession, devions connaître, cessât, par l'intervention de mains maladroites et sans que presque aucun avertissement ne fût donné, en un jour, en une heure. Outre qu'ils me rattachaient à cette impression perdue mais inoubliée d'attente, de service et de sympathie qui flottait dans l'air de Merridew, ils représentaient par leur seul charme intrinsèque plus que le simple exposé que j'aurais pu à tout instant en faire ; ils se rangeaient, par leur ineffable histoire, tous les trios qu'il m'arrivait de toucher, dans la catégorie des phénomènes aussi prisés que mon souvenir, par exemple, des flâneries dans la rue des Vieillards, à cette époque, avec la sensation que quelque chose de vague ou d'agréable — ne devrais-je pas plutôt dire quelque chose d'une portée et d'une application futures — en émanerait. Il s'agit d'une réminiscence que rien ne m'inciterait à vérifier, à l'aide du retour d'un éclairage passé ; mais cela allait m'être bénéfique, bénéfique à ce que je me plaisais à considérer comme mon intelligence ou mon imagination, et à mon obscur et spécifique sens des choses, que j'eusse *dû* ainsi flâner. Le nom de la rue exerçait en soi une persuasion si douce et intime que j'aurais dû avoir honte de ne pas me laisser, rien que par sa grâce, aller à quelque semblant de réponse active. Et il y avait toujours un endroit précis où je m'arrêtais dans la brève et vide perspective, mais d'un vide inclusif, vide *à la mode* des choses anciennes, établies, de plus en plus restreintes, vide presque, en somme, comme tout cet "ennui de l'âge mûr" de Matthew Arnold, plutôt que pauvre, misérable et désert, devant des états qui représentaient la sensation de vide éprouvée auparavant. Cette pause volontaire avait lieu devant la vitrine d'une minuscule et solitaire boutique, lieu sans la moindre envergure, mais où, comme par le fait d'une opiniâtre et joyeuse hardiesse, au milieu de quelques produits pour artistes, était exposée une aquarelle réalisée par un peintre local, et peut-être même admiré, changée une fois de temps à autre. C'était peut-être bien là après tout le pivot de ma révolution — se demander si j'allais découvrir ou non, à un moment donné, que l'ancien tableau avait été changé. Je faisais de cela, quand j'en avais la chance, un événement — mais un événement qui *aurait dû* avoir pour scène la précieuse rue des Vieillards, et pour pâle que le récit de tels plaisirs puisse paraître, j'éprouve la plus profonde bienveillance à l'égard des efforts de mon ingénuité.

Tout ceci, qu'il faut de ce point de vue corriger, laisse peu de place à mon activité auprès du brave M. Ansiot, tandis que mes frères, aîné et cadet — le benjamin complètant notre groupe : celui qui n'avait pas de gouvernante — étaient les permanentes victimes captives du collège. Leur épreuve était, j'en rougis encore en y pensant, de façon très sensible, la plus rude, comparée à la mienne, pendant tout le trimestre que dura notre exil économique de Paris — le temps des contraintes, si je me souviens bien, commença lorsque nous eûmes tourné le dos à la rue Montaigne et que j'eus donc le privilège d'errer par les après-midi d'hiver et de printemps. Le doux M. Ansiot, "sous" la responsabilité de qui — et en fait à côté de qui — j'étudiais environ trois heures chaque matin, seul et sans rire, était une curiosité, une bienveillance, une futilité même, je m'en souviens ; mais, à part la sensation et le souvenir du besoin que j'éprouvais d'ouvrir la fenêtre de notre salle d'études dès qu'il était sorti, il ne représentait en aucun cas un idéal. Dût-il paraître ici, que je pourrais lui rendre justice, comme à la plus unique de mes piètres évocations ; car c'est lui, soyons franc, qui littéralement sentait le plus le "vieux temps"* — auquel, ai-je remarqué, je songeais et je rêvais autant que faire se pouvait, recouvrant bribes, visions fugitives et autres indices, sans jamais toutefois parvenir à connaître le triomphe de cette sensation précise. Pour être toujours franc, il n'était guère moins qu'un monstre — juste à cause de la masse docile ou sans ressort de sa présence personnelle, j'entends ; si bien qu'il me fait volontiers penser à une espèce de marsouin mielleux, qu'on aurait vu souffler violemment dans une ère qui n'était pas la sienne, comme s'il avait dû quitter les eaux profondes pour retrouver l'air libre. Il m'impressionnait surtout donc par l'absolue ancienneté de son type, de son ton, de son goût affirmé en littérature, puisque c'était la littérature que nous explorions ensemble, lorsque j'appréhendais, à la fois charmé et embarrassé, les diverses traditions établies, les pures convenances, les objets de controverse, chose très curieuse, à la fois si nombreux et si peu nombreux, de ce domaine, tels qu'ils s'offraient à sa pieuse vision. J'ai dû être en présence, grâce à cet échantillon purement magistral de transmission accidentelle, très inconsciente et sans prétentions, très négligée ou superficielle, d'un rare cas de *cuistre** intellectuel et provincial ; pourtant tandis que ceci me revient en mémoire, je vois le brave homme trop désemparé et inoffensif, trop écrasé sous les pauvres effets de sa personne et de ses circonstances, de la croissance excessive de sa vie solitaire, pour s'attirer en toute justice les rigueurs de la classification. Il insistait d'un poids que je ne sentais presque pas sur la joyeuse innocence de ma barbarie — il rendait, sans scrupules, nos rapports si faciles pour nous deux ; et bien que nos matinées fussent courtes et sujettes, je crois, à des intermèdes bien somnolents et d'autres honnêtes et arides activités, nous dessinâmes effectivement ensemble, autant que je me souvienne, une portion de tableau d'un classicisme salutaire à distinguer du classicisme néfaste, à l'aide d'extraits choisis parmi les véritables grands classiques, anthologie qui formait sa seule ressource et qu'il avait conservée, dans une petite collection de poche plutôt graisseuse. Il reste pourtant qu'une fois que tout fut dit — et même avec tout ce qui aurait pu être considéré comme non dit — il remplit pour moi un tel office que je devais demeurer jusqu'à cette heure éloignée dans un état de possession de sa personne qui est l'opposé même du vide : un peu comme lorsque j'avais tant souffert en d'autres lieux d'avoir des leçons particulières et que je m'étais opposé à cette idée, tout en me l'appropriant de manière si perverse et intime ; leçons qui devaient si rarement montrer l'utilité de ses démonstrations expresses. Le vide que cet homme comble, s'encombre d'une riche valeur, puisque sans lui, je n'aurais pu prétendre, quel que puisse être le prix, au dixième (laissez-moi ici être généreux), de ma compréhension "active" du "vieux temps"*. Comment alors puis-je dire que nous n'avions pas semé ensemble, avec un vague bonheur, quelques-unes des graines du travail ? — même si la germination devait en être si longtemps retardée. Tout, ai-je mentionné, devait être remis à plus tard, avec une certaine résignation, mais sans vantardise de notre part ; et les bons soins de M. Ansiot se noient dans la pauvre préparation qui avait commencé de s'étaler devant moi, comme un immense océan, pendant cette journée ou ces deux journées d'été de notre première résidence lorsque, après avoir présenté d'étranges douleurs et trahi quelques appréhensions, je fus expédié au lit d'autorité. J'ai toujours présente à l'esprit cette sensation aiguë, après une heure ou deux, d'être prostré dans un état de détresse et aussi de solitude, comme cela était le cas à cet instant ; j'entends les bruits de ce doux après-midi, la légère animation de la rue de Boulogne par les fenêtres entrouvertes ; et je retrouve surtout cette curieuse impression que quelque chose venait de débuter qui aurait plus d'importance pour moi, de manière directe et indirecte, que tout ce qui avait pu précéder. J'aurais pu, en vérité, en percevoir immédiatement la très vaste étendue comme dans le déclin du jour et sa transformation soudaine en quelque chose de curieux. J'ai dû ainsi, très impressionné mais à demi effrayé, vouloir appeler ; à cette fin j'ai quitté mon lit, dans ma très grande faiblesse, et titubé en direction de la sonnette de l'autre côté de la pièce. Ai-je vraiment réussi à l'atteindre et à la tirer ? — cette question devait par la suite se perdre dans le violent tourbillon nauséeux qui emporta tout autour de moi et me fit tomber dans un état d'inconscience dont je dirai simplement ici que ce fut un vide considérable.

Collection de littérature étrangère
dirigée par Gilles Barbedette

Déjà parus :

Paul Bowles
Le Scorpion
traduit de l'anglais par Chantal Mairot

L'Echo
traduit de l'anglais par Brice Matthieussent

Un thé sur la montagne
traduit de l'anglais par Brice Matthieussent

Truman Capote
Un été indien
traduit de l'anglais par Patrice Repusseau

Entretiens
traduit de l'anglais par Michel Waldberg

Andrea De Carlo
Chantilly-Express
traduit de l'italien par René de Ceccatty

Fausta Cialente
Les Quatre Filles Wieselberger
traduit de l'italien par Soula Aghion

Heimito von Doderer
Un meurtre que tout le monde commet
traduit de l'allemand par Pierre Deshusses

Les Chutes de Slunj
traduit de l'allemand par Albert Kohn et Pierre Deshusses

Eva Figes
Lumière
traduit de l'anglais par Gilles Barbedette

Ronald Firbank
Les Excentricités du cardinal Pirelli
traduit de l'anglais par Patrick Reumaux

La Fleur foulée aux pieds
traduit de l'anglais par Jean Gattégno

Mario Fortunato
Lieux naturels
traduit de l'italien par François Bouchard

Kaye Gibbons
Ellen Foster
traduit de l'anglais par Marie-Claire Pasquier

Une femme vertueuse
traduit de l'anglais par Marie-Claire Pasquier

Daniele Del Giudice
Le Stade de Wimbledon
traduit de l'italien par René de Ceccatty

William Goyen
Une forme sur la ville
traduit de l'anglais par Patrice Repusseau

Maxine Hong Kingston
Les Hommes de Chine
traduit de l'anglais par Marie-France de Paloméra

Christopher Isherwood
Octobre
traduit de l'anglais par Gilles Barbedette

Hermann Lenz
Les Yeux d'un serviteur
traduit de l'allemand par Michel-François Demet

Le Promeneur
traduit de l'allemand par Michel-François Demet

Alison Lurie
Liaisons étrangères
traduit de l'anglais par Sophie Mayoux

Les Amours d'Emily Turner
traduit de l'anglais par Sophie Mayoux

La Ville de nulle part
traduit de l'anglais par Elisabeth Gille

La Vérité sur Lorin Jones
traduit de l'anglais par Sophie Mayoux

Des gens comme les autres
traduit de l'anglais par Marie-Claude Peugeot

Javier Marías
L'Homme sentimental
traduit de l'espagnol par Laure Bataillon

Le Roman d'Oxford
traduit de l'espagnol par Anne-Marie et Alain Keruzoré

Steven Millhauser
La Galerie des jeux
traduit de l'anglais par Françoise Cartano

Lorrie Moore
Des histoires pour rien
traduit de l'anglais par Marie-Claire Pasquier

Vladimir Nabokov
L'Enchanteur
traduit de l'anglais par Gilles Barbedette

Nicolas Gogol
traduit de l'anglais par Bernard Géniès

Vladimir Nabokov - Edmund Wilson
Correspondance 1940-1971
traduit de l'anglais par Christine Raguet-Bouvart

Grace Paley
Les Petits Riens de la vie
traduit de l'anglais par Claude Richard

Plus tard le même jour
traduit de l'anglais par Claude Richard

Pier Paolo Pasolini
Descriptions de descriptions
traduit de l'italien par René de Ceccatty

Walker Percy
Le Syndrome de Thanatos
traduit de l'anglais par Bénédicte Chorier

Le Cinéphile
traduit de l'anglais par Claude Blanc

Elisabetta Rasy
La Première Extase
traduit de l'italien par Nathalie Castagné

La Fin de la bataille
traduit de l'italien par Nathalie Castagné

Umberto Saba
Couleur du temps
traduit de l'italien par René de Ceccatty

Sôseki
Oreiller d'herbes
traduit du japonais par René de Ceccatty et Ryôji Nakamura

Clair-obscur
traduit du japonais par René de Ceccatty et Ryôji Nakamura

Wilma Stockenström
Le Baobab
traduit de l'anglais par Sophie Mayoux

Italo Svevo
Le Destin des souvenirs
traduit de l'italien par Soula Aghion

Federigo Tozzi
Bêtes
traduit de l'italien par Nathalie Castagné

Evgueni Zamiatine
Le Pêcheur d'hommes
traduit du russe par Bernard Kreisc

Achevé d'imprimer le 28 juillet 1989
sur les presses de l'Imprimerie A. Robert
116, boulevard de la Pomme - 13011 Marseille
pour le compte des Editions Rivages
5-7, rue Paul-Louis Courier - 75007 Paris
10, rue Fortia - 13001 Marseille

Dépôt légal : juillet 1989